AS DUAS FACES INSEPARÁVEIS DA EDUCAÇÃO: CORAÇÃO E RAZÃO

Coleção Pedagogia e Educação

- *Alfabetizar letrando:* uma experiência na Pastoral da Criança – Pe. Bruno Carneiro Lira, osb

- *As duas faces inseparáveis da educação: coração e razão* – José María Toro

- *Cultura, poder e educação de surdos* – Nídia Regina Limeira de Sá

- *Educação e cidadania:* uma inovadora proposta de formação religiosa – Alane de Lucena Leal

- *Inclusão social na escola:* quando a pedagogia se encontra com a diferença – Antonio Efro Feltrin

- *Os professores da escola pública e a educação escolar de seus filhos* – Rosemeire Reis

- *Por uma educação criativa* – Santos Benetti

- *Psicologia e mistério* – Franco Imoda

Série Formação Continuada

- *Ser professor e dirigir professores em tempos de mudança* – Lourdes Bazarra, Olga Casanova e Jerónimo García Ugarte

José María Toro

AS DUAS FACES INSEPARÁVEIS DA EDUCAÇÃO: CORAÇÃO E RAZÃO

Dados Internacionais de Catalogação na Publicação (CIP)
(Câmara Brasileira do Livro, SP, Brasil)

Toro, José María
As duas faces inseparáveis da educação: coração e razão / José María Toro;
[tradução Cristina Paixão Lopes]. São Paulo : Paulinas, 2007. – (Coleção
pedagogia e educação)

Título original: Educar con "co-razón".
Bibliografia.
ISBN 978-85-356-2050-4
ISBN 84-330-2011-0 (ed. original)

1. Educação de crianças 2. Toro, José María I. Título II. Série

07-4658 CDD-370

Índice para catálogo sistemático:
1. Educação : Coração e razão : Educação infantil 370

Título original da obra: *Educar con "co-razón"*
© 2005 Editorial Desclée de Brouwer, S.A. Henao, 6 — 48009 — Bilbao

Direção-geral: *Flávia Reginatto*
Editora responsável: *Maria Alexandre de Oliveira*
Assistente de edição: *Rosane Aparecida da Silva*
Tradução: *Cristina Paixão Lopes*
Copidesque: *Édimo de Almeida Pereira*
Coordenação de revisão: *Marina Mendonça*
Revisão: *Leonilda Menossi*
Direção de arte: *Irma Cipriani*
Gerente de produção: *Felício Calegaro Neto*
Editoração eletrônica: *Fama Editora*
Capa: *Manuel Rebelato Miramontes*

---

*Nenhuma parte desta obra poderá ser reproduzida ou
transmitida por qualquer forma e/ou quaisquer meios
(eletrônico ou mecânico, incluindo fotocópia e gravação)
ou arquivada em qualquer sistema ou banco de dados
sem permissão escrita da Editora. Direitos reservados.*

Paulinas

Rua Pedro de Toledo, 164
04039-000 – São Paulo – SP (Brasil)
Tel.: (11) 2125-3549 – Fax: (11) 2125-3548
http://www.paulinas.org.br – editora@paulinas.com.br
Telemarketing e SAC: 0800-7010081

© Pia Sociedade Filhas de São Paulo – São Paulo, 2007

Educar é um ato de amor.
(Paulo Freire)

Educar é "conduzir ao coração".

O sorriso de uma criança que é feliz na escola não tem preço.
O sorriso de um professor que é feliz na escola...
esse tampouco tem preço.

Você diz que não posso sugerir-lhe nada
porque já tem 30 anos de experiência.
Mas eu diria que você tem 1 ano de experiência
e 29 repetindo as mesmas coisas.

Dedicatória

Dedico este livro às meninas e meninos de minha classe. São eles, seus nomes, seus olhares, suas mãos escrevendo, sua postura lendo, suas carícias e abraços, sua entrada em sala de aula, os tons de suas palavras e de seus silêncios, que "encarnam" e podem dar testemunho de tudo quanto aparece aqui escrito.

Agradeço a vocês que me fizeram compreender que "as crianças são as únicas pessoas que deveriam ser tratadas por senhores" e que "cada pessoa é uma Palavra de Deus que nunca se repete".

Dedicatória

SUMÁRIO

Prólogo 13

1. Introdução 15

2. O acontecimento. O encontro 27

Da fabricação de "situações pedagógicas"
à vivência do "acontecimento" 27

Os "minidetalhes". Uma pedagogia a partir do
"comum, pequeno, singelo e simples" 32

Os espaços e objetos como acontecimentos e
âmbitos para o encontro 62

O encontro pessoal. O encontro das "intimidades" ... 76

3. A presença 89

Ser uma presença 90

O corpo como lugar de presença 126

O rosto 140

O sorriso 147

A voz 156

A "ausência" como "saudade da presença
do outro" 171

4. O CORPO. A "IN-CORPORAÇÃO" COMO DINÂMICA............173

A linguagem do corpo. A alfabetização corporal....176

Incorporar. O corpo como limite e possibilidade:
"ou está no corpo... ou não está"...........................180

A insalivação..185

A respiração...188

O relaxamento...194

A "suspensão" e o "tono certo" como solução
para a problemática tensão-relaxamento.................201

A postura como "expressão dos estados internos"..205

A atenção como "estado corporal": a "a-tensão"
A atenção como "estado mental". Da concentração
à "encentração"...218

5. A EDUCAÇÃO EMOCIONAL.......................................227

Libertar-nos do "seqüestro emocional":
"... e as emoções habitarão entre nós"...................227

A ternura como gesto e como atmosfera.................237

A vinculação emocional..241

A constelação emocional de uma turma...................247

Padrões e pautas de gestão afetivo-emocional........252

A empatia: escutar atentamente e sentir
internamente o outro 263

O "dar-se conta" das emoções. Da autoconsciência emocional ao reconhecimento das emoções do outro 270

Convalidar as emoções: "você tem todo o direito do mundo a sentir o que sente" 274

A expressão do emocionar 281

Do "linguajar" das emoções à fixação de limites para as condutas. 284

6. Lentificação, silêncio e paciência 297

Natureza e sentido da lentificação. O que é lentificar?...306

Necessidade e valores da lentificação. Por que e para que lentificar?..308

Desenvolvimento da lentificação. Elementos e condutas favorecedoras. Como lentificar? 312

"O silêncio é belo e nos ajuda a estar melhor"........329

A paciêcia como "energia" e como "ciência da paz"..336

A constância: o desafio de permanecer, permanecer, permanecer... 343

7. O trabalho e a diversão. a celebração e o descanso 347

A integração harmônica jogo-trabalho. A dimensão lúdica das tarefas................................347

A celebração e a festa. O caráter festivo do que
vivemos e fazemos 365

A escola como espaço para o descanso 367

A escola como espaço para o humor 371

8. O CONFLITO COMO ESPAÇO E MOMENTO PARA
A APRENDIZAGEM 377

O conflito: problema, possibilidade e desafio 377

Dinâmicas e pautas seguidas na gestão
dos conflitos 379

A autoridade 413

Ordens e mandatos. A "obediência" e
a "desobediência adequada e responsável" 416

A importância dos limites. Apontamentos para
destronar os "pequenos tiranos" 420

A culpa e o arrependimento 425

Um enfoque "afirmativo" 429

O conflito sociocognitivo 430

9. EPÍLOGO: FOMOS FELIZES APRENDENDO 437

PRÓLOGO

Quando cheguei a Peñaflor, alguém o apontou para mim: "Sim, esse escreve livros". Era José María Toro, um "irmão" que vim a encontrar a 60 quilômetros de minha casa.

Pouco a pouco, fui conhecendo-o e era fácil perceber que não era um professor qualquer, que tudo o que fazia tinha um porquê, um sentido oculto e visível que inundava todo o seu quefazer. Depois nos convertemos em colegas, amigos, cúmplices de algo que sentíamos desde o mais profundo de nossos corações: que ser professor era mais do que ensinar.

Naquela altura, eu contava com muito poucos anos de experiência e ainda estava espremida na programação de papel e na escravidão do ativismo. Sobrava-me pouco tempo para escutar, pensar e sentir.

O "destino" quis que eu vivesse com José María dois intensos anos de ensino partilhado. Um conceito que alguns colegas não entendiam, entrincheirados em suas aulas como pequenos reis de um território próprio.

Com ele comecei a descobrir o que havia por trás do cenário, que o *como* era mais importante que o *quê*, que a vida palpitava dentro da sala de aula a cada instante, que o conflito era uma ocasião privilegiada de aprendizagem, que era muito, muito lenta, muito, muito profunda.

Custou-me muito, e como custou! E ainda luto para não levantar a voz, para não permitir que a autonomia de "meus meninos" e sua maravilhosa participação me confundam, nem se dispersem em um não saber estar em cada momento. Mas, de imediato, no dia em que abri meus olhos para escutar meus alunos, não como os garotos que me contam suas histórias enroladas, mas como pessoas importantes que são, que colocam perguntas a si mesmas, que oferecem propostas, que dão respostas alternativas e que me ensinam minuto a minuto, nesse dia em que lhes abri meus ouvidos e meu coração, comecei a ser professora.

Obrigada, irmão, por ser um louco em uma escola de "sensatos".

Obrigada por ter "co-razão" em um sistema educacional que ainda conta com o esquema adestrador e disciplinar tão gravado e tão alheio à realidade das crianças.

Obrigada por me ensinar tanto… e com tanto amor.

SILVIA DE TORO

1 INTRODUÇÃO

O livro que você tem nas mãos neste momento percorre as grandes linhas fundamentais do que foi minha experiência de vida com um grupo de meninos e meninas desde a primeira até a quinta série do ensino fundamental (1993-1998). Já faz vários anos que o desejo, quase a necessidade, de redigir este texto "crescia" dentro de mim. A esta exigência interna somou-se a insistência, sempre respeitosa, de meu editor, Manuel Guerrero. A ele quero agradecer particularmente não só a confiança, mas seu entusiasmo com este projeto desde o princípio. Mas, sobretudo, quero deixar o registro da sua paciência e o sempre permanente respeito para com meus próprios ritmos.

Agora que já estou na redação final de um calhamaço de anotações, espalhadas por uma infinidade de folhas soltas e em meus diários de classe, na coleta e reelaboração de reflexões, esquemas e comentários que fui escrevendo ao longo dos anos em que se foi desenvolvendo a experiência e nos imediatamente posteriores a ela... agora sinto que "é este o momento" de colocá-la por escrito e partilhá-la com os corações afins, que saberão escutar as pulsações com que foram escritas todas e cada uma das palavras deste livro.

Antes de iniciar a composição definitiva do texto, pensava que o tempo que a separava dos anos nos quais transcorreu o que aqui se relata faria o acontecido perder em frescor e fidelidade. Agora creio, sinceramente, que não é assim. O tempo não me "separou" do então vivido, porque foi algo que vivi tão intensa e profundamente que continua a estar dentro de mim. Foi uma experiência gravada a fogo, não porque me queimasse, mas porque me iluminou, e continua, ainda hoje, enchendo de luz e alegria minha memória e, ainda mais importante, a minha vida presente.

De fato, as recordações de cenas, vivências, situações, acontecimentos, atmosferas, encontros, experiências... foram brotando sem esforço, com naturalidade e espontaneidade, conforme eu ia escrevendo. Coração e memória uniram suas correntes e verteram suas recordações por uma única nascente.

Pelo contrário, "a distância" entre o vivido, e o registro por escrito de tudo aquilo, me trouxe uma perspectiva mais completa, um olhar mais abrangente e a possibilidade de uma reflexão mais sossegada, mais serena, mais equânime...

Neste tempo eu amadureci... e também as recordações que habitam no armazém da minha memória.

Em certa ocasião, eu expressava que o desafio estava em *"converter a bibliografia em biografia"*. Ao escrever este livro, o desafio inverte-se para poder *"converter a biografia em bibliografia"*, ou seja, o desafio de passar o vivido para texto escrito.

Se a experiência vital e pedagógica foi um presente... também o foi o processo de recordá-la, relê-la e reescrevê-la.

E é isso que agora partilho.

O que quero partilhar é o próprio coração de uma experiência que abarcou cinco anos e que, para mim, supôs a realização e vivência do meu sonho como professor; não foi tanto um trabalho, mas um presente; não um aplicar o que sabia, mas um aprender do que aplicava; não um inventar algo, mas um "descobrir" e comunicar o que já estava no mais profundo de cada menino, de cada menina da turma, de mim mesmo e da relação que estabelecemos entre todos.

Uma experiência *criativa* (cria-ti-vida-de) que se foi incubando conforme se fazia e foi-se desenvolvendo enquanto a íamos vivendo. Uma experiência *sem espetacularidades*, alheia a toda pirotecnia metodológica, mas cheia de exclamações contínuas pronunciadas nas experiências mais simples e singelas. Uma experiência, sobretudo, *vibrante e emotiva*, que nos permitiu viver e usufruir a aprendizagem e o conhecimento, o encontro e a comunicação responsáveis.

Quando uma experiência transcende os parâmetros meramente técnicos, metodológicos ou procedimentais, torna-se difícil de ser expressa. Quando alguém decide enfrentar essa dificuldade, tem de decidir, ao mesmo tempo, o que vai referir sobre ela e como vai comunicá-la. Pois bem, as palavras que seguem não são senão *a transcrição de um palpitar* que quer se deixar ouvir e convida a ser escutado.

O que segue não é um conjunto de elucubrações mentais ou malabarismos conceituais, mas a reflexão de *vivências singelas profundamente humanas* amadurecida no tempo.

Não quero *demonstrar* nada, tão-somente *mostrar*; não se trata de convencer, mas de partilhar e contagiar.

Sem negar a necessidade de reformas estruturais, organizativas e de conteúdos, a maior urgência, no meu entender, aponta para uma autêntica e real *revolução educativa*, profunda e vital, de concepções de base fundamentais, de modos e maneiras, de atitudes e valores... que façam frente e desmascarem, de uma vez por todas, a tremenda falácia que se oculta por trás de tanto tecnicismo, por trás de tanta verborréia e burocracia e por trás da mais recente fascinação e endeusamento do uso das novas tecnologias.

Conscientemente, não quero começar a fazer parte dessa farmacopéia pedagógica dispensadora de poções mágicas; não vou oferecer "mais recursos, mais receitas de uso e aplicação imediatos", mas o próprio coração de uma maneira de ser e estar em sala de aula.

O consumir está em nossas células; é como um traço de caráter, que também afeta a escola. Uma escola que consome de tudo sem aproveitar nada. Uma escola que se enche de paradigmas, desenhos, esquemas, mapas conceituais, gráficos, estatísticas, novas tecnologias etc., mas que continua vazia de sonhos, ternura, carícias, entusiasmo, humor, alegria e criatividade.

Muitas vezes mencionei que *"o importante não é a espada* (o recurso, a técnica)*, mas quem a maneja* (ou seja, o educador ou educadora)".

Estou convencido de que *qualquer proposta adequada em mãos inadequadas atua inadequadamente.*

Muitas vezes não procuramos senão idéias, receitas e soluções mágicas, esquecendo-nos de que a principal fonte de inspiração pedagógica se encontra dentro de nós mesmos... e ao nosso redor.

Tendemos a pedir ou oferecer fórmulas de ação imediata e eficaz, em vez de ir forjando, pouco a pouco, muito pouco a pouco, um *modo* de trabalho e, sobretudo, *uma maneira de ser e de estar.*

Esta experiência sugere UMA PROPOSTA DE APROXIMAÇÃO À CRIANÇA A PARTIR DO AMOR E DA ENERGIA e que inicialmente batizei com o nome de "EROPEDAGOGIA".

* * *

Tudo começou em fins de julho de 1993. Essas datas confirmam meu destino como professor definitivo em Peñaflor, um pequeno e bonito povoado de Sevilha. É-me atribuída uma primeira série do ensino fundamental, nível no qual nunca havia trabalhado até então.

Durante os meses de julho, agosto e os primeiros dias de setembro entrego-me a duas tarefas fundamentais. Por um lado, entrar em contato com outros professores e professoras que seguiam enfoques de trabalho muito diferentes, mas que tinham uma longa experiência com as primeiras séries. Por outro lado, entrar em contato com as crianças de seis e sete anos, aproximar-me delas, rodear-me da sua presença para ir interiorizando suas dimensões e geografia, passar longos períodos com elas para ter acesso a seu mundo de experiências e à linguagem verbal e corporal que utilizam para conhecê-lo e expressá-lo.

Também leio e releio informações e dados sobre o que é próprio deste estágio evolutivo e procuro impregnar-me da "alma" peculiar destas idades.

Devo confessar que, entre muitas outras, assaltavam-me dúvidas como as seguintes: *Como me aproximar e entrar em contato com um mundo tão distanciado do meu em anos e experiência? Como e de que vou falar a crianças tão pequenas? Não será um aborrecimento dedicar-me a coisas tão "elementares", justamente em um momento em que já investigava, escrevia e divulgava questões "tão sérias, importantes e profundas", como a criatividade, a energia, a meditação, os estados de consciência...?*

As dúvidas vinham acompanhadas da incerteza diante de algo que seria completamente novo para mim e do medo de não ter êxito em semelhante aventura. Sentia uma grande responsabilidade e, ao mesmo tempo, o sobressalto de quem sente que dá um passo para o vazio, para o abismo. Sentia, por vezes, autêntico pavor de não saber conduzir o que se supunha serem tarefas básicas e elementares; aprender a ler e escrever, iniciação às noções e operações matemáticas fundamentais…

Não era nada fácil descer das "alturas" (e não me refiro apenas a baixar dos cursos ou níveis superiores nos que até então sempre havia trabalhado ou das tarefas de elevada responsabilidade assumidas nos anos anteriores em instituições de implantação nacional e internacional). Acabei aterrissando, como pude, nas regiões do mais baixo e dos "pequenos", nos espaços e modos do mais simples ou ingênuo.

Essa "descida" constituiu, sem dúvida, uma das mais "altas" e prazerosas experiências de minha vida. Nessa descida, foi-me oferecida a possibilidade, que eu acolhi, de um encontro verdadeiramente humano que me cumulou com essa riqueza que somente as coisas simples, emotivas e autênticas podem oferecer.

Foram eles, meus "menores alunos", que dinamitaram, sem o menor ruído, todas as minhas incertezas e que fizeram ir pelos ares todas as minhas dúvidas e, também, muitas das minhas certezas anteriores.

No livro recolhem-se alguns dos elementos básicos que conformaram essa experiência e que, na minha opinião, sugerem uma proposta pedagógica concreta de aproximação à criança e um modo peculiar de viver o cotidiano na escola.

Uma proposta que, ainda que incubada e desenvolvida no âmbito da educação escolar fundamental, pode alcançar e contribuir para outros contextos e realidades educacionais: família, organizações, educação não-formal etc.

Para além de convidá-lo a uma mera leitura, há um convite de outra ordem e natureza: um convite a *escutar o que lê*, a descobrir o que se indica ou insinua com cada palavra e o que desliza sutilmente por cada linha. A leitura consciente e atenta realiza-se *mais com o ouvido do que com os olhos*. Os olhos do coração sentem mais do que vêem e neles projeta-se o eco silencioso e invisível do que se lê. Um livro nascido do coração e que relata uma experiência sobre o "coração" tem neste o âmbito privilegiado e mais propício para sua leitura. Isso fará com que seu espírito interior se expanda e você se sinta imerso em uma corrente que não fará senão trazer diante de você, à sua própria margem, palavras escritas por outro, neste caso eu, que poderão trazer à luz de sua recordação consciente o que você soube desde sempre. Estou certo de que muito do escrito não expressará senão o que você, no fundo, sentiu, fez, ou quis viver.

Quando é o coração a escrever, todo o corpo se põe à escuta. Oxalá este livro seja para você desses que *"não diz, mas revela; não explicita, mas desvela e que não pode ser lido senão por uma consciência que bebe mansamente no pequeno cano da fonte da Sabedoria".*

Asseguro-lhe de que suas páginas foram entretecidas com a paciência do que "trabalha secretamente" e com a suavidade com que cada primavera se anuncia.

Quando uma experiência é publicada em um artigo ou livro, suas páginas convertem-se nas asas que lhe permitem voar, sobrevoar céus imprevistos e voltar a pousar sobre terras inauditas. Oxalá você, querido leitor ou leitora, seja essa terra acolhedora e fértil em que tudo o que está escrito aqui não seja senão uma humilde semente que você possa fazer crescer e frutificar.

O "co-razão"*

"Co-razão" é muito mais do que um mero jogo de palavras.

Assim, à simples vista, percebemos algo óbvio: o coração não está oposto à razão, mas a contém.

Delinear uma "educação com co-razão" é propor a recuperação do componente emotivo ou emocional da realidade. A dimensão racional do emotivo e essa outra dimensão emotiva do racional... ambas, unidas e integradas

---

* Trocadilho presente no título do livro original em espanhol: *Educar con "co-razón"*, que ser refere às palavras *coração (corazón)* e *razão (razón)*. Optamos por manter "co-razão" no miolo do livro em respeito ao texto original, mas ressaltamos que o significado é coração-razão. [N.E.]

de maneira equilibrada e criativa, alcançam *âmbitos, níveis ou facetas* da realidade, da existência e do viver humanos, que no meramente lógico ou discursivo (mental) nem se vêem vestígios.

Implica, por conseguinte, uma síntese integradora e harmonizadora da sístole e diástole do funcionamento humano (razão e emoção / mente e corpo...). Significa, também, uma integração crítica e superadora diante de uma tendência ao *reducionismo*, por um lado, que considera como "racional" apenas o intelectual ou cognitivo, e, por outro lado, diante da *emotividade ou sentimentalismo*, enquanto modos distorcidos e mais superficiais da mais autêntica emotividade.

É necessária uma "educação com co-razão" porque o "emotivo", o sentir humano mais íntimo e profundo, está ignorado, relegado, desvalorizado, proscrito, ausente... naquilo que se vive cotidianamente em muitas das escolas e instituições educacionais.

O resultado da dissociação, oposição e antagonismo entre estas duas dimensões ou facetas do ser humano e de sua racionalidade, a emotiva e a intelectual, não foi senão o desvanecimento ou anulação do corporal e emocional e um desenvolvimento unilateral e hiperbólico do intelectual.

Nas escolas há muito mais "cabeça" que "coração", muito mais "mente" que "corpo", muito mais "ciência" que "arte", muito mais "trabalho" que "vida", muito mais "exercício" que "experiência"... muito mais peso e aborrecimento que alegria e entusiasmo.

E isto é válido para as crianças, mas também para os professores e professoras.

O "co-razão" remete-nos também a uma "razão" (inteligência, juízo, entendimento) que é "compartilhada". O educador, pelo fato de ser adulto, não necessariamente tem sempre "a" razão. A criança, ainda que seja alguém pequeno ou menor, tem "suas" razões, seu modo de entender as coisas e, sobretudo, causas e motivos que explicam suas condutas e comportamentos. O educador, por sua condição de pessoa adulta, tem mais elementos, mais experiências vitais e mais elementos de análise. Por isso é chamado a "compreender que a criança não o compreenda" e a facilitar-lhe ao máximo as possibilidades de compreensão e entendimento. A criança, por sua vez, a partir da humildade e da confiança, há de reconhecer e outorgar ao educador que a acompanha *razões que sua razão ainda não compreende*, conceder-lhe e conferir-lhe uma *autoridade*, que não é tanto um elemento de poder quanto de serviço, não é um elemento no âmbito do domínio, mas no da sabedoria.

Este *compartilhar* do mestre e dos alunos não supõe, de modo algum, *confundir* as características, traços, papéis e responsabilidades de cada um.

O coração é, também, a sede do respeito e da honestidade.

O respeito sempre brota de um coração aberto.

Meu respeito para com as crianças partia de considerá-las já, apesar de seus poucos anos, pessoas, e não meros projetos de futuro, e dirigia-se, sobretudo, a esse fundo misterioso e sagrado que para mim representa todo ser humano. Este respeito traduzia-se na convicção profunda de que podiam compreender o que eu lhes dizia e que tinham o direito a não serem tratados, apesar da sua pouca estatura, com qualquer tipo de rebaixamento: nem na minha entrega, nem na qualidade do meu trabalho, nem nos níveis acadêmicos ou nos temas de conversação e reflexão. Respeitei, como algo realmente venerável, a grandeza que se ocultava em sua pequenez, e cuidei, com todo o esmero que pude, da fragilidade dos pequenos tesouros que a vida me ofereceu no cofre que cada menino ou menina representava. Respeitava-os porque nunca me considerei mais digno ou mais importante que eles; porém mais responsável, pela minha idade, e, sobretudo, pelo meu papel específico de educador adulto do grupo. Meu respeito transformava-se em responsabilidade e honestidade para com eles.

O respeito deles para comigo jamais adotou a roupagem do medo. Respeitavam-me, não porque me temessem, mas porque me queriam. E nunca entendi que me chamassem "Josema" ou "Josemi" como uma falta de respeito, mas como uma expressão transparente e pequena de um carinho imenso.

O "co-razão" proporcionou-nos também a energia e o ânimo para aprender e, como sede da alegria, tornou possível uma convivência e uma aprendizagem com o sorriso no rosto e o prazer na alma.

2

O ACONTECIMENTO. O ENCONTRO

Da fabricação de "situações pedagógicas" à vivência do "acontecimento"

Quase diariamente, quando milhares e milhares de meninos e meninas voltam para casa de seus respectivos colégios, encontram-se com a saudação de boas-vindas de algum familiar ou vizinho adulto e, imediatamente depois, com a seguinte pergunta:

E o que você fez hoje na escola?

A escola apresenta-se, assim, como um imenso espaço para a ação, para os afazeres, para as tarefas. Suspeito que isto pode fazer-nos esquecer que, sem negar tudo isso, a escola, e, sobretudo a primeira, primária e fundamental, é chamada a ser *um espaço privilegiado para a vida*. Mas não apenas, nem sequer basicamente, porque prepara para a vida futura, mas, sobretudo, porque nela a vida pode ser vivida e desenvolvida em toda a sua plenitude e profundidade.

Não é apenas o que fazemos, mas como fazemos, como vivemos, como emocionamos (ou seja, como sentimos e pomos em movimento) aquilo de que a escola deve cuidar. É este "como" que proporciona um sentido determinado e um valor pessoal àquilo "que fazemos".

Como um menino ou menina vive aquilo que vive na escola? Como o vive o professor ou professora?

Às vezes me pergunto se "entrar" na escola não implica um "sair" da vida, da vida de todos os dias, do cotidiano. Obviando o componente de trabalho, esforço e obrigatoriedade da escola, suspeito que boa parte da aversão e rejeição que esta provoca na população infantil tem muito a ver com o fato de que a escola parece conformar não apenas um *"espaço à parte"* mas, sobretudo, um *"viver afastado"* dos centros de interesse, preocupações e situações vitais que realmente afetam as crianças. É como se, transposto o umbral da porta do colégio, ficasse para trás tudo o que ela "habitualmente" vive, que a ocupa e até preocupa. As pulsações do seu sentir, seu pensar, do seu viver singelo detêm-se e são substituídas pelas pulsações das lições, dos "deveres", das explicações, dos exercícios, das correções, dos exames...

Para a escola ainda é difícil, complicado e mesmo arriscado acolher a criança por inteiro e, sobretudo, a vida que traz consigo e em si. Ao considerá-la "aluna", fica apenas com sua parte cognitiva, com sua dimensão de aprendiz, com sua situação de ser inacabado e em processo de aprendizagem e socialização.

E a criança, tal como o adulto, é sempre *um ser inacabado, mas completo.*

Por ser já um ser completo, suas experiências vitais, por singelas que sejam, são sempre uma possibilidade de expressão e realização, têm a suficiente entidade, dignidade e valor para serem acolhidas e abordadas pedagogicamente.

Por se tratar de um ser inacabado, em permanente crescimento e evolução, está aberto e pode ser receptivo a novas experiências, novas informações, outros modos de viver e valorizar o que vive, o que experimenta e o que sabe.

Quando não se reconhece o primeiro, a criança mostra-se como uma espécie de depósito oco e vazio que precisa ser preenchido. A pedagogia é vivida, assim, como a arte de encher esse espaço o máximo possível e da maneira mais adequada e atraente. Começa, então, a desenvolver-se toda uma tecnologia educativa que tende a facilitar esse transvasamento de informações a partir do mundo cultural adulto (professores, livros-texto…) para a mente diáfana da criança.

A vida na escola muda por completo quando alguém recebe e acolhe tudo o que nela vive e o eleva à categoria de "*acontecimento*".

Quando um gesto ou ação, por mais simples que seja, é habitado por um fazer consciente e amoroso, transforma-se em acontecimento. Chamo acontecimento a qualquer expressão da Vida que a exalte e a recrie. Por isso a pedagogia, para mim, é *a arte de encher de vida os espaços educativos, a capacidade de extrair, exaltar e recriar o potencial vital e de crescimento que contém qualquer acontecimento, qualquer incidente, qualquer realidade humana.*

Cada assembléia de classe, cada reunião com os pais, cada gesto de amizade, cada conversa íntima, cada jogo, cada momento de leitura, cada tempo de descanso, cada tarefa em qualquer das matérias, a qualquer hora, pode ser constituído e vivido como "acontecimento".

Todo acontecimento, vivido nesta perspectiva, educa e faz crescer, porque é a manifestação do autodesdobramento consciente de uma Vida que não apenas decorre, mas "é habitada" e densamente povoada pelas experiências contínuas de comunicação e encontro interpessoal.

O acontecimento é tremendamente significativo, ainda que sejam muito poucos os implicados nele; sempre transforma porque nos transforma.

É o que faz do singelo afazer educativo de cada dia algo revolucionário.

A experiência pedagógica que serve de base a toda esta reflexão transformou-me de baixo para cima e de dentro para fora. Houve um antes e um depois... e já nada foi igual.

Não sei por que nos seduzem tanto os resultados, as conseqüências, os frutos. É como se as pegadas que ficam no caminho fossem mais formosas, tivessem mais peso ou importância que o próprio passo. O acontecimento é sempre um acontecimento presente, sem tempo.

Não creio que a relevância de um acontecimento dependa do que reste depois, mas do que se vive no agora, porque este minuto de hoje tem tanto valor e transcendência quanto terá o de uns anos mais tarde.

Em nossa sala de aula não vivíamos os acontecimentos como uma preparação para acontecimentos posteriores, porque estavam tão carregados de sentido e sentimento, que os vivíamos e saboreávamos por eles mesmos. Cada dia, quando se tem 6, 7, 8... ou 32 anos, é um dia único que jamais se voltará a viver. Este minuto é tão importante quanto aquele que viverei daqui a anos.

A perda dessa consciência de acontecimento único e singular de tudo quanto se vive na escola e na vida pode nos levar a perder intensidade nesse mesmo viver.

O mais belo do trabalho educativo, que se vive e se desenvolve como acontecimento, está em que algo da utopia passe para o real.

Eu, quando pequeno, com pouco mais de dez anos, envolto nos lençóis e esperando chegar o sono, fechava os olhos e via-me já adulto, como professor. Surpreendome sempre que recordo isto, não tanto pela precocidade, prontidão e clareza da minha vocação, mas pelo alcance de minhas projeções e visualizações infantis. Eu me via com alunos com os quais tinha uma relação muito diferente da que eu vivia com meus professores; não sei como nem de onde eu sabia que a escola podia ser outra coisa e se podia viver de outra maneira. E tive a sorte, o dom, o privilégio de poder ver meus sonhos realizados.

Isto me ajudou a entender que a educação jamais pode perder sua perspectiva "utópica", não por sua irrealidade, mas por todo o contrário. Para mim, a utopia não representa algo perfeito e, por isso mesmo, inalcançável. A própria palavra o diz: "u-topos", sem lugar. A utopia não é uma perfeição que se realizará em um tempo muito tardio e em um lugar muito longínquo. Essa "perfeição" não corresponde a nenhum espaço geográfico, mas a um "estado de consciência interno", e tampouco está isenta de dificuldades, limitações e carências.

O mais essencial a um acontecimento não é tanto que seja perfeito, mas pleno. Não é tanto que esta explicação, aquele trabalho... tenham-se dado como realizações perfeitas, mas que tenham sido vividos plenamente, que me tenham preenchido e cumulado. A mim e às crianças.

Os "minidetalhes". Uma pedagogia a partir do "comum, pequeno, singelo e simples"

Não deixa de ser suspeito que quando valorizamos algo de maneira especial, quando lhe damos uma importância relevante ou o consideramos excepcional, costumemos classificá-lo como algo "extraordinário". Quando vibramos e desfrutamos de algo ou com algo, com alguma experiência ou atividade, tendemos a tirá-lo imediatamente do contexto ou âmbito do cotidiano, situando-o e qualificando-o de inusitado, especial ou extraordinário.

Ora bem, se o que consideramos habitual, "as coisas de todos os dias", ocupa a maior parte de nossa vida na escola, não pode ser, não faz sentido que o vejamos, sintamos e abordemos como algo meramente acidental, secundário, intranscendente e sem qualquer importância.

A maior parte da vida escolar se desenvolve, se desdobra em gestos e ações singelas, cotidianas: reencontrar-se, saudar, conversar, trabalhar, descansar, jogar, ler, escrever, desenhar… Tudo isso é tremendamente importante e pode ser vivido carregado de sentido e significado. A felicidade de viver, o prazer de ser, a ventura do encontro humano não podem estar à margem ou fora de tudo isso.

O "extra-ordinário" não precisa ser sinônimo de "extra-cotidiano".

O fato de que "as coisas de todos os dias" suponham uma espécie de "habitual instalação" em determinados costumes, maneiras, tarefas e modos de proceder pelos quais estruturamos e ordenamos regularmente os diversos momentos da jornada escolar não tem por que implicar necessariamente viver essa habitual instalação como algo rotineiro, monótono, aborrecido, mecânico e sem interesse.

Considerar como "acontecimento" uma dada situação vital, acolhê-la como "possibilidade pedagógica" e atendê-la até em seu mínimo detalhe foi um autêntico antídoto para a rotina.

A rotina é um dos *rituais* mais *habituais* em nossa sociedade contemporânea, é também uma das pautas significativas da pessoa alienada e um dos traços mais freqüentes no quefazer escolar de cada dia. Ela tinge de cinzento tudo o que se faz ou se vive, ela nos amarra a um mecanicismo passivo sem relevo, sem profundidade, ela nos ata a mapas que não contêm nenhum risco, a planos sem aventura, e nos submerge em vivências sem consciência.

No entanto, podemos viver o acontecimento como algo *insólito*, não no sentido do raro ou extravagante, mas no de deixar que as coisas mais habituais *nos surpreendam e nos deixemos surpreender por elas.*

O acontecimento *surpreende porque "nos surpreende"*, porque não está assegurado de antemão e é sempre imprevisível.

Não é questão de *"esperar uma determinada coisa"* mas simplesmente de *"esperar"* porque, sem qualquer dúvida, *"algo"* pode suceder. Só que este algo que se pode intuir que pode acontecer sempre se atualiza e se desenvolve de uma maneira *não prevista.*

É, de certo modo, *"uma espera do inesperado"*.

Isto faz da pedagogia do acontecimento o mais fácil e o mais difícil ao mesmo tempo. Fácil porque não há necessidade de suportes, nem de recursos nem pretextos. Difícil por ser algo direto, implicativo e irreversível (*aconteça o que acontecer*). Dá-se, sem mais. Aí está precisamente sua grandeza, seu mistério, mas também sua dificuldade: *apenas o que está realmente incorporado em mim poderá mobilizar-se na gestão disso que acontece.*

Essa dificuldade ainda é, até hoje, um autêntico *desafio* pessoal e profissional.

Também podemos viver o acontecimento como algo *inédito*, ou seja, como algo *"não editado previamente"*.

Não é nenhum livro editado por qualquer editora o que marca ou determina as situações que se dão em sala de aula, situações a maior parte das vezes imprevistas, imprevisíveis, únicas e originais. Os livros, de uma diversidade de editoras, estão sempre aí à mão, para qualquer consulta ou indagação que o acontecimento vivido requeira.

É o conjunto de situações ou acontecimentos que *naturalmente* se dão em um cotidiano escolar que conforma nosso *"livro-texto"*, essa *"enciclopédia básica"* que se abre diante de nossos olhos para ser lida e diante de nossas mãos para ser escrita. Cada acontecimento é *"um curioso livro em cujas páginas da esquerda sempre há algum texto escrito e nas da direita um texto a ser 'reescrito' por cada um de nós"*. Cada situação que se gera em aula é um autêntico *"texto vivo"*, fonte básica das aprendizagens e do nosso conhecimento.

Podemos viver o acontecimento, também, como algo *novo*. Durante muito tempo confundi o *novo* com a *"novidade"*: mudando continuamente de propostas, de sugestões, dispondo-me rapidamente à "última moda"... Até que percebi que o *novo* não era tanto um mudar de atividade, mas *um mudar de atitude*. Não tinha que mudar as coisas, mas *meu modo de viver essas coisas*. Compreendi que é a falta de profundidade que necessita de mudanças contínuas na superfície e que é possível viver *"as coisas de todos os dias" como algo novo*.

Sem a presença deste elemento *"novo"* caímos inevitavelmente em um certo *"estancamento"*. As situações deixam de ser acontecimentos e *a paisagem que se vê e se vive em sala de aula é sempre a mesma*: as mesmas atividades, as mesmas conversas, os mesmos pensamentos e emoções, as mesmas ações e omissões... As horas e os dias não transcorrem, mas sucedem-se uns após outros como uma *mera sucessão de repetições*. Deste modo, *tudo vai passando sem que nada passe através de nós*, sem nos sentirmos trespassados por isso.

Na aula *tudo é relevante, tudo é importante, porque qualquer momento é o "melhor momento"*: uma possibilidade de ser, crescer, aprender, viver, conviver; um convite para encontrar e "encontrar-se".

Tudo, inclusive os "minidetalhes" que muitas vezes podem passar despercebidos, aparece carregado de grande significação.

- *É um acontecimento a ausência de um colega* (porque esteve doente ou porque passou um longo tempo com sua família na colheita da azeitona…) *e seu regresso.*

Vários dos meninos e meninas da turma tinham de se ausentar durante vários meses e acompanhar suas famílias na colheita da azeitona. Era algo que acontecia em outras turmas, e não só em nosso colégio. Reparei que, em não poucas ocasiões, não havia sequer uma palavra de despedida, um só gesto de acolhida e boas-vindas. Durante o tempo em que o aluno não estava na turma, desaparecia dela por completo: nem uma só evocação, nem um comentário, nem uma lembrança.

A não presença entre nós de algum menino ou menina da turma era sempre motivo de atenção e consideração.

Em primeiro lugar, perguntávamo-nos e comentávamos o motivo da ausência. As coisas que nos acontecem costumam ter "causas" e nem sempre eram motivos voluntários, de decisão pessoal própria, que levavam determinados colegas nossos a estar distantes de nós por muito tempo. Foi aí que começamos a perceber que nem todos temos as mesmas oportunidades e possibilidades. A justiça é abordada não como conceito abstrato ou ideológico, mas como algo que o próprio coração nos pede e exige para que nossos colegas possam continuar conosco.

E isso nos levou também, nós que não tínhamos de nos afastar, a reconsiderar a avaliação que fazíamos de nossa própria situação pessoal. Se já sentíamos que não era justo que D., R., O., C. tivessem de ir a Lopera, a Martos ou outras povoações de Jaén, agora começamos a sentir que tampouco era justo que nós, que podíamos continuar ali, não aproveitássemos ao máximo essa possibilidade. Já não era apenas por nós, mas também por eles.

Este acontecimento da ausência nos permitiu uma aprendizagem de grande alcance: *a distância não implica necessariamente separação*. Então poderíamos viver esta situação de outra maneira. Se os mantivéssemos em nossa lembrança, em nossas conversas, se mantivéssemos suas carteiras desocupadas, com seus nomes bem visíveis e com algum detalhe que nos fisesse recordá-los, nosso vínculo com eles poderia até se fortalecer durante este tempo de ausência.

Para que não ficasse como um simples *relembrar* mental e ocasional, mas que fosse um autêntico *recordar* (ou seja, um voltar a entregar o coração), ao iniciar o dia fazíamos um breve relaxamento que nos permitia conectar com a energia do nosso coração.

Pensávamos no "solzinho" do peito irradiando toda a nossa energia amorosa e sentíamos como um desses raios de luz e amor chegava até o coração de... (qualquer dos colegas que nesse dia não estivesse presente na aula).

E, aí, deixávamos que viessem livremente imagens, recordações de momentos passados com esse colega ou companheira, deixávamo-nos encher pelo sentimento que nesse momento se despertava em nós e até enviávamos por meio de nosso pensamento (com um pensamento sentido, um sentimento pensado) alguma mensagem ou desejo.

Costumávamos fazer isto com os olhos fechados e envoltos em uma sutil atmosfera sonora, com uma música que nos permitia aprofundar e despertar nossa fibra mais sensível.

Finalmente, concedíamo-nos um tempo para conversar sobre o que cada um tinha sentido, pensado ou vivido.

Desta maneira também trabalhava com eles a melhoria de sua expressão oral, a partir da expressão do próprio mundo interno.

Um dia tive a oportunidade de comprovar o alcance desse tipo de experiência, quando D. apresentou-se inesperadamente com seus pais na sala de aula. Várias vezes, ao relatar este acontecimento em algum bate-papo ou curso, a emoção aflorou-me aos olhos, que chegaram, em ocasiões, a inundar-se de lágrimas. Ainda hoje, anos depois daquele dia, a emoção altera minha caligrafia. A descrição dificilmente pode guardar a intensidade que vivemos naqueles minutos.

Era a segunda série do ensino fundamental. Estávamos no tapete que tínhamos no fundo da sala de aula alimentando o "dino" e o "dininho" (dois pequenos dinossauros — ainda estávamos sob a tremenda influência do *Parque Jurássico*) com tampinhas de garrafas coloridas Era desta maneira que trabalhávamos as quantidades e determinadas operações numéricas, antes de passar, então, a trabalhá-las nos cadernos. Alguém chamou à porta. Viramos nossas cabeças e vimos DL. entrar.

Como conseguir espelhar por meio da escrita a explosão de júbilo e alegria que brotou do mais fundo e sincero das crianças? Em tropel, rodearam DL. com gritos, beijos e abraços. Seus pais e eu, com lágrimas nos olhos, contemplávamos a cena, surpreendidos.

Não foi apenas este fato isolado. As cartas fluíam, chegavam não só para mim e para a turma, mas também entre eles mesmos gerou-se uma correspondência epistolar. Um dos colegas, O., propôs como aula preparar um presente de Reis para quem ainda não tinha voltado até aquela data.

Cada carta escrita ou recebida, os presentes... eram vividos como acontecimentos singelos, como pequenos detalhes que nos proporcionavam grande alegria.

- *É um acontecimento a andorinha que entra na sala de aula* e nos convida a parar o trabalho e contemplar em silêncio seus movimentos.

Estávamos em momento de trabalho individual. Habitualmente soava uma música suave, em baixo volume, para favorecer nossa atenção naquilo que estávamos fazendo. Recordo este dia com total nitidez: ouvia-se o *Adagio*, de Albinoni. Cada criança estava absorta com seu caderninho de linguagem e eu, em minha mesa, atendia uma delas. A janela de trás estava aberta e por ela entrou uma andorinha em nossa sala de aula. Apressei-me a convidá-los, com voz sugestiva e misteriosa ao mesmo tempo, a ficarem totalmente imóveis e em silêncio, advertindo-os de que uma andorinha tinha vindo nos ver e que se nos mexêssemos ou gritássemos a assustaríamos e ela iria embora.

Foi uma das experiências mais belas de que me lembro. As crianças, em um silêncio pesado, mexiam-se apenas o suficiente para poder acompanhar os movimentos de uma andorinha, que não fazia senão voar ao compasso da música que soava. Foi um exercício de contemplação. Da minha mesa, sentia-me extasiado ao ver o próprio êxtase das crianças. Foi como se tudo tivesse parado, exceto o majestoso vôo da andorinha. Não sei quanto tempo a andorinha dançou generosamente para nós, mas foi uma vivência de eternidade. O silêncio e quietude prolongaram-se por mais alguns minutos depois de a andorinha ter saído pelo mesmo lugar por onde entrou.

Convidei-os a fechar os cadernos e a comentarmos o que havia sucedido, o que havíamos sentido.

Alguém comentou que não era de estranhar que uma andorinha quisesse entrar em nossa sala de aula porque ali se estava muito bem. O certo é que a partir daquele acontecimento as andorinhas para nós deixaram de ser apenas mais uns pássaros. Muitas conversas, anedotas, lendas, giraram em torno delas. Despertou-se uma ternura e um carinho especiais para com elas. Chegaram a pedir às encarregadas da limpeza do colégio que não destruíssem os ninhos que estavam por cima das janelas de nossa sala. De manhã amontoavam-se para espreitar os ninhos. Encantava-me vê-los, ainda com as mochilas às costas, agrupados sem se empurrarem, correndo as cortinas com cuidado para não assustar as andorinhas, com um olhar concentrado...

Por mais de uma ocasião, convidei-os a sentar-se no tapete e escutar com os olhos fechados a narração do conto *O príncipe feliz*. O rosto de várias crianças era sempre percorrido pela esteira de uma lágrima despertada pela generosidade do príncipe e pela entrega da andorinha que nos relata esse conto tão afetuoso. Não sei quantas vezes o escutamos, mas nunca perdia sua intensidade e sua capacidade emotiva e mobilizadora.

- *É um acontecimento quando um professor ou uma criança chora de emoção* por causa de um conto, ou simplesmente diante da grandeza de um gesto de amor de uma criança para com outra.

A primeira vez que a emoção transbordou e as lágrimas brotaram de meus olhos as crianças ficaram um pouco surpreendidas. Rapidamente as acalmei advertindo-as de que *às vezes a alegria é tanta que se derrama pelos olhos*. Para alguns dos garotos era talvez algo novo ou, pelo menos, pouco freqüente. Pudemos experimentar que *"de fato os homens choram"*, seja uma criança ou um adulto. As lágrimas não eram o subproduto de uma emotividade que, além disso, era considerada inferior ou perigosa. Não foi algo feito de propósito, simplesmente aconteceu, mas foi uma grande oportunidade para poder conversar sobre o *"dom das lágrimas"*. As lágrimas apenas nos acorrem quando algo ou alguém nos comove, quando um acontecimento, por singelo que seja, nos toca no mais profundo. Algum tempo depois, em meu livro *La Vida Maestra* (Desclée De Brouwer, p. 129, 2001) deixava registro disto com as seguintes palavras.

O pranto é a chuva que o céu da alma faz cair sobre a dura superfície da carne para regá-la, refrescá-la, nutri-la, fazê-la frutificar.

Umas vezes cai suave, outras, com violenta tempestuosidade.

Assim como a terra sem chuva seca e racha, uma vida sem lágrimas acaba por converter-se em deserto.

As lágrimas são o sangue dos olhos cuja fonte procede do coração. Por isso, quem vê e chora seu erro, descendo até a sua fonte, faz rebrotar dali uma nova energia que o limpa, redime, purifica e faz crescer.

Essa energia condensa-se e baila em cada uma das lágrimas derramadas.

Da mesma maneira que o céu se mostra limpo, luminoso, fresco e transparente depois do aguaceiro, o rosto irrompe com um novo resplendor nos olhos e uma mais transparente e luminosa presença na face quando esta se deixa inundar pelas lágrimas.

As lágrimas, mesmo sendo água, constroem uma das pontes mais sólidas que nos aproximam da ribeira do outro.

Talvez porque umedeçam e abrandem nossas durezas e securas.

As lágrimas são um dom, uma graça divina que nos torna humanos, um convite para uma alegria mais profunda e serena porque quem não pode chorar talvez tampouco possa regozijar-se de verdade.

Cada lágrima que assomava em aula, brotando nos olhos de qualquer um de nós, emergindo quer da alegria e prazer, quer de algum tipo de desgosto, era algo que acolhíamos como interpelação, como convite a sentirmo-nos juntos, próximos, sensíveis ao que o outro podia estar sentindo nesse momento.

Cada lágrima era um autêntico acontecimento, já que era uma expressão real e autêntica de nossa condição humana. Tínhamos, então, a oportunidade de aprender a ver, escutar, sentir e compreender que nem todas as lágrimas brotam da mesma fonte e, ainda que saiam pelo mesmo lugar, nem todas provêm sempre do mesmo local:

Nem sequer na totalidade dos oceanos caberia inteira uma só lágrima de uma criança injustamente tratada [mas] o pranto que cai das nuvens do simples capricho pode chegar a ser água venenosa para as papoulas do vale.

As lágrimas que turvavam nossos olhos, longe de nublar ou distorcer a realidade, aclaravam nosso olhar, tornando-o mais incisivo, transparente e profundo.

E mais, a perturbação e a perplexidade há de nos visitar se, em algum momento, fizermos chorar quem nos é querido.

A incapacidade ou impossibilidade de chorar em momentos de especial intensidade emocional é algo que eu tinha em conta e que abordava sem reservas, porque *"a criança que não chora hoje será um adulto que talvez não se comova nem chore ainda que suas atuações profissionais sejam fraudulentas ou fonte de exploração e sofrimento de outros; ou ainda que suas irresponsabilidades ou condutas imprudentes gerem o pesar e a angústia de familiares, amigos, colegas…".*

Quando uma lágrima se fazia presente, o que nesse momento ocupava o nosso primeiro plano de atenção e interesse cedia lugar ao acolhimento de quem sofria.

Necessitar de consolo é muito importante, mas também o é poder proporcioná-lo... no momento certo... do modo adequado.

Não poderíamos consolar se não sentíssemos empatia e nos comovêssemos com o que o outro pudesse estar vivendo ou sentindo, se não nos tornássemos conscientes e sentíssemos o efeito, no sentir do outro, de nossos comentários, ações ou condutas.

O *"misterioso país das lágrimas"* penetrava-nos nesse vasto continente que é o mistério insondável de nossa dimensão emocional. As lágrimas serviam-nos de bússola e guia neste ir-nos aproximando, penetrando e conhecendo as diversas paisagens do sentir de nós mesmos e dos que conviviam a nosso lado.

A multidão de acontecimentos vividos que, em algum momento, nos fizeram chorar, longe de nos afastar, aproximou-nos. Cada episódio era como uma viagem que nos permitia experimentar a aventura do outro, e assim fomos traçando um mapa que nos guiasse nas encruzilhadas de todo tipo que se nos apresentavam.

Às vezes sentíamo-nos muito entorpecidos, não sabíamos como chegar ao outro: como corrigir ou emendar um erro, como devolver a alegria que havíamos subtraído a alguém, como reconhecer o fato, como ter acesso ao que provocávamos no outro com o que havíamos dito ou feito, como compreender o que levou alguém a me fazer o que fez ou como perdoar e nos sentirmos perdoados.

E foi assim como fizemos o caminho: andando. Transitando por esse caminho com sorrisos e lágrimas. Um caminho no qual, mais de uma vez, soubemos reconverter as lágrimas na água que fez brotar muitas flores nas sendas que percorremos.

- *São acontecimentos as maneiras e intensidades dos olhares* e o que dizemos com eles.

O olhar de uma criança é todo um acontecimento. Quando os olhos infantis ainda não se tornaram opacos, mostram-se como um tanque de água clara e cristalina. Neles, os objetos e acontecimentos são reconhecidos em sua essência a partir dessa fonte incontaminada que representa o olhar *inocente*.

Olhar e deixar-se olhar por esse que olhamos, por esse menino ou menina a quem olhamos e, além disso, vemos, em sua alegria ou tristeza, em sua generosidade e egoísmo, em sua ingenuidade e perversão. *É preciso tempo e paciência para sustentar o olhar e escutar o que isso que vemos nos diz.*

Uma manhã, ao voltar do recreio, F. chegou à sala de aula chorando. Um colega lhe tinha jogado água. Como sempre, convido a que os implicados no fato comentem o sucedido e, mais importante, como se sentiram na experiência vivida. Às vezes as crianças não desenvolveram suficientemente sua empatia de forma a ter acesso ao que o outro sente quando é vítima de um abuso ou transgressão. Dependendo do tipo de ação, pode ser útil, em ocasiões, que quem propicia sofrimento ao outro com sua atuação possa experimentar em si mesmo o que fez o outro sentir. Não se trata de aplicar a máxima do "olho por olho" mas de possibilitar uma experiência de "descentramento egóico" e de empatia. Diante do olhar atento do resto da turma, convidei a "vítima" a possibilitar ao colega experimentar em si mesmo o que havia feito nele. Assim o fez. Mas aconteceu algo que se gravou na memória de todos por muito tempo. Durou um único décimo de segundo. Quando D. recebeu a água despejada sobre ele por F. seu olhar alterou-se. E, como em uma chama, seu corpo se encolheu, não pela água, mas pela injustiça do que estava acontecendo. Não disse nada, seu corpo falou por ele. A pressa para resolver uma situação que nos atrasa o trabalho previsto e que detém o avanço curricular de uma determinada matéria incapacita-nos a ser sensíveis a estas mensagens sutis.

O olhar de D. foi todo um acontecimento para mim. Nele havia, além da expressão de pesar de quem estava sendo tratado injustamente, uma interpelação e um convite para meus olhos de adulto, de educador. Todo ele era um protesto para um ver para além das aparências, para ler nas entrelinhas, para escutar os gritos mudos de quem apenas tem esperança de que acreditem em sua inocência.

O olhar de D. despertou meu olhar e, não sei como, em meu interior despertou-se uma suspeita e a inquietação de estar cometendo um erro e uma injustiça. Nem sequer tive que perguntar. Quando me aproximei de D. e, em silêncio, o abracei, ele caiu em pranto. D. não era um garoto que chorasse com facilidade. O tema de Conhecimento do Meio que nos aguardava teve que esperar. O professor pode se sentir excessivamente pressionado pelo cumprimento de programas preestabelecidos que pode levá-lo a passar por cima de ocasiões que podem ser muito mobilizadoras na aprendizagem de atitudes e valores. Era o momento propício, o melhor momento para abordar a geografia das nossas motivações, a história de nossos preconceitos, as reentrâncias e saliências rochosas de nossas condutas e atuações.

Reconheci publicamente, olhando diretamente para F., que sentia uma mistura de raiva e tristeza enormes. Ele tinha-me feito cometer uma flagrante injustiça contra D. Mas, além disso, havia minado minha confiança nele. Não era a primeira vez que acusavam D. de algo que não havia feito. Em certa ocasião até atribuíram-lhe a responsabilidade por certos problemas, embora no dia D. se encontrasse doente em casa.

Momento privilegiado para falar dos "preconceitos", dos "bodes expiatórios", de provérbios como "quem tem fama deita-se na cama". Tempo para que F. indagasse dentro de si o que pôde motivá-lo a fazer algo assim. Ocasião para o arrependimento, o perdão... e a reconciliação.

Meus laços com D. fortaleceram-se, senti que aumentou sua confiança em mim. Sua mãe comentou comigo, certa ocasião, que quando ela o repreendia e ele dizia que era injustamente, ameaçava-a de contá-lo a mim. Esta anedota singela representa, em minha opinião, algo muito importante e valioso e que cada vez é mais questionado: o respeito e consideração para com a "autoridade", o peso do professor no conjunto da vida de uma criança.

O chegar a sentir um arrependimento sincero e até "vergonha" de uma determinada atuação ou comportamento é uma norma psicológica muito saudável e cada vez mais urgente em uma sociedade na qual os erros próprios (voluntários ou não, conscientes ou não) não produzem o mínimo assombro. Se não abordarmos estas situações e ficarem escondidas sob o disfarce do inconsciente ("não me dei conta") e involuntário ("foi sem querer") encontrar-nos-emos com adultos que enganarão, prejudicarão, roubarão... sem o menor remorso ou pesar.

- *É um acontecimento a apresentação de cada novo material de trabalho* e quando alguém da turma traz algo para mostrar aos outros.

Também vivíamos como acontecimento, e assim usufruíamos e comemorávamos algum trabalho que se destacasse por algo. Isso nos fazia viver como próprias as realizações de algum colega. Mas não apenas os trabalhos das diversas matérias, também era um acontecimento qualquer gesto feito com amor, as ações solidárias, as condutas favorecedoras, as expressões espontâneas de carinho de uns para com outros, a ajuda desinteressada dos que aprendiam com mais facilidade àqueles a quem custava mais entender as coisas...

Os "minidetalhes" são a expressão visível da grandeza dos gestos do coração, tão vasta, tão imensa que só cabe "no pequeno". O minidetalhe nos convida a um permanente estar atentos para que não nos escape nada, um estar abertos para captar as sutis pulsações com que palpitam nossas ações e comportamentos. Supõe um olhar em que tudo é relevante e uma escuta em que tudo é sugestivo. No minidetalhe damos volume às pequenas coisas para poder captar assim toda a sua grandeza.

"Ocupar-nos das pequenas coisas" foi uma pauta pedagógica que nos proporcionou grandes experiências.

Nossa turma, por menor que fosse, e nossas vivências nela, por mais singelas ou intranscendentes que parecessem, foram um lugar e um tempo plenamente humanos e, por isso mesmo, carregados de valor, dignidade, sentido e beleza.

O que era *realmente importante* em nossa turma?

Não medíamos a *importância* de nossas ocupações por sua utilidade futura ou por sua repercussão nas notas; não a medíamos pelo que nos reportava ou tirávamos dela, mas pelo que nos mobilizava internamente, ou seja, pelo que extraíamos de nós graças a ela.

Era *importante* cuidar da *qualidade* de nossas execuções, enquanto expressão de nosso amor para com elas; de nossas relações, enquanto expressão do nível de reconhecimento e encontro com os outros.

A *importância* nem sequer vinha do que habitualmente se valorizava em outros ambientes e contextos. Importava-nos a qualidade de nossas respostas emocionais, como estímulos que podiam despertar e estimular nossa vontade de trabalhar, o prazer do encontro...

Importava-nos tudo o que pudesse favorecer a harmonia e criar beleza, tudo o que suscitasse o melhor de cada um. Importava-nos *vibrar com tudo* e *tudo aquilo que nos fazia vibrar.*

Importava-nos o que nos ajudasse a nos conhecer e compreender... a conhecer e compreender as coisas e fenômenos da vida e do mundo.

Importante era o que nos fazia melhores e o que fazíamos para melhorar algo ou alguém.

Importante era tudo o que despertava ou avivava nossa capacidade de admiração, surpresa e alegria.

Importante era o que para muitas outras pessoas não era.

E era importante poder viver tudo isso sem dar muita importância à nossa *importância pessoal.*

A "importância pessoal" não se refere apenas à mera vaidade ou ao egocentrismo, mas a *uma maneira concreta de perceber e movimentar-se na turma e no mundo.* Ela nos fazia acreditar, errônea e inutilmente, que as "minhas" coisas eram as mais importantes e decisivas (sempre *eu...; meu...; para mim...*), o que nos fazia cair na confusão que nos impedia de distinguir entre o que significava ser *"um"* centro da turma e ser *"o centro"* da turma.

Nossa turma era uma turma "N": "Ninguém... Nós".

Ninguém era importante... porque todos nós éramos importantes.

Em não poucas ocasiões pudemos comprovar, às vezes até com certa dose de dor ou sofrimento, que *"a importância pessoal era um autêntico aguilhão para cada um"*: quando atuava, não apenas envenenava aquilo que tocava, mas deixava sem vida quem se servia dela.

O realmente importante não eram os livros, as disciplinas... mas nós, cada um dos que ali estávamos, em seu único, singular e irrepetível acontecer, sentir e viver. À frente do planejamento ou do programa a cumprir púnhamos a vida e o mundo de quem estava ao nosso lado, junto a nós.

O currículo era feito para a criança e não a criança para o currículo.

Havia um programa a serviço do professor, mas não um professor a serviço do programa.

A escravidão a uma programação preestabelecida ou a incapacidade para desenvolver um currículo, a partir do que se vai suscitando no fluir do viver diário em convivência dificulta, se é que não chega a impedir, que os pequenos detalhes, as vivências e os eventos mais insignificantes se conformem como conteúdos curriculares, como ocasião de aprendizagem.

Uma aprendizagem contextualizada no que nos sucede; uma aprendizagem centrada ou sustentada *no que nos sucede nisto que está sucedendo.*

Estávamos submergindo em uma espécie de *"pedagogia – a partir do e no – aqui e agora"...*

Foi um contínuo mergulhar no mais diverso, variável, imprevisível e imponderável e um entregar-nos às vivências reais e espontâneas que se davam e às situações que se suscitavam.

Algo que, no entanto, nada tinha a ver com um cômodo *espontaneísmo* ou a fácil *improvisação.*

As aprendizagens foram-se articulando em uma interação contínua, fluida, espontânea e "situacional" do currículo acadêmico com esses outros conteúdos "naturais ou vitais" que se geravam de maneira singela.

Foi assim que fui entendendo que *"qualquer situação podia ser pedagógica"*, ou seja, uma possibilidade para a aprendizagem.

O exercício de escrever, por exemplo, levava consigo muitas outras coisas: não apenas a aprendizagem específica da área da linguagem, mas também o modo de pegar no lápis, o amor ao traço, a abertura da mão e a posição global do corpo, a compostura interna e externa, o modo de pedir ou entregar a borracha... Não apenas atendíamos e conversávamos e corrigíamos as grafias, as palavras, os textos... mas também os contextos, as condutas associadas, as atitudes de fundo, os valores mobilizados, as emoções sentidas (as expressas, as caladas, as reprimidas...).

As situações de aprendizagem sucediam-se, como em uma coreografia, em múltiplos cenários: sobre o caderno, em torno do quadro-negro, à mesa, em algum recanto da sala de aula, regando uma planta, olhando pela janela, lendo os cartazes e murais, nas brincadeiras, nos tempos de atividade livre...

O mais comum é que sejam os *exercícios* já preparados e coletados nos materiais editados a darem corpo e sustentarem a maior parte das situações de aprendizagem escolar. Como todos sabemos, esses materiais são elaborados por outras pessoas totalmente alheias ao grupo e completamente desconhecedoras de sua situação específica e única.

Havia outra possibilidade: *quando a situação ou acontecimento se conformava como "exercício".*

A verdade é que uma infinidade de acontecimentos nos convidava constantemente a fazer uso deles como um instrumento privilegiado com o qual trabalhar e trabalharnos. O cotidiano singelo de cada dia nos animava e nos oferecia contínuas oportunidades para "nos exercitarmos": uma conversação, uma tarefa com caderno e lápis, um conflito, um gesto de amizade, uma explicação por parte do professor, uma explicação por parte de um menino ou menina, a correção dos trabalhos, a observação e comentários sobre os cadernos e trabalhos de cada um e dos demais colegas, o nível e o tipo de "ruídos" que gerávamos, a qualidade do ambiente sonoro que nos rodeava, anedotas do recreio, episódios que brotavam espontaneamente... tal como sucede às papoulas no meio de um imenso trigal.

Tudo isso nos servia de *ferramentas* para o exercício criativo do que *somos* e nos ajudava a esclarecer o máximo possível, naqueles momentos, naquela situação, nossas possibilidades, capacidades e valores.

Com boa dose de incerteza no princípio, fui reconhecendo como exercício fundamental aquele que tomava a pessoa (este garoto, esta garota em concreto, e até a mim mesmo) como instrumento, como campo de experiência e como finalidade. Fomos aprendendo a utilizar a atividade diária mais simples e rotineira para a tomada de consciência e para a renovação do que somos, para dar consistência real àquilo que intuímos, pensamos ou cremos, àquilo a que aspiramos.

O acontecimento não podia ser codificado como uma situação pré-fabricada para a qual já se tinham soluções prefixadas ou preestabelecidas. O acontecimento é sempre uma ocasião *que se apresenta*, uma situação *presente* e, por conseguinte, uma situação *"que nos é presenteada"*.

Quando o vivido (acontecimento) é o mais importante, não é tão urgente ou prioritário julgá-lo, qualificá-lo, quantificá-lo, avaliá-lo... mas recebê-lo e apreciá-lo como *"a realidade ou verdade de um aqui-agora único"*. Este modo de abordar o ato pedagógico de certo modo nos distancia do *fracasso*, no sentido de que sentimos que há êxito ou fracasso com relação a certos objetivos prévios e prefixados. Em função do *alcance* desses objetivos ou do seu nível de consecução, conferimos uma avaliação positiva ou negativa à experiência (o realizado, o vivido).

A pedagogia do acontecimento permite uma educação *"a partir do imprevisto"*, diante dessa outra pedagogia pré-programada na qual *as mesmas causas ou propostas provocam os mesmos efeitos, produzem sempre os mesmos resultados*. Uma consideração pedagógica do acontecimento vai alcançar, superar e até transcender ou ir além dos objetivos iniciais de partida e é a que melhor pode favorecer que cada um consiga extrair de uma dada situação *"o que puder e no seu ritmo"*, cada qual a partir do seu próprio nível evolutivo ou grau de consciência.

É a imperiosa necessidade que o professor experimenta de sentir a tranqüilidade e segurança de que *"as crianças estão aprendendo a ser algo"* que o leva a *pré-fabricar* uma situação (tarefa, atividade ou exercício) na qual, por uma via rápida e segura, se promovem as aprendizagens mais superficiais, mecânicas e menos consistentes. É questão de "aprender algo e a qualquer preço", ainda que isto leve consigo, na bagagem, a asfixia da vida e o anular da emoção dos que aprendem.

No acontecimento, porém, *"o que muitas vezes encontramos não é algo que necessariamente deveríamos encontrar; o que acontece não era algo que tinha que acontecer"*.

Esta *"não necessariedade"* própria de todo acontecimento que é, sobretudo, *"um suceder, um fluir"*, era o que permitia não apenas obter determinados resultados, encontrar determinadas realizações, mas também a *surpresa de novas possibilidades*, o acolher do inesperado.

Embora eu sempre cuidasse e preparasse cada sessão de trabalho com as crianças, fui-me apercebendo de que os resultados, o que sucedia, não era algo diretamente proporcional e em consonância com minha preparação prévia nem tampouco uma conseqüência de minhas intervenções. Tive que compreender e aceitar que ainda que eu preparasse e cuidasse bem do terreno para as aprendizagens, a colheita sempre florescia e amadurecia em algum "espaço" insondável, secreto e até sagrado, como muitas vezes senti.

Cada vez mais, fui-me fiando nesse "lugar", nessas forças profundas que sustentam cada acontecimento, o mínimo fenômeno que sucede. Dei-lhes espaço... e uni-me a elas. Fiava-me no *"que já estava, no que de fato sucedia"* e deixava-me surpreender por isso. Comecei a assentir à vida tal e qual se nos ia apresentando a cada momento. E perguntei-me se talvez a chave não seria outra senão *estar em sintonia* com o que ia acontecendo.

Esta pedagogia do acontecimento exigia de mim outra presença, outro modo de me situar e intervir, outro papel; exigia outras qualidades que eu não havia adquirido em minha formação profissional.

Não bastavam (podiam ser necessárias, mas não eram suficientes) minhas habilidades programadoras, minha destreza metodológica, minha capacidade explicativa, minha competência disciplinar ou teórica, meus recursos práticos.

A própria demanda de cada acontecimento foi forjando, despertando ou desenvolvendo novas qualidades (aptidões, atitudes, perícias...) em meu trabalho como professor: o acolhimento e a escuta, a sensibilidade, o estar disponível, a qualidade e o modo de estar presente diante das crianças, no desenvolvimento das diversas tarefas e no meio de cada uma das situações. Com o decorrer dos anos e graças à infinidade de experiências que se foram dando a cada dia, a cada momento, fui afinando minha percepção das situações e sua análise, fui-me afundando na compreensão dos múltiplos matizes e significados de tudo quanto sucedia, fui aprimorando minha capacidade de responder com prontidão, mas sem precipitação, de maneiras novas e inéditas e de modo criativo.

Até então, havia colocado minha confiança e segurança nas excelências dos recursos, dos jogos e das dinâmicas que propunha às crianças para um desenvolvimento mais agradável e lúcido do currículo. Essa confiança foi se deslocando quase imperceptivelmente para um espaço misterioso dentro de mim mesmo a partir do qual surgia a resposta que convinha a uma dada situação, sem que eu sequer a soubesse de antemão.

Estava passando de aplicações prefixadas e que seguiam ou respondiam a um determinado "modelo" de intervenção pedagógica, para um *"deixar-me inspirar"* pela própria situação ou acontecimento.

Precisamente ao recriar este último ponto, assalta-me a lembrança de um acontecimento que, apesar de sua simplicidade, ficou fortemente gravado na memória das crianças e que exemplifica isto que acabo de assinalar.

Estávamos na classe da primeira série do ensino fundamental. Dv., em um momento de enfado, jogou seu lápis no chão com raiva.

As crianças, que já sabiam de minha insistência no trato delicado das coisas, no cuidado com os materiais de trabalho, arregalaram os olhos, como quem não quisesse perder nenhum detalhe de uma "bronca" que se suspeitava seria bem sonora. No entanto, sem saber como, por que ou de onde, minha resposta ao ato do garoto foi totalmente diferente da esperada. Com uma grande moderação, com consciência de que olhos expectantes não perdiam o menor detalhe e matiz dos meus movimentos, caminhei para o lugar onde o lápis tinha ficado. Inclinei-me, apanhei-o, coloquei-o sobre a palma de minha mão esquerda. Depois, sem dizer uma única palavra, rodei, olhei o dono do lápis nos olhos e coloquei-o com muita ternura sobre a sua carteira.

O silêncio prolongou-se durante um bom tempo. Não houve qualquer comentário verbal. Mas me dei conta de que meu gesto tinha tido o efeito de uma palavra contundente e eficaz.

Não podemos carregar nas costas um manual imenso que nos diga o que fazer e como fazer. Quando nos envolvemos completamente em cada situação e, ao mesmo tempo, deixamos que o que acontece nos atravesse, nos trespasse, nos fale… a própria energia do que sucede nos desperta um modo único, irrepetível e pertinente de atuação. É como se o acontecimento fosse um *campo de força ou energia* e ele mesmo fosse suscitando as indicações para o passo seguinte a ser dado.

É aí que a pedagogia passa de ser *a aplicação do que se sabe* a *um aprender daquilo que se aplica.*

Percebi que enquanto me ia preparando e aperfeiçoando em meu modo de *viver* as distintas situações ou acontecimentos que se apresentavam, simultaneamente, iam-se despertando em mim a capacidade e a possibilidade de *suscitá-los.*

Esta é uma aprendizagem, um adestramento, uma capacitação que dura toda a vida e para a qual nos nutrimos de tudo o que vive e é em todos os âmbitos e facetas de seu cotidiano. Tudo que é lido, conversado, escutado, trabalhado, vivido... me permite gerar, a propósito de algo, em uma situação concreta e peculiar, uma resposta singular e única, uma atuação pertinente e adequada; é o que favorece ou possibilita que surja... *a resposta*.

Sabemos que a criatividade é justamente *interrogar a resposta*. Quando nossa resposta diante de um fato *não fecha uma ocorrência, mas abre um acontecimento*, é quando estamos desenvolvendo nosso trabalho pedagógico como um gesto de criatividade.

Tomar consciência disto me ajudou a compreender que o mais decisivo de um professor é poder converter-se em *ocasião para o acontecimento*. Professor é aquele cuja presença ou intervenção *permite ou suscita que "algo suceda"* e que este algo que sucede possa ser acolhido e vivido como acontecimento.

Os espaços e objetos como acontecimentos e âmbitos para o encontro

O acontecimento está cheio de elementos que deixam de ser meras "pessoas, coisas ou situações" quando ouvimos e nos deixamos impregnar pela pulsação que contêm. Cada fato ou ocorrência do nosso cotidiano, de toda a nossa existência, carrega dentro de si uma mensagem, um sentido, um significado.

Também as coisas, os objetos e o modo de conformar um espaço.

Embora a um olhar precipitado e superficial as coisas, os objetos e os lugares possam se mostrar mudos, inexpressivos, intranscendentes e até banais e sem importância, para além do seu "aparente" silêncio e irrelevância, é possível percebê-los como plenos de conteúdo quando nos relacionamos com eles, quando os atendemos "a fundo" e "a partir do fundo" de nós mesmos.

A sala de aula, em si mesma, enquanto espaço, enquanto ambiente, era acontecimento e âmbito para o encontro. Por isso, pouco antes de as crianças entrarem, eu passeava por ela, preparava-a, acertava a temperatura e a perfumava.

Sempre me surpreenderam as salas de aulas em que não há a menor ordem ou combinação dos espaços. Vi salas desnudadas e frias, salas desordenadas e sujas… salas que mais pareciam quartos de despejo ou arquivos e, até, salas administrativas. Mas também tive a sorte de entrar em salas cheias de vida e cor. Salas habitáveis e habitadas, cálidas e com uma sempre agradável sensação de lar.

A organização do espaço e da decoração não é mero acréscimo, mas compõe todo um entorno ou âmbito energético e vibratório que afeta os que nele estão.

A disposição de uma sala de aula deve favorecer, em si mesma, a serenidade, a disposição para o trabalho e para o sossego, o encontro interpessoal, os intercâmbios relacionais e, sobretudo, a alegria de estar ali. Por vezes cheguei a pensar se "aula" não é senão uma "jaula" desprovida de humor e riso.

A sala de aula jamais pode ser um espaço fechado, mas um lugar "aberto" que promova todo tipo de abertura (de cada um, para com as outras turmas ou grupos, para a família, para o entorno próximo... e mesmo o afastado).

Uma sala saturada, desordenada, desarmônica... satura, desordena, altera os circuitos energéticos internos dos que nela trabalham.

Cada um tem seu "espaço pessoal", mas também nos sentimos proprietários e responsáveis pelos "espaços comuns".

O encontro humano precisa de um lugar acolhedor que o seduza, fecunde, incube, ilumine, desenvolva e o faça crescer e expandir-se.

A aula, assim, converte-se em continente e conteúdo de tudo o que se faz e se vive.

Por isso a estruturávamos em função de nossos "trabalhos" ou "momentos educativos": espaços para conversar, para escrever, para ler (biblioteca de aula), para estar em pequenos grupos, espaço de assembléia, zona de jogos...

Por isso cuidávamos com extremo esmero de sua ordem e limpeza. Decorávamos a sala com nossos trabalhos, com fotos de experiências vividas como grupo, com estampas atraentes e sugestivas, com murais... e a povoávamos de plantas que, por sua vez, nos enchiam de cor e vida.

As paredes iam sendo enfeitadas pouco a pouco, ao longo do curso, com reflexões, testemunhos e recordações do que íamos fazendo e vivendo.

Em um lugar destacado e visível íamos registrando as *"frases mágicas"* que continuamente relíamos e comentávamos para que pudessem ficar impressas também no coração de cada um: *"A ternura é a suavidade com que sai de nós a luz que temos em nosso interior", "A ternura nos ajuda a tratar as coisas com respeito e carinho", "Para fazer bem uma coisa, meu amigo, é preciso amá-la", "Uma coisa é participar e outra muito distinta é interromper", "O silêncio é belo e nos ajuda a estar melhor"…*

A sala de aula é um microcosmo no qual convivem, se afetam e inter-relacionam múltiplos espaços e dimensões: o *espaço físico da sala* (sua amplitude, distribuição, funcionalidade, ordem e decoração), o *espaço relacional* ou "entre" do grupo, ao qual gosto de chamar espaço "N" (Ninguém-Nós), o *espaço sonoro* (ambientação musical favorecedora das diversas atividades ou momentos; o cuidado com nossas próprias emissões sonoras no que se refere à velocidade, ritmo, tom, volume e ao emocionar nas interações verbais), o *espaço do outro* (como lugar sagrado e inviolável), o *próprio espaço interior* (o dentro que nos pertence e que podemos pensá-lo e senti-lo como espaço de energia em expansão, como lugar para a atenção e o sermos conscientes).

Quando vivemos e habitamos os diferentes espaços como "espaços de energia" e como "acontecimentos para o encontro", já não nos limitamos a *estar junto* às coisas e às pessoas, mas *convivemos* com elas.

Os objetos que povoam a sala são muito mais que simples volumes que invadem ou ocupam um espaço. Quando se convive com eles, seu alcance não se esgota em sua forma, mas transcende e vai para além de sua silhueta física, prolongando-se até o espaço que os acolhe e a consciência de quem os contempla ou faz algum uso deles.

Além de seus diferentes elementos constitutivos (matéria, forma, cor...) também fazem parte do objeto sua colocação, a sintaxe do seu posicionamento com respeito aos outros objetos e com relação ao espaço que o contém, a história vivida ou a de que foi testemunha, o trato ou cuidado mantido com ele. Tudo isso é tão consubstancial e essencial ao objeto quanto sua morfologia.

Os objetos que tínhamos em sala não constituíam uma mera decoração na qual desenvolvíamos nossas tarefas, mas chegávamos a integrá-los como mais um elemento no seu desenvolvimento. Por isso lhes dedicávamos certos "espaços" e "tempos" que de modo algum vivíamos como perda. Nossa dedicação aos espaços e objetos, o investimento de dedicação e tempo que fazíamos neles era o que nos permitia *habitar* nos espaços e a *"domesticar"* as coisas, tornando-as pessoais, familiares e até íntimas.

Na "cartilha" de leitura que preparei pessoalmente ao longo da primeira série do ensino fundamental, fomos seguindo as aventuras do Pinóquio (personagem que, pouco a pouco, foi-se convertendo em *mascote* da turma e, mais ainda, como descreverei adiante, em um elemento de *vinculação emocional* para todos). Os contos de Pinóquio, que líamos várias vezes, fosse em silêncio, estendidos no tapete, ou coletivamente, recolhiam e expressavam com grande singeleza os fundamentos que iam sustentando nossas experiências.

O segundo capítulo, que reproduzo a seguir, colocava-nos a possibilidade de uma relação *amorosa* com as coisas.

AS AVENTURAS DE PINÓQUIO

Pinóquio e o amor às coisas

No dia seguinte, Pinóquio decidiu sair à rua e conhecer o mundo.

Quando passeava pelo parque, viu dois garotos que estavam pichando um dos bancos e chutando um cesto de papéis.

Pinóquio aproximou-se deles e disse-lhes:

— Vocês não ouvem como choram essas coisas que estão maltratando?

— Mas as coisas não choram, boneco bobo — respondeu um dos garotos.

— Ah, não? Fechem os olhos... se escutarem com o coração poderão ouvir o choro do banco e do cesto dos papéis.

Os meninos fizeram o que Pinóquio havia dito. Fecharam os olhos, escutaram com o coração.

E puderam ouvir como as coisas lhes pediam que as tratassem com cuidado e com carinho.

— Mas o que este boneco diz é verdade! — gritou o outro garoto, surpreso.

Dos olhos dos meninos saíram três pequenas lágrimas. Não eram lágrimas de pena, mas de alegria, porque quando alguém ouve com o coração e cuida das coisas, todo o corpo se enche de alegria. Algumas vezes a alegria é tanta que transborda e sai pelos olhos.

— Muito obrigado, bonequinho. Você nos ensinou algo maravilhoso. Nunca ninguém nos disse que as coisas também têm coração. Prometemos a você que sempre cuidaremos delas com muito carinho e ternura.

E Pinóquio se foi, contente por ter ajudado as pessoas a serem felizes.

Cada dia nos oferecia, generosamente, uma infinidade de momentos ou situações nos quais podíamos nos abrir a este outro modo de "entrar em contato" com as coisas. Não era preciso pré-fabricar nenhuma situação artificial, mas aproveitar aquilo que nos sucedia em nosso uso e trato habitual e cotidiano dos espaços e das coisas.

Deixar que os espaços nos falem...

Permitir que as coisas signifiquem...

Nem as pessoas nem os objetos eram dispostos ao acaso. Eu não fazia uma localização arbitrária, realizada pela mão da inconsciência ou com o impulso da pressa. Às vezes levava várias horas para analisar e refletir sobre a disposição dos alunos e minha própria na sala, para estudar as vizinhanças, próximas ou afastadas, mais convenientes e adequadas em dado momento, em uma situação particular, com relação a algum menino ou menina em concreto.

Posicionar com sentido, com um sentimento consciente e intencional, não no primeiro lugar que nos caia do céu, mas no "seu lugar". Isto exigia de mim um mínimo de exploração, de indagação, de busca do "lugar de cada um" e do "lugar de cada coisa".

A disposição espacial tinha de favorecer que *"as presenças brotassem de maneira patente e manifesta"*.

Só assim a sala de aula poderia se mostrar como um microcosmo plenamente dotado de significações. Isso fazia que nos sentíssemos bem nela e que todos os nossos visitantes percebessem e captassem "certa atmosfera": nossa sala, organizada, decorada e cuidada com esmero, a partir de uma maneira peculiar de nos relacionarmos com ela, nos *evocava, convocava e até provocava.*

Se incorporarmos a sala de aula à nossa própria pessoa e história, sua limpeza, arrumação ou decoração não será senão uma maneira de assearmos nossa própria interioridade.

O "interior" é como o "exterior", e vice-versa.

Quando cuidávamos da sala não estávamos cuidando de algo alheio, mas de uma projeção no espaço e nos objetos de nós mesmos. Não estávamos apenas, nem nada que se parecesse, perante uma atividade higiênica ou de civismo, mas realizando esse gesto de generosidade pelo qual devolvíamos as coisas a seu estado original de transparência e claridade. Colaborávamos com a ordem aparente do Universo contribuindo com a ordem humilde e singela de tudo aquilo que estava ao alcance do nosso raio de ação e influência.

Tratava-se de embelezar aquilo que usávamos e de dotá-lo de formosura.

Ter a sala ordenada era muito mais que afastar as coisas ou tirá-las do meio do caminho para não tropeçarmos nelas; era procurar o lugar que cada coisa precisava e no qual essa coisa não só era mais facilmente localizável, mas também adquiria toda a sua presença e utilidade.

"Ordenar é ir construindo conscientemente a sintaxe de nossa relação com os espaços e os objetos."

Se limpar é uma ação dirigida à *morfologia* daquilo que limpamos e ordenar é ir vinculando *sintaticamente* as diversas formas e espaços de que dispomos... ao limpar e arrumar nossa sala não fazíamos senão dotar de uma *semântica consciente* o que era a nossa convivência com os elementos.

Depois de vários anos envolvidos nesta vivência do encontro com as pessoas, com os espaços e com os objetos, já na quinta série, relemos todas as nossas ações e experiências a esse respeito, a partir da cosmovisão e da concepção humana que aparece no livro *O pequeno príncipe*.

Cada dia líamos, comentávamos, sonhávamos, reescrevíamos, levávamos para casa e meditávamos em nosso coração sobre um capítulo deste livro. Chegamos a construir entre todos um *"livro gigante"* com as passagens que mais nos haviam emocionado ou impressionado, com outras viagens e aventuras que inventamos e até algumas escritas pelos pais, mães, tios ou avós que também quiseram unir-se ao projeto.

A apresentação do livro em aula foi um acontecimento. Embora fosse um livro muito pequenino, creio que as crianças captaram o amor tão grande com que eu o segurava junto ao peito, enquanto fazia sua apresentação e de seu autor. Não sei como pude "contagiá-los" com minha paixão por personagens que ainda hoje, depois de inúmeras releituras, continuam a me comover, interpelar e ensinar.

Creio que cada um dos capítulos lidos e trabalhados foi um acontecimento.

Houve um momento de intensidade especial quando, depois de meses de relação (trabalho e diversão) com o livrinho de Saint-Exupéry, sentados em círculo, o livro foi passando de mão em mão e de coração em coração. Em silêncio, apenas envolvidos por uma música suave e um ou outro comentário que eu ia fazendo, quase sussurrando, expressamos nosso agradecimento com nosso silêncio, com os olhos fechados e o olhar para dentro ou com palavras que o coração nos suscitava.

O "encontro" também leva consigo a "despedida". E também a despedida pode ser vivida como acontecimento. Era o momento propício, quando uma ou outra lágrima escapava, de comentar o agridoce de muitas experiências humanas e de nossa vida, como os momentos de despedida.

Dói-nos deixar, largar...

Atrevo-me a pedir o livrinho e reler, uma vez mais, o capítulo XXVI.

E comentamos de quê ou de quem nos custa ou nos foi doloroso despedir-nos.

E começamos a intuir que permitir a despedida é um grande gesto de amor… porque é um não prender… e deixar o outro livre na liberdade de seu próprio movimento.

E é-nos aberta uma nova visão mais prazerosa da despedida: permite-nos libertar um espaço, uma possibilidade não apenas de novos encontros (com outros livros, com outros personagens, com outras pessoas…), mas também nos oferece a alegria do *reencontro*.

Quando algo ou alguém fica dentro de nós nunca se vai inteiramente.

E estabelecemos momentos de silêncio enquanto abraçamos o livro que nos havia acompanhado em tantos e tão gratos momentos. Uns mais prolongados, outros mais breves… mas todos igualmente intensos. É a possibilidade de reconhecer que alguns momentos são ocasião e oportunidade para "calar", para o silêncio. Quando nosso coração fala, as palavras esperam, escutam, descansam.

> *"Quando isto acontece,*
>
> *ao ler a última palavra,*
>
> *e antes de fechá-lo,*
>
> *é apertado com força no regaço,*
>
> *e é beijado, e é amado em segredo.*
>
> *Então, e apenas então,*
>
> *o livro já ficou "dentro"*

e é recordado como um buquê de jasmins de abril

que perfumam o Mistério".

(*A profundidade do simples é infinita*, p. 202)

O pequeno príncipe do asteróide B-612 ouve da raposa o significado de *"cativar"*:

É uma coisa muito esquecida. Significa criar laços. [...] A gente só conhece bem as coisas que cativou. [...] É preciso ser paciente. [...] Foi o tempo que perdeste com tua rosa que fez tua rosa tão importante. Tu te tornas eternamente responsável por aquilo que cativas. Tu és responsável pela rosa.

A rosa representava todos e cada um dos espaços e recantos de nossa sala, os objetos que a povoavam; mas, sobretudo, representava todos e cada um de nós.

Para o outro, éramos "uma rosa". Tínhamos a possibilidade e o desafio de *cativar-nos* uns aos outros.

Se não criássemos laços entre nós, ainda que pisássemos a mesma sala de aula, sempre nos sentiríamos distantes uns dos outros, sós, sem nos conhecermos, sem nos amarmos.

Cativar era o mesmo que cuidar de tudo e *cuidarmos uns dos outros com coração.* "Sentir-nos responsáveis" pelo que cativávamos.

Era a possibilidade de uma convivência saudável, pacífica e criadora. Era o reconhecimento do que *era verdadeiramente importante* para nós.

Também as tarefas e trabalhos que fazíamos com livros, cadernos, lápis... precisavam ser cativadas.

Não se tratava de fazer as coisas com *esforço*, mas com *dedicação e entrega*.

Não se tratava de trabalhar por *obrigação*, mas com *"ob-ligação"*, ou seja, como uma vinculação íntima. Como lembrávamos de vez em quando: *"Para fazer bem uma coisa, meu amigo, é preciso amá-la"*.

Não era tanto uma questão de fazer o que se queria, mas de querer o que se fazia.

Só assim poderíamos viver como o Principezinho, a quem *"todos estes trabalhos cotidianos lhe pareceram extremamente agradáveis nessa manhã"*.

Há uma importante (e sempre penúltima) observação acerca da vivência do acontecimento: vivê-lo, levá-lo *"até ao limite, mas não em excesso"*. É conveniente *não esgotá-lo*, já que *"o insuficiente, ao não esgotar o interesse, é sempre preferível ao excessivo"*.

O que não se esgota pode sempre ser retomado, reconsiderado... abordado de novo... a partir de outras instâncias e condições.

O encontro pessoal. O encontro das "intimidades"

Sempre gostei de chegar sem pressa ("a tempo" e "com tempo") à sala de aula. Talvez porque sinta a necessidade e a conveniência de ter um tempo para "habitar" em mim mesmo e na sala de aula antes que tenha lugar, em um novo dia, um novo encontro com as crianças.

Um tempo para conectar-me com meu próprio espaço interior, acalmar minhas ansiedades e inquietudes, respirar profunda e generosamente, deixar-me envolver pelo silêncio e a quietude, conectar com meus próprios circuitos energéticos, permitir que se abram e deixá-los fluir, visualizar alguma criança ou situação...

Depois passeio pela sala, preparo os espaços, os materiais... Mesmo que sejam folhas xerocadas, coloco cada uma com a plena consciência de quem vai pegá-la e trabalhar com ela. Internamente pronuncio o nome e evoco a presença da pessoa em cuja carteira estou colocando o material.

Se for inverno, ligo os aquecedores para que a entrada da sala seja logo uma espécie de "recepção calorosa", íntima, amável e quente.

Se for tempo de temperaturas altas, abro as janelas para que a sala areje e o frescor da manhã possa acariciar tudo.

Olho a turma... e escuto.

Olho a turma... e deixo-me olhar por ela.

No primeiro e segundo ano do ensino fundamental, como nossa sala de aula estava no andar de cima, quando soava a campainha que marcava a hora de entrada, eu descia as escadas e ali estavam as crianças, colocadas em fila, junto às crianças das outras duas turmas do mesmo nível. Encantavam-me os sorrisos, as saudações que me dirigiam enquanto eu descia. Depois era o gesto amistoso, o abraço ou beijo...

Foi contemplando seus rostos iluminados que tive acesso ao profundo significado do gesto singelo e diário da saudação. Saudar era isso, *dar a saúde*, desejar o bem a alguém por meio da palavra ou mediante algum gesto. A saudação que abria nosso reencontro cada manhã, quando a fazíamos com plena consciência amorosa, resultava em uma espécie de bênção singela, uma maneira extraordinária de começar o dia. Pelo simples fato de que *geramos saúde sempre que oferecemos amor*.

Nossas saudações podiam ser, portanto, pequenas e até fugazes, mas valiosíssimas mostras de amor; humildes, mas poderosas oferendas de reconhecimento e de encontro com os demais.

Cada saudação que dirigia a algum dos meninos ou meninas da classe era uma oportunidade que me era oferecida de expressar minha percepção de sua presença como alguém que não me era irrelevante.

Iniciávamos a trama de um novo dia com a fina fibra da saudação.

Sentia que cada vez que saía de mim uma saudação afetuosa, sincera e carregada de ternura, essa mesma energia era vertida para mim simultaneamente.

A qualidade da minha saudação consistia em preencher de mim mesmo cada palavra, cada movimento com que efetuava uma saudação. Era um entregar-me a mim mesmo em cada saudação realizada.

Ao dizer simplesmente "olá!" ou "bom dia!" corria-se uma cortina que, além de expressar o meu reconhecimento do outro, permitia-me reconhecer como estava, como vibrava, o que sentia enquanto os saudava.

Algum tempo depois subíamos todos.

A partir da terceira série do fundamental, curso em que mudamos de sala e em que eles já eram maiores, algumas vezes nos encontrávamos no pátio antes de entrar e outras, eu os aguardava já na sala. Em mais de uma ocasião, encontrava-me finalizando meu exercício pessoal de relaxamento. Nesses dias, eles sussurravam uns para os outros, convidando ao silêncio e a não fazer barulho. Encantava-me sentir como respeitavam meu próprio espaço e tempo de meditação. Tinham especial cuidado ao mexer as cadeiras, conversavam com um volume muito baixo entre si...

Uma vez que eu abria os olhos, com meu olhar e, depois, também com minhas palavras, agradecia-lhes o respeito e a consideração.

Sempre reservava alguns minutos nos quais nos saudávamos, um tempo no qual eu estava especialmente atento a seus rostinhos, suas expressões, escutando suas conversas espontâneas.

Estes primeiros momentos eram muito importantes para perceber com que vibração cada um chegava, que centros ou temas de interesse destacava alguém em particular ou como grupo; observar os agrupamentos naturais que se formavam, os possíveis isolamentos e solidões, os tipos de interação que se davam livremente.

Antes de iniciar qualquer tipo de trabalho, dávamonos um tempo para nos instalarmos e nos encontrarmos.

O "encontro das intimidades" de cada um, no entanto, dificilmente se dá a partir da intercomunicação mediada preferencial e até exclusivamente a partir dos conteúdos escolares clássicos (matérias ou áreas).

Quando o gesto pedagógico é, apenas ou fundamentalmente, essa ponte pela qual o professor faz chegar e descarregar na outra extremidade da criança o "conjunto de disciplinas", o encontro fica reduzido, empobrecido, degradado, sem chegar nem afetar o mais fundo e profundo de cada pessoa nele implicada. No entanto, qualquer tema ou atividade relacionada com qualquer das matérias do currículo podiam nos servir a título de pequenos barcos que nos conduziam até a margem do outro. Podíamos reconverter tudo em um lugar e tempo de entrevista e encontro com os demais, aproveitar tudo aquilo que nos permitia estar mais dentro de nós mesmos e sentir-nos mais perto do colega.

É triste e lamentável que após um "bom-dia" mecânico e automático a primeira experiência de reencontro em um novo dia de aula seja conduzida por palavras como *"vamos abrir o livro de linguagem na página...".*

Na primeira e segunda séries do fundamental, a primeira atividade era sempre *conversar*, sentados em círculo no tapete.

Porque sabíamos e aceitávamos que qualquer momento era "o melhor momento" para nos encontrarmos, para acolhermos e nos deixarmos acolher pela palavra própria e dos demais, precisamente por isso é que o primeiro momento de cada dia era dedicado a falar, mas a falar *"de nós, sobre nós e entre nós"*. Comprovei que reservar um tempo específico à expressão e comunicação permitia e favorecia que depois estas se integrassem de maneira natural e espontânea no decurso de toda a jornada escolar.

Às segundas-feiras realizávamos nosso "telejornal" de notícias do fim de semana ou daqueles casos que nos tivessem acontecido há mais tempo, mas que queríamos partilhar com os demais.

Não apenas estávamos favorecendo a expressão oral, mas propiciando o lento e sutil bordado do tecido da amizade e do conhecimento dos demais. Cada intercâmbio vital por meio da palavra servia para criar e afiançar laços, fortalecia-nos como grupo.

A malha afetiva grupal não se dá por si só; o "entre", como espaço de comunicação e encontro, não é um espaço objetivo, mas que precisa ser criado. E mantido. E consolidado. E afiançado.

O mesmo não acontece quando a expressão (oral ou escrita) fica reduzida, empobrecida, limitada a ser um mero meio, um instrumento (de fato falamos das matérias *instrumentais*), um mero veículo para o transporte e intercâmbio de dados e conhecimentos "acadêmicos" ou escolares.

Os intercâmbios conversacionais que apenas giram em torno das disciplinas, em torno das explicações e exercícios das diversas matérias, não necessariamente levam ao encontro pessoal, dificilmente "afirmam o sujeito" nem "constituem grupo".

Pouco a pouco e através dos anos, fomos nos encontrando e reconhecendo pelo partilhar das nossas singelas experiências de vida, nossas recordações e expectativas, pelo ir aceitando e querendo o outro "a partir de onde está", "desde e no que cada um é"; pela transferência de nossas melhores energias (através de um exercício-experiência que chamávamos *"a roda da amizade"*), pelo partilhar, sobretudo, compartilhando o melhor de cada um, oferecendo-nos a nós mesmos como "presente" aos outros.

AS AVENTURAS DE PINÓQUIO

Pinóquio e a roda da amizade

De tarde, Pinóquio decidiu ir a uma pracinha do povoado. Encantava-o sentar-se em um banco, fechar os olhos e escutar o canto dos pássaros. Outras vezes olhava as nuvens, brincava de ver com que coisas se pareciam e até dava uma música diferente a cada nuvem.

Pinóquio estava escutando o canto dos passarinhos quando, de repente, ouviu uma enorme algazarra.

— Briga, briga! — gritavam uns garotos que jogavam futebol.

Pinóquio abriu os olhos e viu que dois dos garotos estavam se atacando e se xingando. Os outros observavam a briga.

Pinóquio aproximou-se deles. Os meninos ficaram quietos ao verem um boneco que andava e falava e que, além disso, chorava.

— Por que você chora, boneco? — perguntou um dos garotos que estava brigando.

— Porque quando vejo que as pessoas não se querem a tristeza enche meu corpo de madeira — respondeu Pinóquio.

— E que podemos fazer para que você pare de chorar? — perguntou-lhe o outro garoto que estava brigando.

— A roda da amizade — respondeu Pinóquio, enquanto passava uma mão pelos olhos úmidos.

— A roda de quê? — perguntaram todos os meninos ao mesmo tempo.

Pinóquio explicou-lhes o que era a roda da amizade. Disse-lhes que formassem um círculo, como se fosse uma roda. Depois deveriam fechar os olhos, dar as mãos e pensar no peito. Ali, disse-lhes Pinóquio, tínhamos o "solzinho" do querer-se, do amor. E comentou:

— Quando esse sol é grande nunca ferimos nem brigamos com ninguém.

Os meninos fizeram isso, depois continuaram jogando e se divertiram muito, juntos.

E Pinóquio se foi, contente por ter feito as pessoas felizes.

A *"roda da amizade"* foi um exercício-experiência que nos acompanhou todas as sextas-feiras, durante a primeira e segunda séries do fundamental. Sentávamo-nos todos no tapete, em círculo. Um pequeno "Pinóquio" ficava no centro do círculo. Dávamos as mãos e fechávamos os olhos...

Exercício-experiência

A roda da amizade

Deixe que suas pálpebras, por seu próprio peso, fechem-se pouco a pouco.

Sinta a agradável sensação de seus olhos suavemente fechados, sem nenhuma pressão, sem apertá-los.

Fechamos os olhos, não para deixar de ver, mas para ver por dentro.

Deixe-se acariciar por dentro pela música que está tocando.

Sinta o contato de sua mão com a mão dos colegas. Assegure-se de que não as aperta. Como se as mãos estivessem irmanadas, coladas umas às outras, mas sem apertar.

Deixe que sua mão expresse sem palavras uma mensagem de carinho, de ternura para o colega à sua direita e à sua esquerda.

Pense que essa mensagem chega a todos na turma.

Se você teve algum atrito ou problema com alguém esta semana, pense nele; pense que, através dos colegas, essa mensagem que suas mãos expressam chega até ele.

Agora pense no "solzinho" (centro de energia) do peito. Pense nele irradiando, libertando uma potente energia amorosa em todas as direções.

Imagine que um raiozinho de luz sai de seu peito até nosso amigo Pinóquio. Nele unem-se e são recolhidas nossas melhores energias e ele as devolve multiplicadas pelo número dos que hoje estamos aqui.

Sinta como isso faz com que seu solzinho do peito cresça mais e mais, e se faça mais luminoso e radiante. Sinta-se cheio dessa energia maravilhosa.

Enquanto você continua pensando nesse "sol do amor" que todos temos dentro de nós, repita internamente, como um pensamento sentido, como um sentimento pensado, algumas de nossas frases mágicas:

"Juntos trabalhamos e nos divertimos. Juntos brincamos e aprendemos. Cada dia que passa nós nos queremos cada vez mais. Cada um dos meus colegas, meu professor... é um presente para mim. Também eu sou um presente para eles".

(No momento único e singular de cada sexta-feira podiam surgir outras frases que se iam acrescentando a estas outras que costumávamos repetir mais freqüentemente.)

Sinta-se unido a todos e a cada um dos que formamos esta roda da amizade.

Sinta como chega até você o carinho, a amizade, a energia de todos os seus colegas.

Em silêncio, continue desfrutando uns minutos da beleza da amizade.

O encontro pessoal era nossa moeda de troca habitual, a matéria-prima de nossas interações ou transações vitais. Com sua cara e sua coroa e em sua dupla vertente ou dimensão de dom e tarefa.

O encontro é um *dom* quando tenho a oportunidade de acolher e viver o outro como *alguém* que me ajuda a ir descobrindo e reconhecendo minhas possibilidades e limitações, minhas luzes e minhas sombras. Cada encontro é convite, sugestão, desafio e um presente, porque nele posso ir reconhecendo cada vez mais e melhor *"quem sou"*.

A relação com os outros me ajuda a ser mais eu mesmo e a sê-lo de uma maneira mais total, integral e integrada. Mas só é assim quando os encontros permitem perceber as qualidades, atitudes e valores que os outros expressam e que também podem ser atualizados e manifestados por mim.

Cada menino ou menina tem no encontro a possibilidade de relacionar-se com aspectos, partes ou dimensões de si mesmos que não reconhecem nem vivem suficientemente.

Essa possibilidade, no entanto, precisa ser favorecida, impulsionada, sustentada... às vezes até criada.

Se o encontro na escola for básica e fundamentalmente encontro com uma disciplina, com explicações acadêmicas, com exercícios e exames... tudo o anterior, e tudo o que se segue, continuará sendo *disciplina pendente*.

É preciso chegar a reconhecer que o "outro" é algo mais que umas costas que se interpõem entre cada um e o quadro-negro. Por isso a disposição espacial de uma sala de aula deve favorecer e propiciar múltiplos e variados encontros.

O colega não é uma simples superfície, um volume que surge diante de mim, mas "alguém" com quem convivo e com quem posso me encontrar e me comunicar.

Não basta que as crianças estejam juntas partilhando atividades comuns em um mesmo espaço.

Uma turma, enquanto grupo, é muito mais que um *conjunto de solidões em companhia.*

A experiência escolar não pode ficar como uma paródia, uma espécie de caricatura da convivência humana, ainda que se trate de pessoas de pouca idade.

A experiência escolar deve ser, sobretudo, uma experiência de encontro pessoal, uma experiência humana de relação e comunicação.

Às vezes nos perdemos no encontro.

Muitas vezes os encontros não estão isentos de tensão ou dificuldade.

Nem todos os encontros são prazerosos ou nos enchem de alegria.

Nem podemos nos encontrar com todos da mesma maneira.

Nem todos buscamos a mesma coisa quando nos dirigimos a outra pessoa.

Muitas vezes nem sequer sabemos o que nos leva a nos encontrar com o outro ou a nos afastar dele.

Outras vezes nos esquecemos ou nos defendemos da "novidade" do outro a partir do que já sabemos dele.

Em não poucas ocasiões nossos encontros se enchem de preconceitos, expectativas, hábitos, costumes, normas, suposições, mal-entendidos, "más" intenções (ocultas, secretas, inconscientes)...

Justamente graças aos encontros, tudo isso se mobiliza, se expressa, se nota, se torna consciente, se reorienta, se transforma... e nos transforma, faz-nos evoluir, crescer.

O longo e tortuoso caminho de ir fazendo do encontro humano, pouco a pouco, um espaço para a *transparência*.

3

A PRESENÇA

A presença é algo dificilmente definível.

Mas se abrirmos a palavra e a penetrarmos, ela nos revela a profundidade de seu significado: a presença consiste basicamente em *apresentar a essência*.

PRESENÇA

APRESENTAR MINHA ESSÊNCIA

ESTAR PRESENTE, VIVER NO PRESENTE:

Quando "estou presente" sou "um presente"
(= um aqui-agora)
(= um presente)

Em meu estar nem sempre estou presente.

Com minha presença nem sempre mostro minha "essência" (a fonte de qualidades positivas que realmente sou). Em não poucas ocasiões, aqueles que aparecem são os meus "egos" ou "personagens" com seus múltiplos e diversos mecanismos e funcionamentos.

Nem sempre estou "naquilo que estou", fazendo o que faço.

Nem sempre vivo no presente; há muitos momentos nos quais vivo preocupado e amarrado pelo passado ou ansioso e atrelado pelo futuro.

Ser uma presença

Nossa sociedade está repleta de "modelos" a imitar. A *imitação*, necessária nas crianças menores, é o modo mais fácil de *identificação*. Mas a maioria das vezes não é senão uma reprodução artificiosa que não vai além da aparência formal e que, por não implicar nem realmente tocar o sujeito, apenas tem significação ou relevância.

O educador não procura uma "identificação consigo" mas a construção, em cada um, de sua própria identidade. Desta forma, *já não é um modelo, mas uma "presença"*, um sinal referencial que somente pelo seu "estar" educa, interpela e interroga a criança.

Em inúmeras ocasiões e nas mais diversas situações, pude sentir meu estar diante das crianças como uma *presença iluminadora* que as questionava sem perguntar nada de maneira explícita. Outras vezes, no entanto, estava sem estar, atuava sem consciência e movia-me com precipitação e nervosismo; simplesmente, "não estava".

A partir da "presença", o *educador não demonstra, mas "mostra" e "mostra-se"*.

Mostra determinadas maneiras de pensar, sentir, emocionar, atuar e relacionar-se. Mas, sobretudo, mostra-se a si mesmo.

Está sempre se fazendo notar e continuamente revela coisas até a partir da quietude e do silêncio.

Diz sem dizer nada, atua sem fazer nada.

Dei-me conta de que não estava ali tanto para adiantar respostas, mas, sobretudo, para ser um contínuo interrogador para eles. Isso, sim, constituía um autêntico desafio: fazer da minha presença *uma pergunta sem fundo*, um motivo para o questionamento e uma razão para a alegria.

Minha presença podia ser muito mais que o mero fato de estar ali na aula, desenvolvendo uma série de trabalhos com eles. Podia ser, antes de tudo, o fato de *estar como convite, como sugestão*, como uma espécie de *pergunta fundamental*.

Levei anos para reparar que eu não era tanto *um papel, uma função*, quanto uma *presença* que, certamente, desempenhava certas funções que correspondiam a um determinado papel ou responsabilidade. Com os anos fui descobrindo, vivendo, polindo e usufruindo um modo de "estar" em mim e na aula e uma maneira de "estar presente" diante das crianças e diante dos acontecimentos que iam surgindo.

Até o dia de hoje, continuo trabalhando e trabalhando-me para poder ser uma presença cada vez mais plena e mais serena em tudo aquilo que faça. Uma presença mais *total*:

- estar presente dando as costas, as vísceras, as pernas e os pés;
- estar presente com a mente e com o coração, em meus pensamentos e em minhas emoções;
- estar presente com minha respiração e em minha respiração;
- estar presente em minhas posturas e movimentos.

Definitivamente, "estar presente" para fazer o que preciso fazer e que esta ação seja um fazer "habitado" ou consciente e no qual se implica e participa a totalidade de meu corpo, todo o meu ser. Isto significa e implica ir desenvolvendo e afinando uma atenção *total* dirigida a toda a pessoa, a todo o corpo, meu e das crianças. É algo que me obrigava a estar atento a tudo e a todos: perceber a mais pequenina mudança na respiração, na tensão dos músculos, observar as colocações e alcances dos olhares, qualquer flutuação na voz, qualquer agitação nas pálpebras, os movimentos involuntários dos dedos, das mãos...

E tudo isso era algo a que também os alunos eram convidados.

Este modo de "presença" foi adquirindo diversas características, traços ou qualidades:

- uma presença aberta;

- uma presença que atua;
- uma presença que expressa e se expressa.

1. Uma presença aberta

Apenas o que se abre pode mostrar ao mundo sua essência, sua realidade interior.

A abertura é a atitude de fundo básica e fundamental que sustenta um determinado modo de presença do educador. Este modo envolve, sem dúvida, sua maneira de sentir e experimentar a presença das crianças e o que estas representam para ele, e favorece, ao mesmo tempo, outra maneira de "estar" desses meninos e meninas.

Para que surja o vital, é preciso que algo se abra. Os brotos abrem-se para permitir que as flores nasçam. De maneira similar, os corações devem se abrir para tornar possível o florescimento das ações de vida.

Se o coração de um professor se abre na aula, sua pulsação peculiar contagia a das crianças, animando sua própria abertura pelo fenômeno, já demonstrado, da *ressonância*.

Sem abertura não há ressonância, nem contágio, nem possibilidade de qualquer "transfusão".

"Abrir" é o grande infinitivo a conjugar permanentemente em sala de aula, em todo tempo, modo, lugar e pessoa: abrir nosso olhar e nossa audição, abrir nossas mãos e as articulações de nosso corpo, abrir nosso pensamento para outros modos de compreender as coisas e abrir nosso coração para que os demais possam entrar nele.

Insisti em duas aberturas básicas e especialmente importantes:

- A *abertura das mãos*. Dedicávamos momentos e exercícios para tomar consciência da máxima abertura e expansão de nossas mãos, evitando toda tensão ou crispação. E convidava-os a manter a consciência dessa abertura todo o tempo possível, e de um modo especial quando faziam qualquer exercício com papel e lápis. Insistia com eles: "A mão que está apoiada sobre a mesa ou segurando o caderno para que não se mexa... *a mais aberta possível*"; "estudamos com as mãos abertas"...

  A mão aberta abre nossos circuitos internos.

- Uma *postura do corpo aberta* nos momentos em que eu estava fazendo alguma interpelação, crítica, avaliação ou convite à tomada de consciência. Um corpo fechado (braços cruzados, posições de fechamento, afastamento do olhar...) não recebe nada ou muito pouco do que se está dizendo. Por isso não prosseguia no meu diálogo quando o que apresentavam diante de mim eram gestos de fechamento.

O ar fresco só pode entrar e renovar o ambiente quando há alguma abertura. Quando o professor se abre e deixa que o frescor das crianças penetre nele, está permitindo que o odor a ranço saia e se desvaneça. Tudo o que se mantém fechado obscurece, deteriora-se e adoece.

O gesto de abrir, não obstante, implica firmeza e valentia, porque o abrir-se supõe sempre um expor-se, um entregar-se, um arriscar-se.

Abrir-se sempre comporta um risco porque quando me abro mostro-me no que sou e assim posso me tornar vulnerável. Mas só então posso ser acessível. Somente se eu me abrir poderá uma criança aproximar-se e entrar em mim, sentir-me não apenas como alguém junto ou próximo, mas, até, como alguém "íntimo". Sem abertura não se estabelece vínculo algum que seja consistente e perdurável.

Dia a dia, experiência após experiência, pude ir compreendendo que *a permanência em minha insistência* em nos mantermos internamente "abertos" em qualquer postura, gesto ou movimento, permitia-nos continuar nos abrindo imediatamente a cada instante, a cada acontecimento.

A "presença" como "abertura" foi-se perfilando com matizes muito diversos:

- uma presença aberta à "presença" dos outros;

- uma presença aberta e favorecedora do encontro;

- uma presença receptiva e humilde que se deixa interpelar pelas demais presenças;

- uma presença aberta ao circuito dar-receber;

- uma presença silenciosa, atenta e em atitude de escuta;

- uma presença aberta ao que sucede e às mudanças.

1.1. Aberta à "presença" dos outros

Disse anteriormente que um professor ou professora, qualquer educador ou educadora, apenas com seu "estar" (entendendo esse estar como "presença") interroga, interpela e educa a criança.

No entanto, pode ser, além disso, uma *presença aberta às crianças*, também "presenças" que, por sua vez, educam, interpelam e interrogam o adulto.

A pedagogia muda por completo quando o professor reconhece que tem diante de si e a seu encargo um grupo de "vocês", que cada menino ou menina de sua turma é muito mais que um mero aluno ou aluna e é reconhecido como *"outro legítimo" em sua convivência com ele*, como outra "presença".

A criança é vista, sentida e compreendida como *uma presença em processo de aprendizagem*.

Não é apenas, nem sequer fundamentalmente, um objeto de instrução e ensino, mas *um sujeito com quem se encontrar e se relacionar*.

A vida em uma classe muda por completo quando as crianças chegam a reconhecer os outros como algo mais que simples "colegas" de turma, quando podem vivê-los como "presenças" amigas.

1.2. Aberta e favorecedora do "encontro"

A "presença" do professor pode fecundar o espaço de relação interpessoal e iluminá-lo com uma infinidade de matizes e tonalidades; pode constituir um convite permanente ao diálogo, à compreensão profunda, ao sorriso e à comunicação afetuosa e cordial.

Se o professor "se encontrar com as crianças", e não se limitar apenas a estar diante delas, estará criando condições propícias para que o estar na turma seja, sobretudo, uma ocasião e uma oportunidade para o encontro. Se o professor estabelecer um encontro pessoal com as crianças, e não se limitar a ser um gestor de temas e exercícios, estará favorecendo que o estar em sala de aula não fique reduzido e empobrecido a um "trabalhar juntos", mas que possa ser experimentado como um "viver juntos".

Mais que um lugar de trabalho, a sala de aula pode ser vivida como um *espaço para a convivência*.

E é neste espaço-tempo de conviver juntos que a pessoa pode se abrir como presente para os demais e em que os outros também podem ser recebidos, igualmente, como um presente para essa pessoa.

Esta é uma tarefa a ser realizada com muito carinho e esmero, porque o que está em jogo é tão frágil e valioso que todas as precauções e cuidados são poucos para não danificá-lo.

1.3. Receptiva e humilde: uma presença que se deixa interpelar pelas outras presenças

O professor é capaz de submeter-se e aprender com uma criança de seis ou onze anos. Tenho que reconhecer que aprendi muito nesses anos no que se refere a estar sensível e receptivo às expressões das crianças, às suas exigências, questionamentos e demandas.

As crianças constituíam um contínuo chamado de atenção às minhas incongruências e foras que dei. Elas me ensinaram que, quando sou receptivo a uma crítica e tenho humildade suficiente para reconhecer suas possíveis verdades, não perco nada; pelo contrário, ganho, e ganho muito. Sobretudo ganho em credibilidade perante as crianças, mas também perante mim mesmo.

Sentia-me continuamente submetido à mais dura de todas as provas: fazer eu mesmo o que pedia a eles que fizessem, ser uma testemunha do que proclamava, viver o que lhes dizia.

Há uma anedota que reflete isto muito bem.

Desde o princípio eu vinha insistindo com eles sobre a importância de tratar as coisas com carinho e ternura. Cada vez que observava um trato desconsiderado, agressivo ou violento com algum objeto, eu chamava a atenção e recriminava. Uma manhã, durante a hora de trabalho individual, uma algazarra notável envolvia o desenvolvimento da atividade. Fiz vários convites para que baixassem o volume da voz, os quais não foram atendidos. Em três ocasiões levantei na mão o cartão vermelho, um sinal que tínhamos combinado como aviso de emergência e que implicava o cessar de toda atividade e permanecer quietos e em silêncio. Em um momento de descontrole da minha parte, gritei com força "Já chega!", ao mesmo tempo em que dava uma sonora palmada com minha mão sobre a mesa. Não estavam acostumados com esta forma de me dirigir a eles e surtiu efeito. Depois de uma longa dissertação sobre o ruído, a importância de um clima favorecedor do trabalho, do respeito ao outro (neste caso a mim) etc., R. ergueu sua mão e, com uma tranqüilidade e um aprumo realmente surpreendentes, disse-me:

— Você não está sempre nos dizendo que tratemos as coisas bem e com carinho? Então porque você bate assim na mesa quando somos nós quem estamos fazendo a algazarra?

Não pude ver-me ao espelho, mas por dentro senti que ficava amarelo, e depois vermelho. Tive que engolir. E apressei-me a defender-me:

— Mas desse jeito não há quem possa estar bem ou fazer alguma coisa!

Obriguei-os a fecharem os cadernos e livros e condenei-os a se aborrecerem, até que chegasse o fim da aula, para o qual restavam alguns minutos.

Em um primeiro momento, doeu-me que me "surpreendessem" dessa maneira. Concluída a aula, despedimo-nos até a segunda-feira seguinte. Foi uma despedida seca e fria. Minha indisposição era evidente. Fiquei sozinho na sala recolhendo minhas coisas. O que então começou a doer-me não foi o que fiz (qualquer um perde a compostura em um dado momento), mas meu modo de acolher a crítica que me tinha sido feita. Meu ego, em sua faceta de "todo perfeito", tinha sido mortalmente ferido de surpresa. Não houve da minha parte uma resposta consciente, mas uma reação automática, impulsiva e defensiva.

Durante o fim de semana meditei sobre o acontecido. Como expressar às crianças que tinham razão, como dizer, simplesmente, que eu lamentava, que tinha sido incoerente e que fiz precisamente o que sempre lhes dizia que não deviam fazer?

Na segunda-feira, viram-me entrar com algo embrulhado em um papel muito vistoso. "Que é isso? O que você tem aí? Ganhou um presente?" Os abraços e beijos que costumavam estar presentes em nossos reencontros vieram, nessa ocasião, acompanhados de perguntas voltadas a descobrir o conteúdo do pacote. Pelo modo de se dirigirem a mim pareciam ter esquecido completamente o que havia acontecido na última hora da sexta-feira anterior.

Eu sabia que as crianças esquecem depressa, mas sentia que não podia passar por cima e deixar nas mãos do esquecimento o fecho da experiência vivida com a mesa.

Era preciso resgatar o acontecido, retomá-lo e reconsiderá-lo como mais uma possibilidade de aprendizagem e crescimento.

— Você vai abrir, você vai abrir? — a expectativa de seus olhares animou-me a viver aquela situação com mais solenidade ainda do que a que tinha previsto inicialmente. Apenas coloquei uma condição: o que havia dentro do embrulho era muito importante para mim e para toda a turma e, portanto, pedia o maior silêncio possível.

Aquela coisa ocultava uma mensagem secreta. Ainda que fosse algo que já tínhamos na sala, em abundância demais, esta vinha por um motivo muito concreto. Olhei-os nos olhos e desafiei-os a ver se alguém sabia qual era a mensagem secreta, o porquê eu trazia aquilo e o motivo pelo qual eu iria colocá-lo em um lugar específico.

Fui desembrulhando o papel muito lenta e conscientemente até que seu conteúdo ficou à mostra: uma planta com flores. Como em um cerimonial, peguei-a e mostrei-a a toda a turma e, com um movimento lento e solene, coloquei-a sobre a mesa.

Em apenas dois segundos, a classe encheu-se de mãos erguidas. Aparentemente, quase todos já sabiam o porquê de todo aquele ritual. Concedi a palavra a R., a mesma aluna que me havia denunciado na sexta-feira.

— Você trouxe a planta pelo que fez à mesa no outro dia.

Todos baixaram as mãos de imediato. Era sua forma de assentir e expressar seu acordo com a resposta dada. Outro garoto acrescentou:

—Você pôs as flores no mesmo lugar em que bateu com a mão.

Estava claro. Neles não restava nenhuma tensão do vivido na sexta-feira, mas não tinham esquecido nada. Todo o trabalho dessa manhã, até a hora do recreio, foi centrado no acontecido na sexta-feira e no ritual recém-celebrado. Partilhei com eles minhas reflexões do fim de semana. Expressei-lhes meu agradecimento por sua interpelação. O "gesto" das flores era minha maneira de expressar minha tomada de consciência do sucedido (arrependimento) e minha forma de "pedir perdão" à mesa pelo meu trato injusto para com ela. Era um modo de dizer, como tantas vezes eu lhes havia feito repetir: *"Sempre posso recomeçar"*.

Falamos, escrevemos e até desenhamos sobre o acontecimento vivido.

No decurso da conversa compreendi a importância de que eles pudessem ver que eu também me exilava de mim mesmo em muitos momentos e situações. Também eu "perdia as estribeiras" e agia de maneira inadequada. O acontecido serviu-nos a todos, a mim primeiro, para constatar a importância que tem um humilde e saudável reconhecimento das próprias limitações e imperfeições. Reconhecemos que nem sempre podíamos estar com o mesmo nível ou qualidade de presença. E não se passava nada.

O drama não era "ausentar-se", agir incorretamente, mas fazê-lo sem nos darmos conta. O negativo não era nos descentramos, mas não nos darmos conta disso. O mais nefasto não era tanto cometer erros, mas não reconhecer que os havíamos cometido. E, sem nomear o "ego", pudemos falar dessa parte de nós que dói quando nos fazem ver algo que não fizemos bem. Também descobrimos que há outra parte dentro de cada um que, no fundo, e talvez um tempo depois, se alegra com a crítica que lhe é feita se essa observação for feita com amor. Estas observações e advertências fazem-nos crescer e melhorar, porque nos ajudam a perceber *como fazemos o que fazemos*.

1.4. Aberta ao circuito dar-receber

O encontro de "presenças" abre de imediato uma dinâmica a que chamo *"circuito de generosidade"*.

Quando o professor se instala consciente, voluntária e decididamente nesse circuito, pode convocar e integrar nele também as crianças. Mas o mais freqüente é que o circuito tenha sido reduzido a essa dinâmica na qual o professor dá e a criança recebe. O mais grave e triste é que muitas vezes o professor dá o que colhe dos livros-texto, "algo emprestado" de outros, e não dá nada de si mesmo que não sejam seus conhecimentos, suas explicações e correções. Por outro lado, a criança costuma ser *obrigada a receber*, forçada a acolher e a aceitar algo que não quer, não necessita ou não está ainda preparada para admitir.

O dar e receber são a sístole e a diástole com a qual deve pulsar o coração do professor, o coração das crianças e o coração de uma aula.

O mais importante que um professor pode fazer não é "dar" matemática ou português, mas *"dar-se a si mesmo"*.

Esse tipo de entrega faz com que a pessoa receba multiplicado aquilo que oferece e a submerge em uma impressionante corrente de vida e energia. Tudo aquilo que é valioso sempre se afiança e se multiplica ao ser entregue.

Ao dar-se, o professor não perde nada, porque cada vez que dá continua tendo, só que de outra maneira.

Ao dar-se a seus alunos não só não perde nada, mas, ao contrário, ganha-se a si mesmo.

Quem se dá reconhece-se e recebe-se, ao mesmo tempo, no melhor de si mesmo.

O professor, como as crianças, como todo ser humano, *só tem aquilo que dá; poder-se-ia dizer que só é aquilo que entrega, aquilo que oferece em cada uma de suas ações vitais.*

Só sou o que dou... mas também posso "chegar a ser" o que recebo.

Quando um professor está presente é uma fonte generosa que está sempre despejando, oferecendo, dando. As crianças sabem que, em qualquer momento, podem se aproximar com seu copo e beber dele.

Para o professor, porém, as crianças também são nascentes que lhe proporcionam uma água fresca e transparente. E, com humildade e reverência, pega em seu jarro e toma delas essa água de vida que podem lhe oferecer, já que também ele tem sede e necessidade dela.

O professor, que vive e está consciente da felicidade de poder dar e dar-se, também dá às crianças a possibilidade de viver essa satisfação e abre-se para receber delas, para receber a elas.

Todos entramos assim na possibilidade de experimentar que *quanto mais dou mais recebo*.

Além disso, quando alguém se esvazia na entrega, não está senão deixando um espaço livre e disponível para ser preenchido de novo. Por isso aquele que está continuamente dando… e recebendo… está *se renovando* permanentemente.

As formas e os momentos para trabalhar esta mesma dinâmica com as crianças são inúmeros. O mais importante é manter-se especialmente atento às situações nas quais se realiza algum tipo de intercâmbio ou doação espontânea.

O exercício "A roda da amizade", explicado anteriormente, oferecia-nos a possibilidade de experimentar corporalmente esse *circuito de generosidade* como um lugar de transferência e intercâmbio de nosso tato e de nossas melhores energias.

No simples gesto de nos darmos as mãos, observando até o mínimo detalhe nossa maneira de oferecer e receber a mão do colega, tínhamos já uma primeira e valiosíssima aproximação ao modo de nos fazermos presentes e de nos integrarmos e fazermos parte desse circuito.

Pude comprovar que o permitir e favorecer que os membros de um grupo trocassem "coisas" (não apenas materiais) entre si era um excelente modo de desenvolver certo sentido de *relação e interconexão.*

Além disso, era uma possibilidade excelente para trabalhar nossa "presença": como estamos presentes na transferência ou troca de algo?

Múltiplos temas, cláusulas e epígrafes iam sendo escritos, a partir das descobertas que fazíamos, no livro de registro de nossas entregas e recepções:

- A infinidade de aprendizagens sobre alguém e sobre os demais através das trocas e do contato consciente.

- A relatividade nos modos de viver, de maneira tão distinta, o simples fato de dar e receber algo. Eram muitas as sensações, emoções e observações que extraíamos cada vez que se entregava ou recebia algo.

Às vezes tratava-se de *um objeto*, que cedíamos ou não a alguém que necessitasse dele; outras vezes tratava-se do *próprio corpo*, quando oferecíamos ou negávamos nossa mão, uma carícia, um olhar ou um sorriso, ou quando, em exercícios específicos de dinâmica e expressão corporal, tínhamos que nos deixar guiar, segurar ou agarrar por outros. Aqui trazíamos à superfície visível do movimento espontâneo nossas facilidades e dificuldades para confiar e entregarmo-nos ao outro. Também passavam a fazer parte, ou não, do circuito da generosidade outras coisas mais sutis, mas não menos importantes, como *o tempo* (renunciar a um tempo livre de brincadeira para ajudar outro colega) ou *a dedicação às necessidades alheias* (interessar-se, reservar-se e consagrar-se ao que outro precisava de nós em um dado momento…).

- O alcance ou transcendência que podia ter para qualquer um de nós, em uma situação concreta, o mais simples gesto de dar ou receber algo. O "pouco", e que poderia não parecer quase nada para quem recebia, podia ser, não obstante, para quem entregava, como uma primeira e pequena pedra que soltava das suas muralhas de proteção. Para ele poderia constituir todo um derrubamento de estruturas defensivas e ser vivido como uma autêntica avalancha. Não importava quão pequeno pudesse ser o gesto de entrega: sempre se experimentava uma libertação contentadora.

- Observamos que, quando estávamos rígidos, não entregávamos completamente ou o fazíamos de maneira crispada e tensa.

- A distorção do circuito da generosidade quando se misturavam ou confundiam o dar com imposição e o receber, com exigência.

- O modo de dar era bem diferente quando estávamos conscientes, quando sentíamos "aquilo" que estávamos entregando e, ao mesmo tempo, sentíamos o colega que recebia. Este, por sua vez, podia se abrir à percepção do modo como lhe faziam a entrega, se era feita com atenção e cuidado ou de maneira fria e insensível.

- A importância de manter o interesse no circuito que se havia estabelecido até que a transação ou o intercâmbio tivesse terminado. Podíamos elevar o volume do que sentíamos para podermos nos dar conta de quando o circuito se havia fechado por completo e a transferência tinha se consumado. Fomos aprendendo a retirarmo-nos no momento e do modo apropriados, sem precipitação nem brusquidão.

Sem sabê-lo, acrescentávamos um novo conteúdo curricular: *a natureza de nossos intercâmbios e seu potencial formativo.* Inseríamo-nos, assim, em um processo contínuo de *"trocar com plenitude".*

O efeito deste trabalho sensibilizou as crianças a ponto de chamarem a atenção para o modo como os problemas de subtração eram delineados nos livros de matemática. A maioria dos problemas com os quais se trabalhava a subtração estava infestada com o verbo "tirar".

"O Joãozinho tinha 50 bolinhas de gude. Tiraram-lhe 20. Quantas sobraram?"

Um dos garotos fez a seguinte observação:

— Por que sempre estão tirando coisas nos problemas de subtração em matemática?

Comentamos como o verbo "tirar" tem uma carga bastante negativa, já que implicava uma perda, fruto de uma agressão e supunha a existência de um "objeto passivo sofredor".

A partir de então, mudei, nos enunciados de problemas que eu mesmo inventava, o verbo "tirar" por outras possibilidades: oferecer, partilhar, perder, trocar, dar… Neles aparecia um "sujeito ativo agente" de uma situação muito mais positiva e construtiva.

A descoberta serviu-nos de pretexto para ver e dialogar acerca de como o coração tem uma álgebra distinta e uma aritmética diferente. Abrimos, desta maneira, novas janelas que nos permitiram ver a matemática de outro modo e outro modo de considerá-la.

No coração nem sempre nos saíam as contas... e tão importante como "as contas" era nossa possibilidade de "nos darmos conta".

1.5. Silenciosa, atenta, em atitude de escuta

A turma colocava-me, vez ou outra, o desafio de estar diante das crianças, e diante de mim mesmo, cada vez com menos pensamentos, com menos ruído mental, com menos distrações e com todos os sentidos abertos, muito, mas muito abertos mesmo.

A presença total é uma total atenção, uma percepção cuidadosa do que realmente sucede e, sobretudo, como reage o corpo em seu peculiar modo de viver qualquer fato ou situação. Os gestos, movimentos, posturas e sinais corporais podem nos chamar a atenção e mostrar discrepâncias e contradições entre a *aparência superficial* e a *realidade interna*. Uma realidade que se mostra mais abertamente nas situações espontâneas, nas atividades livres, nos contextos criados voluntariamente e nos exercícios-experiências corporais.

Não costumamos mentir nem temos necessidade de aparentar nada distinto do que somos quando não nos sentimos nem obrigados, nem vigiados, nem controlados.

O corpo, por sua vez, não pode mentir; simplesmente não sabe fazê-lo.

Em não poucas ocasiões, *a aparência* encobria outra *presença* subjacente ou oculta muito mais real e autêntica.

Algo ao qual estarmos sempre atentos, do qual podíamos "nos dar conta" e do qual podíamos "dar conta" àquele que constituía, em cada momento ou situação, campo de nossa observação atenta, silenciosa e sem projeções.

Não poderíamos estar como "presenças" se fôssemos movidos ou se nos movêssemos nas "aparências".

Foi assim que pude "des-cobrir" presenças cálidas e dedicadas por trás de aparências de timidez; torpeza e indecisão no falador; medo e desamparo no "galinho" ou temerário; eficiência naquele que passava despercebido; acanhamento nos mais ousados e decididos, bem como impaciência e ansiedade por trás do ativismo e do afã de perfeição.

Em muitos momentos e situações ficaram a descoberto *sobreatuações, exageros ou inibições* que estavam muito presentes, mas agindo nos bastidores, em certos modos de comportamento e atuação *aparentemente* distintos e opostos.

Tratava-se de um contínuo abrir as cortinas do que era mostrado à primeira vista e em um primeiro plano, para ter acesso ao cenário profundo da própria verdade pessoal.

A atenção à "presença" era nosso modo de estarmos alertas e conscientes — quanto mais, melhor — do funcionamento total de nosso corpo no que fazíamos ou vivíamos, do uso de nós mesmos à hora de fazer qualquer coisa. Era nossa maneira de cuidar da ecologia pessoal e grupal: como realizávamos as atividades, como tratávamos os objetos, como nos relacionávamos uns com os outros, como abordávamos os acontecimentos que nos iam surgindo e como nos posicionávamos diante deles. Era nosso modo de irmos descobrindo, distinguindo e discernindo o que era *natural* do que era *condicionado*, o que era *próprio* do que havia sido *adquirido*, o que pertencia à essência ou verdade profunda do que não era senão expressão dessa espécie de *"segunda natureza"* que tinha vindo a conformar, pouco a pouco, uma determinada *personalidade*, caráter ou temperamento.

Quando eu estava presente em cada acontecimento e atento a cada minidetalhe, podia atravessar essa barreira protetora que cada criança havia construído para si, ainda que sem sabê-lo. Cheguei, assim, a conhecê-los como na realidade eram, para além da *fachada social* que haviam construído para poderem sobreviver em condições, às vezes, pouco favoráveis.

A atenção às vezes era difusa ou global: estar atento a todo o corpo de uma criança, a todo o corpo da turma, ao ambiente ou clima em sala de aula, ao modo geral como se desenvolvia uma atividade em particular...

Outras vezes exercitava uma atenção mais focalizada e específica: a um menino ou menina em concreto, a uma parte concreta do corpo de uma criança, a um setor da turma, ao modo particular como alguém desenvolvia a atividade proposta, ao modo de respirar, à maneira de segurar o lápis, aos recursos utilizados na gestão de uma dificuldade, de um conflito...

Minha atenção podia dirigir-se para um "todo" ou para qualquer de seus elementos ou componentes.

Ambas me faziam estar mais presente e mais consciente do que estava sucedendo e, sobretudo, de como estava sucedendo.

1.6. Aberta ao que sucede e às mudanças

Minha "presença" de hoje não é a mesma que a de ontem. É mais. Minha "presença" flui com cada momento.

Exatamente o mesmo acontece com a "presença" das crianças.

Pode ocorrer, no entanto, que o professor se enamore tanto da programação ou do livro-texto, que acabe, finalmente ou desde o início, preso a eles. As "grafias" de um programa preestabelecido, rígido e fechado terminam como "ganchos" aos quais o mestre se agarra como um pretexto de segurança e controle.

A "ditadura" do livro-texto, um "seguidismo" incondicional e cego a ele, impedem a abertura necessária para acolher o imprevisto, o não programado. Esquece-se, com demasiada freqüência, que o programa e o livro são feitos para a turma, sem vice-versa.

Ter um texto estruturado pode ser útil, desde que não seja nem o único nem o fundamental. Um professor, nas condições atuais, não pode gerar e produzir de maneira criativa tudo o que necessita para cada um dos dias de um curso escolar completo. Jamais neguei a utilidade dos livros-texto, mas nego, sim, que sejam eles a determinar minha tarefa com as crianças. Conforme os cursos, conforme as matérias, conforme a qualidade de algumas propostas que o mercado editorial oferecia... escolhia um texto de base comum, ou contava com amostras de várias editoras, ou eu mesmo elaborava um material já organizado, mas que não impedisse as pertinentes ou necessárias adequações, ampliações, supressões ou modificações.

Uma atitude aberta e uma postura flexível ajudaram-me a *"não desprezar nada"* (programas, livros-texto, manuais do professor) e a estar alerta quanto à *minha atitude* perante essas coisas todas, sobretudo ao uso que fazia delas.

Uma de minhas primeiras experiências como professor me ajudou muito a acolher sem medo e a receber como proposta ou sugestão de trabalho o que se apresentava de repente como imprevisto.

Recém-terminados meus estudos do Magistério, trabalhei alguns meses em um colégio particular de Sevilha. Boa parte de minha enorme turma de segundo ano do fundamental (creio lembrar-me de quase quarenta alunos, todos eles meninos) ficava para o almoço do Centro. Um dia, ao iniciar a sessão da tarde, encontrei as crianças em um estado de quase histeria coletiva. Excitados pelo medo, não paravam de falar no fantasma que haviam visto em um corredor. Em suas vozes, em seus olhos fora das órbitas estava patente a excitação e o nervosismo. Alguns deles juravam que era verdade. Dei-me conta de que estavam dizendo a verdade, não tanto porque efetivamente houvesse um fantasma no colégio, mas porque acreditavam no que estavam dizendo. Tanto era assim que apenas bastaram uns segundos para contagiar o resto da turma. Até aos que iam almoçar em casa, corria-lhes a mesma agitação pelas veias e um ou outro inflamado de última hora também chegou a vê-lo, ainda que apenas "de relance".

Em meu programa de trabalho para essa tarde estava previsto um tema de Ciências da Natureza que fazia referência às plantas.

Compreendi que nas areias movediças que eram as crianças, naquela tarde não haveria planta ou explicação que brotasse nem atividade que pudesse dar seus frutos.

Assim, deixei as plantas para uma melhor oportunidade e dedicamos toda a tarde aos fantasmas.

O que fiz primeiro foi propor-lhes um exercício imaginativo de relaxamento no qual imaginássemos um fantasma com quem iríamos ter um diálogo imaginário (ele nos contaria sua vida, quem tinha sido em vida, como era, por que perambulava agora pelo nosso colégio…). Sem explicitá-lo às crianças, pretendia duas coisas: reduzir o nível de agitação interior e reconduzir seu medo para uma relação amistosa com a figura do fantasma.

Depois falamos sobre o que cada um havia imaginado. Foi uma ocasião excelente para falar de nossos medos, das coisas que mais nos assustavam, e deu-se uma boa conjuntura para abordar o tema do "invisível": os fantasmas, os micróbios, as ondas, as intenções... *Que eu não veja uma coisa não significa que não exista, simplesmente significa que não consigo vê-la.* Aproveitei um momento da conversa para lhes falar sobre a histeria coletiva e dos perigos de uma "massa humana" guiada pela fantasia e pelo medo.

Cada um pintou "seu fantasma", depois brincamos de "disfarçá-lo" de jogador de futebol, de toureiro, de palhaço... A figura branca de um fantasma e sua silhueta esquemática conformavam-no como um excelente manequim que podia ser vestido com cores distintas e de formas as mais diversas.

Durante os últimos minutos da sessão da tarde cantamos duas canções que contavam coisas de fantasmas e acabamos com um jogo de expressão que despertou um riso generoso: fomos dando forma ao clássico "uuuuuhhhh!" em múltiplos e variados contextos: a voz de um fantasma marciano, de fantasmas de diferentes nacionalidades, o grito de um fantasma gago, a voz de um fantasma bebê, de um fantasma bêbado... Todos íamos fazendo o som e os movimentos que entendíamos corresponder ao tipo de fantasma que se propunha.

Ao sair da sala de aula e encontrar-me com os demais colegas, todos comentavam o mesmo: *"As crianças hoje estavam impossíveis"*, *"Não consegui fazer nada com elas esta tarde"*. Depois de tanto tempo, não me lembro do que comentei com eles então, o que sei é que foi uma tarde realmente inesquecível que ainda hoje guardo em minha memória.

2. Uma presença que atua

A pedagogia do "co-razão" convida a uma presença criativa e criadora, uma presença "participante", "observadora" e "animadora". Refiro-me a uma pedagogia *ativa*, mas de modo algum *ativista*.

Ainda conservo a memória corporal, o impacto celular que me provocou o assistir, em uma gravação de vídeo, como era minha maneira de estar em aula. Um grupo de professores decidiu gravar uma sessão de aula com as crianças e proceder depois à sua análise. Era uma condição necessária para depois poder aplicar em nossa aula um programa de desenvolvimento da inteligência por meio da interação social, conhecido como "Compreender e transformar" (Joaquín Mora).

Não podia dar crédito ao que meus olhos viam: um modo incessante de fazer, uma maneira frenética e desenfreada de conduzir a aula. Minha voz caía sobre as crianças como uma cascata selvagem, com um volume alto e a grande velocidade. Meus movimentos eram contínuos, incessantes, precipitados e agitados. Era a viva imagem humana daquele besouro de Bernanos, sempre se movendo no interior de uma garrafa.

Dei-me conta, por exemplo, de que no pequeno espaço ocupado por um quadro-negro e durante o breve (em meu caso, brevíssimo) tempo empregado em apagá-lo eu oferecia continuamente a meus alunos uma lição magistral e *oculta* sobre a ansiedade, a precipitação e a pressa.

Pude, a partir de então, incorporar o *apagar do quadro-negro* como mais uma das minhas tarefas ou ações pedagógicas. Mais, cheguei até a executá-lo a título de *exercício simbólico interno*: ao apagar o quadro-negro lenta, sossegada e pausadamente, procurando deixá-lo impecavelmente limpo e desfrutando disso, eu estava-me serenando e limpando por dentro.

De vez em quando, verbalizava-o abertamente para que as crianças pudessem ouvi-lo: *"Ao apagar o quadro também estou apagando meu aborrecimento por..."; "Ao apagar o quadro lentamente, atentamente... vou ficando cada vez mais tranqüilo"; "limpo o quadro e, ao mesmo tempo, vou me limpando por dentro"...*

Na escola, podemos cair facilmente em um processo de *reduzir* a ação às *atividades* e de *limitar* estas às tarefas mais propriamente acadêmicas: explicar, ler, escrever, resolver problemas matemáticos, corrigir exercícios...

Quando estabeleço a "presença" como *uma presença que atua,* estou estabelecendo que, além da anterior, há *outra maneira de desenvolver e viver as ações e os gestos cotidianos.* E isto também deve fazer parte do currículo, não apenas do oculto, mas também do explícito e voluntário.

Por isso é tão importante que a criança capte que há *"outra maneira"* de aproximar-se e abrir uma janela, de escutar a intervenção de um colega, de escrever no caderno, de levantar a cadeira que caiu ou foi tirada, de apagar o quadro, de colocar as coisas, de falar ou acariciar o outro...

Em todos estes gestos e atos singelos e simples há uma "presença" que atua.

Na aula, como no conjunto de nossa vida, podemos atuar, não por simples impulsos, mas a partir de uma consciência que atua com uma qualidade diferente.

A presença que atua deve ser, ao mesmo tempo, uma *presença paciente.* Inibir o impulso, minha tendência ao imediatismo, à pressão e à rapidez foi uma intenção, uma vontade, um desejo e uma tarefa que me acompanhou todos e cada um dos dias. Tive de colocar cartazes em vários lugares estratégicos da sala de aula (em minha mesa, junto ao quadro, nas janelas...) que recordassem a mim e a todos nós um modo *mais sereno e mais consciente* de fazer ou de agir.

Chegamos até a combinar um gesto (abrir e fechar as mãos unindo as pontas dos dedos) que fazíamos uns aos outros para advertir da presença da rapidez, do volume excessivo, da inquietação... em nosso modo de conduzir a atividade.

Uma de minhas alunas, R., era a que mais vezes me fazia o sinal de aviso. Isso me permitia baixar o volume de minha voz, falar com menos rapidez, mover-me mais conscientemente. Agradecia-lhe com uma leve inclinação de cabeça, com o que dizia: *"Mensagem recebida. Obrigado"*. Desse modo não tinha de interromper o que estava fazendo, mas modificar, em cima do que fazia, meu *modo* de fazê-lo.

3. Uma presença que expressa e se expressa

A presença do professor ou da professora, de qualquer educador ou educadora, é sempre uma presença eloqüente. Não apenas diz, mas "diz-se". Pode expressar palavras, idéias, pensamentos e até visões do mundo..., mas, sobretudo, pode expressar-se a si mesma.

Também as crianças são presenças que expressam e se expressam.

Esta expressão pode adotar múltiplas, diversas e complementares formas e meios expressivos.

Nossa riqueza interior é tanta que temos de extraí-la pouco a pouco: às vezes com os baldes da palavra (oral ou escrita), outras, com os recipientes icônicos ou imagens; às vezes também com o balde do silêncio ou com a tina dos gestos; mas sempre a trazemos à superfície em três instâncias ou níveis: em nosso corpo, no corpo do nosso encontro e no corpo do acontecimento que nos visita.

A presença expressa se expressa quando fala e quando se mantém em silêncio; quando toca e se deixa tocar; quando entra em contato e quando vive o espaço e a distância como possibilidade de uma maior conexão e um respeito mais profundo; quando joga e deixa os outros jogar…

E pode fazê-lo em graus ou níveis muito diversos, expressando:

- *Tópicos externos* (informação, conteúdos acadêmicos, comentários sobre o tempo, a moda, os espetáculos…). O contato é muito superficial, com a mínima implicação ou complicação. Mas é algo necessário em uma dinâmica transmissora de conhecimentos e pode ser conveniente e útil nos momentos iniciais de estabelecimento de um contato ou em situações de bloqueio.

- *Intercâmbios utilitários cotidianos.* É a expressão e a comunicação do *habitual e convencional* que corresponde ao desempenho de certos papéis e funções. Refiro-me a expressões do tipo "peguem seus cadernos", "não entendo isto", "vou explicar-lhes…" etc. Os intercâmbios são basicamente de tipo *funcional*, é uma comunicação orientada para facilitar a execução das tarefas propostas, assim como assegurar o clima adequado no qual devem se desenvolver.

- *Fatos pessoais e opiniões.* Aqui já há um primeiro e mínimo compromisso pessoal, porque contar algo pessoal ou expressar abertamente nossa opinião revela-nos e descobre-nos. Destaco, portanto, seu *caráter vinculativo*, ou seja, seu poder para estabelecer vínculos e uma relação muito mais próxima que o simples fato de mencionar coisas externas e alheias a quem as diz.

- *Sentimentos.* Há uma maior implicação e compromisso quando expressamos algo do nosso mundo mais íntimo e pessoal, quando partilhamos experiências e sentimentos que nos importam e nos marcam ou marcaram especialmente.

Recordo uma companheira que veio realizar trabalhos de substituição no colégio, uma grande profissional que estava muito preocupada porque, apesar de seu envolvimento com a aula, não conseguia conectar com as crianças nem obter sua colaboração. Conversamos longamente sobre o tipo de *vinculação* que costumamos estabelecer com as crianças. Concordamos que os professores podem aparecer diante das crianças como "capatazes" ou máquinas de exercícios e fichas de trabalho. O que tinha mais presença e o que adquiria mais relevância em seu cotidiano escolar eram os livros-texto. Sua relação com as crianças estava mediada por eles. Refletimos em torno de questões como: O que os alunos vêem em nós? Como nos vêem e nos percebem? Que sabem de nós e nós deles? Temos partilhado com eles vivências ou experiências pessoais que foram especialmente importantes ou significativas para nós? Dias depois, muito emocionada, expressava-me a mudança notável que se havia produzido em sua relação com as crianças e que explicava pelo fato de ter partilhado com seus alunos como se encontrava após a morte recente de seu pai. A partir daí falou-lhes de suas filhas, levou-lhes fotos delas, de sua própria infância... simplesmente aproximou-se, mostrou-se, fez-se presente diante de seus alunos, como pessoa, como ser humano. As crianças mostraram-se de outra maneira diante dela e alteraram suas atitudes para com sua pessoa e para com o trabalho a ser realizado em aula.

Em momentos e situações especiais pode-se chegar a viver uma relação ainda mais intensa, quase metafísica, entre as "essências", uma comunicação no nível do "eu profundo". A partir do mais fundo de nós, conectamo-nos misteriosamente com o outro. Nesses momentos, a presença, a relação e a comunicação parecem quase tocar o sagrado. Então surpreendemo-nos, emocionamo-nos e mantemos silêncio.

A partir do meu "estar presente", convocava-os e continuamente apresentava diversidade de linguagens e uma multiplicidade de modos e meios de expressão e comunicação.

Precisei estar muito atento para silenciar tantas e tantas palavras sem interesse, que não diziam nada, palavras que entravam por um ouvido para saírem rapidamente pelo outro, palavras que o vento levava.

Tive de me manter alerta para aquietar ou dissolver gestos vazios que não eram senão meros trejeitos.

Eu mesmo surpreendia-me às vezes com o que falávamos e como o falávamos.

Fui cultivando com eles as palavras e os gestos que brotavam do coração, que surgiam de meu corpo e que eram um dom de mim mesmo.

Ao estar presente e expressar-me, fui me chegando a eles e me aproximando cada vez mais de seu cosmo.

Abri-lhes as portas de minha casa e ofereci-lhes as chaves para entrar. E eles fizeram o mesmo comigo.

Intuía então, e reafirmo ainda mais hoje, a importância de favorecer que os meninos e meninas entrassem em contato e se relacionassem, a partir de experiências concretas, com determinadas palavras (amor, ternura, paciência, silêncio, escuta, pensamento...). Não me refiro apenas ao significado intelectual e conceitual, mas também à *"vibração"*, à *"ressonância"* de cada uma dessas palavras.

Esses anos me ajudaram a comprovar o efeito extraordinário que determinadas palavras têm sobre o corpo e a conduta, quando são "in-corporadas", passadas para o corpo da criança.

É algo que leva seu tempo. Como a chuva suave: é sua insistência que acaba impregnando a terra e fazendo subir o nível dos mares. É como se o corpo se impregnasse da consciência do que essas palavras revelam. Mas para isso era preciso torná-las presentes várias vezes.

Procurei vincular permanentemente palavra-corpo-experiência-emoção, ou seja, que a palavra se articulasse no viver cotidiano de tudo que sucedesse em aula; que a palavra expressasse e conformasse nossas vivências e que tudo o que fizéssemos se sustentasse e se expressasse a partir de um "dizer", a partir de uma palavra que pudesse ser presença, energia mobilizadora, força, ação e transformação.

As palavras e gestos que utilizamos, que trocamos em nosso "linguajar" cotidiano, não são inocentes nem indiferentes, mas têm um tremendo valor na hora de configurar o pensamento e a conduta. Daí a importância da vibração e do sentido de cada palavra dita e escutada na aula.

Mantinha-me especialmente atento às palavras e expressões que costumava utilizar, observava-as, analisava-as e procedia à sua supressão, adequação, modificação ou a uma intensificação consciente de seu uso. As palavras ou os gestos adquiriam, assim, plena presença deliberada e consciente.

Fomos nos aproximando, assim, da *poesia da palavra*, da *magia da linguagem e dos símbolos*, do *humor*, do *jogo da palavra* e até do seu *valor terapêutico e libertador.*

Nossa sala foi sendo decorada com algumas *"frases especiais"*, conforme se iam apresentando, e que pouco a pouco foram ficando impressas no coração de cada um: *"O silêncio é belo e nos ajuda a estar melhor"*, *"A ternura é a suavidade com que sai de nós a luz que temos em nosso interior"*, *"Só com o coração podemos ouvir as coisas"*, *"Para fazer bem uma coisa, meu amigo, é preciso amá-la"*, *"Sempre posso recomeçar"*, *"Fazer de minha voz uma carícia"*…

A presença de muitas delas nos acompanhou durante todo o tempo em que estivemos juntos. Quando algo está muito tempo em um lugar, acabamos nos tornando insensíveis ou não conscientes de sua presença. Por isso, de vez em quando, porque uma situação o propiciava ou simplesmente porque queríamos, fazíamos uma interrupção e relíamos e comentávamos nossas frases.

O corpo como lugar de presença

Esta "presença" à qual me venho referindo é, básica e radicalmente, *corporal.*

Somos uma realidade corporal. O corpo marca o umbral, a possibilidade de minha presença.

Apresentamos o que somos e como somos em nosso corpo. A profundidade essencial que somos torna-se visível, perceptível, sensível e acessível nas posturas, gestos e movimentos de nosso corpo.

Às vezes tinha a sensação de não ser mais que um *volume* móvel que se deslocava pela sala e agia mecânica e automaticamente. No entanto, a "presença" é um "estar habitado", um "estar consciente" que implica e comporta um determinado *estado de consciência* e que, por sua vez, se apóia e assenta em um *estado corporal*, em um modo particular de gerir e usar o próprio corpo.

A "presença" é atenção, lucidez, dar-se conta, ação responsável e entrega amorosa. Tudo isso sucede e é possível graças ao corpo e no corpo.

O gesto de amor que não realizo, simplesmente não existe.

O corpo é o templo de nossa "presença", o altar no qual colocamos tudo quanto oferecemos em cada momento pedagógico.

Com o seguinte exercício-experiência tornávamos o nosso corpo presente, tornávamo-nos conscientes dele, para que nossa presença fosse um presente para nós próprios e para o resto da turma. Íamos tomando consciência da "presença" de cada parte, de cada elemento do corpo, como lugar ou espaço onde o melhor de nós mesmos podia tornar-se presente.

EXERCÍCIO-EXPERIÊNCIA

O corpo como lugar de presença

Começamos por observar nossa respiração e, assim, ir serenando nosso corpo e nossa mente.

Você pode fazê-lo com os olhos abertos ou fechados, como preferir.

Ainda que seus olhos estejam abertos, seu olhar está dirigido para seu interior. É um olhar que não se fixa nem se distrai com nada da sala de aula, mas um olhar que escuta o que você vai pensando e sentindo por dentro.

Se preferir fechá-los, não esqueça de que fechamos os olhos não para não ver, mas para evitar que algo nos distraia e assim possamos ver por dentro.

Simplesmente observe, sem fazer mais nada, como você respira. Siga, como uma câmera lenta, todo o processo desde que começa a inspirar o ar até voltar a soltá-lo.

O objetivo deste exercício-experiência é tornar presente seu corpo para que sua presença seja um presente para você mesmo/a e para o mundo.

Respiro visualizando o ar que respiro, o ar que entra em mim, de cor azul brilhante, e o que expiro, o que deixo que saia, de cor escura.

Com o ar que entra, meu corpo vai-se purificando e entrando em um estado de calma, de paz e serenidade.

Com o ar que sai, vou tirando de mim tudo aquilo que me prejudica, que me preocupa, que me dá medo, que me põe nervoso…

No mais profundo de mim, penso em um ponto de luz e energia.

Esse ponto de luz representa "o que há de melhor" dentro de mim, minhas melhores energias.

Sinto como essa luz, essa energia, vai se fazendo cada vez maior até inundar todo o meu corpo por dentro.

Agora vou tornar-me consciente da presença de cada parte de meu corpo como lugar ou espaço em que "o melhor que há em mim" (minha essência) se torna presente.

Penso e torno presente:

— Minha cabeça (sua posição, as sensações que possa sentir…).

Não tenho que fazer nenhum movimento nem modificar nada, apenas estar cada vez mais atento e tornar mais presente esta parte do corpo na qual estou pensando agora atentamente (...)

Penso e torno presente:

— Meu rosto (soltam-se as tensões, deixo os músculos do meu rosto relaxados...).

Torno-me presente, aqui e agora, por meio do meu rosto.

Meu rosto vai-se tornando transparente, de maneira que nele se possa ver a luz e a energia (...)

Penso e torno presente aqui e agora:

— Meu pescoço e a parte superior de minhas costas (toda essa zona fica macia, sem tensão...).

Penso e torno presente aqui e agora:

— Meu tronco, meu peito e minhas costas (percorro com meu pensamento todo o espaço interno de meu tronco...). Observo o que sinto, o que se passa quando penso que meu tronco se solta e cresce em todas as direções (para cima, para baixo, para diante, para trás e para os dois lados).

Sem fazer nenhum movimento com o corpo, apenas pensando-o (...)

Penso e torno presente aqui e agora:

— Meu abdômen e a zona inferior de minhas costas. Penso no espaço de dentro de todo o meu abdômen como um espaço de energia que se expande e se torna maior (…).

Observo como o ar de minha respiração chega e enche por completo essa zona de meu corpo.

Torno presente a respiração nessa parte de meu corpo… Meu ventre enche-se ao respirar.

Sou uma presença que respira (…)

Penso e torno presente aqui e agora:

— Meus braços, minhas mãos e meus dedos (…)

— Minhas pernas, meus pés e os dedos dos pés (…)

Penso e torno presente aqui e agora:

— Meu corpo, como um todo, como uma peça única.

Dou-me um tempo para olhar todo o meu corpo, sem fixar-me nem pensar em nada de concreto.

Torno-me presente em meu corpo. Estou aqui e agora, em meu corpo.

Em meu corpo, aqui e agora, apresento à turma e ao mundo o melhor de mim.

Penso e sinto que minha presença está acompanhada de outras presenças, da presença de todos e de cada um dos meus companheiros e companheiras, da presença de José e Maria…

Percebo internamente a presença do melhor de cada um dos colegas que estão, aqui e agora, comigo.

Abro minha presença à presença dos outros.

Simplesmente deixo acontecer e observo o que se passa, o que sinto.

Dou-me conta de como ressoa em mim a presença dos demais.

Minha presença abre-se, minha energia expande-se...

Agora vou contar de 1 a 5 e, no 5, você abrirá os olhos e se sentirá muito confortável, bem descansado, muito melhor que antes.

Um, subindo pouco a pouco.

Dois, cada vez mais acima. Executo várias respirações profundas.

Três, estou aqui e agora na sala de aula. Escuto todos os sons que me chegam do exterior. Movo suavemente os dedos de minhas mãos, de meus pés.

Quatro, executo de novo várias respirações profundas, apertando e afrouxando as pálpebras com suavidade antes de abrir os olhos.

Cinco (dou um estalido com meus dedos). Olhos abertos, muito tranqüilos, muito melhor que antes...

Descrevi o exercício-experiência em sua formulação mais completa e elaborada, tal e qual correspondia ao seu desenvolvimento nos últimos anos. Mas já desde o primeiro se podem realizar adaptações mais breves e singelas. O exercício é um momento, uma oportunidade específica que nos damos de tornamo-nos conscientes de nosso corpo para, assim, habitá-lo e tornarmo-nos presentes nele.

Esta consciência de presença, que no fundo não deixa de ser uma consciência corporal, sensorial e emocional, não é tanto um "ensinamento", quanto uma *prática*.

Este tipo de experiência concreta e específica de *conscientização* é bom e necessário por uma simples, mas importantíssima razão: *a criança costuma estar presente de uma maneira espontânea e natural, mas essa presença não é consciente*. E é este caráter não consciente, precisamente, o que propicia que a vá perdendo com o tempo.

Esses *exercícios específicos* são algo necessário, mas não suficiente.

Em meu livro *El pulso del cotidiano [O pulso do cotidiano]*, no capítulo que dedico ao *"pulso e momento do exercício"*, assinalo uma dupla tipologia de exercícios, ambos igualmente necessários e válidos: o exercício *"separado ou específico"* e o *"exercício integrado"*.

O valor e a importância das experiências específicas (como a descrita anteriormente) procedem do fato de constituírem uma espécie de *exercício de treinamento e de manutenção* que tornam possível retomá-lo, considerá-lo e integrá-lo depois no que se vive de maneira natural e não pré-programada (*exercício integrado*).

É necessário manter o exercício, perseverar nele, nas mil e uma situações espontâneas e cotidianas nas quais podemos convidar a uma tomada de consciência de como estamos presentes naquilo que estamos realizando ou experimentando.

O importante é proporcionar à criança *uma vivência consciente do modo de sua presença*, permitir que possa *se dar conta de como está seu corpo naquilo que está fazendo ou vivendo*.

São necessárias e inevitáveis muitas experiências reiteradas, dosadas, nas quais é preciso insistir várias vezes. Não é necessário, nem sequer conveniente, complicar os exercícios e as experiências. A experiência realmente eficaz e transformadora costuma ser singela, só que é preciso reiterá-la, voltar a ela várias vezes, com muita freqüência.

A realização do exercício-experiência específico no qual, por exemplo, tomamos consciência de nossas mãos, possibilita e favorece que, ao ver uma criança escrever em seu caderno, eu possa convidá-la a interromper sua atividade e a dar-se conta do grau de abertura, tensão ou crispação de sua mão, de seus dedos, seu modo de pegar no lápis, a quantidade de pressão que aplica sobre o papel, o emocionar-se com o que está desenvolvendo na atividade, a postura e a presença do resto de seu corpo, e observar como tudo isso repercute ou afeta a qualidade de sua caligrafia e o bem-estar de sua mão e de todo o seu corpo.

A criança assimila algo muito melhor quando faz parte de uma situação que já está vivendo, que lhe é natural. A "presença" não é algo a abordar na aula como mais um tema, mas como algo que podemos ter em conta, e de que podemos nos dar conta, em todo e em cada um dos momentos que vão acontecendo e em toda e em cada uma das atividades que vamos fazendo.

Isto era igualmente válido para mim. Convidar um de meus alunos a tornar-se consciente de como estava se dirigindo a outro colega implicava *um autoconvite para que eu me desse conta* de como estava presente ao fazer essa sugestão e de como me dirigia a ele ou ela.

Em mais de uma ocasião, consciente e deliberadamente, fazia uma pausa no que estava fazendo. Detinha-me e dizia em voz alta: "Um momento". Umas vezes com os olhos abertos, outras com os olhos fechados, respirava profundamente, dirigia meu olhar para o meu interior para me dar conta de como eu estava: minha postura, o ritmo e volume de minha voz e meus movimentos, a vibração de minha palavra, a direção do meu olhar, meu modo de respirar, o contato de meus pés com o chão, o estado de minhas mãos e dedos, a posição da minha coluna...

Anos mais tarde, batizei esses momentos como "pontos stop" [*La vida maestra*, p. 65].

A maioria das vezes fazia-o em silêncio. Não era necessário muito tempo. Eles sabiam de minha necessidade desse "tempo"; e o concediam, respeitavam e até intensificavam-no com seu silêncio. Dava-me conta de que eles me olhavam de cima a baixo e se fixavam no mais pequenino movimento que eu fazia.

Uma ou outra vez fiz isso verbalizando em voz alta os pensamentos, auto-recomendações ou orientações que me dava internamente: *"Faço uma interrupção para acomodar minha postura. Ponho-me reto, mas sem rigidez. Dou-me conta do contato dos meus pés com o chão. Solto e afrouxo os dedos de meus pés e penso que minha planta se expande, torna-se maior e toca o chão. Suavizo meus olhos e projeto meu olhar para longe. Respiro lenta, ampla e profundamente. Baixo o volume de minha voz... falo mais lento, mais vagarosamente. Posso e quero fazer que minha voz seja como uma carícia..."*

Não apenas o fazia quando me apercebia de que me havia *descolocado ou descentrado*, quando minha postura era inadequada ou meus movimentos, incorretos. Não o fazia somente como uma forma de me tornar mais presente e consciente, como um modo de *reorientar* minha intervenção, de redirigir minha energia ou de me re-situar. Às vezes fazia-o não para corrigir ou emendar algo, mas simplesmente para permanecer e intensificar a consciência de minha presença no que estava fazendo.

Era meu modo de expressar que não só podemos nos autoconvidar à consciência para corrigir inadequações, mas também para *consolidar e afiançar o apropriado*, o que se está desenvolvendo oportuna e convenientemente.

O simples fato de *tomar consciência do estado de nosso corpo* constituía um exercício básico e continuamente reiterado que favorecia o tornarmo-nos mais conscientes de nossa presença. Este exercício de "darmo-nos conta de como colocávamos e usávamos o corpo", em qualquer movimento ou atividade, podia ser completado e enriquecido com duas propostas de trabalho bem diferentes e às quais recorria segundo as necessidades ou possibilidades de uma determinada situação.

A primeira é uma sugestão que poderia enquadrar-se nos exercícios de tipo projetivo e nos quais a ferramenta ou o processo básico é a *visualização ou imaginação criativa*.

Consiste em convidar as crianças a que, em estado de relaxamento adequado, *se imaginem* e vejam interiormente, no que chamávamos de nossa *tela mental*, em um determinado contexto ou situação e vivendo as coisas *de uma determinada maneira*, conforme aqueles valores, qualidades ou traços que queremos fomentar nelas.

É um modo de operar claramente *indutivo*, no sentido de que as sugestões verbais e a música selecionada e que acompanha o exercício tendem a induzir ou favorecer determinados pensamentos, vivências ou sentimentos.

Feche seus olhos. Mas feche-os com muita suavidade, tanta que mal note suas pálpebras.

Acenda sua "tela mental" e deixe que vão aparecendo nela imagens de como seria sua presença na sala de aula para que fosse um autêntico presente para todos.

— Pense e veja nessa tela como você realiza suas tarefas com atenção, com amor e em silêncio. Observe como todo o seu corpo está relaxado enquanto você trabalha, como sua mente está atenta ao que você está fazendo e como seu coração está sereno e satisfeito fazendo o que você faz.

— Pense e veja em sua tela mental que está brincando com algum colega. Você está tranqüilo e muito feliz. Observe como seu corpo está enquanto brinca. Observe agora como seu/sua colega/a brinca. Sinta como vocês desfrutam a brincadeira juntos e isso os faz serem cada vez mais amigos.

— Pense e veja em sua tela mental que você está em casa. Imagine como se sente, o que faz e como o faz quando está muito tranqüilo e satisfeito. Observe também o que seus familiares fazem, como se sentem quando você é responsável... ordenado... quando você faz as tarefas sem que seja preciso lhe dizer para fazê-las...

— ....

Agora vou contar de 1 a 5 e, no 5, você abrirá os olhos e se sentirá muito confortável, bem descansado, muito melhor que antes.

Um, subindo pouco a pouco.

Dois, cada vez mais acima. Executo várias respirações profundas.

Três, estou aqui e agora na sala de aula. Escuto todos os sons que me chegam do exterior. Movo suavemente os dedos de minhas mãos e de meus pés.

Quatro, executo de novo várias respirações profundas, apertando e afrouxando as pálpebras com suavidade antes de abrir os olhos.

Cinco (dou um estalido com meus dedos). Olhos abertos, muito tranqüilos, muito melhor que antes...

A segunda é uma possibilidade muito mais corporal, deixando e encorajando o movimento livre do corpo a partir de uma música especialmente selecionada.

O importante é estar o mais presente possível a cada momento, que vá acontecendo espontaneamente, estando especialmente atentos à qualidade de cada movimento, à seqüência de cada movimento... de maneira que cada um dos movimentos que façam seja uma expressão da energia interior.

Interessam, sobretudo, movimentos lentos, alongados, suaves, micromovimentos e movimentos mínimos... nos quais é mais fácil notar neles a presença, o modo como se realizam e as qualidades de sua execução.

Tome consciência da postura em que está (sentado, de pé ou deitado).

Deixe que seu corpo vá se movendo livremente conforme a música lhe sugira.

O que menos interessa é que movimentos você faz... sobretudo, importa como você faz os movimentos e que você se dê conta, até o mínimo detalhe, de como seu corpo se move.

Siga os movimentos de seu corpo em câmera lenta... Mais lentamente... Sempre é possível se mover mais lentamente... Alongue seu movimento... Deixe que aconteça... Dê-se conta do que acontece...

O rosto

O rosto do professor, da professora, é sempre uma palavra que está falando ao mundo concreto e próximo que a turma representa; simplesmente porque nossos rostos sempre expressam, mostram e refletem.

O rosto do educador está chamado a ser também esse espelho público no qual até os mais simples, os menores, podem olhar e se olhar.

Pode ser um espaço para o reencontro consigo mesmo e também um espaço para o encontro com o outro, com as crianças.

Sou consciente de que o meu rosto, quando está solto, relaxado, sem tensão nem contração, quando está alegre e luminoso, é uma possibilidade para os que me olham se reencontrarem consigo mesmos.

Sei que quando meu rosto está assim sou um presente para mim mesmo e para os que me rodeiam.

Um rosto assim é formoso porque transluz e revela a beleza interior.

Por isso me autoconvidava a estar consciente do estado interno de meu rosto. E quanto mais consciente dele eu estava, mais sutil se fazia minha capacidade para perceber o que as crianças explicitavam em seus rostos.

Em uma ocasião, comentei-lhes algo que tinha lido no livro *La felicidad* [*A felicidade*], do dr. José M. Rodríguez Delgado, o qual apresentei como uma das pessoas que mais haviam estudado o funcionamento do cérebro. Com uma linguagem adaptada à sua compreensão, expliquei-lhes o que esse autor afirmava: que nosso cérebro estabelecia *uma correlação entre as tensões do rosto e os estados emocionais internos*. Este fato tão simples era, sem dúvida, muito importante, já que significava que *podíamos modular ou modificar o que sentíamos simplesmente mudando voluntariamente a expressão facial*. O mesmo cientista sugeria-nos uma demonstração experimental, por certo muito fácil de realizar: se assumíssemos um rosto tranqüilo e relaxado, que não fosse um trejeito forçado, mas uma expressão alegre e sincera, poderíamos sentir por dentro uma espécie de felicidade. E advertia que o contrário também era possível e que ao assumirmos um semblante triste e preocupado, produzir-se-iam percepções desagradáveis em nós.

De vez em quando, detínhamo-nos a *olhar, sentir e refazer nosso rosto*, mas *por dentro*.

O entorno cultural apenas entende, apenas promove, apenas vende o cuidado do rosto como "fachada", como "pele", como "imagem ou aparência". Nós podíamos ir desenvolvendo outro tipo de "cosmética", não à base de maquiagens e cremes, mas de consciência. Podíamos iniciar-nos no cuidado do rosto como "presença", com exercícios específicos como o que descrevo a seguir, mas, sobretudo, notando o estado de nosso rosto em nossas ações.

EXERCÍCIO-EXPERIÊNCIA

O rosto da presença. A presença do rosto

> Iniciamos o exercício adotando uma postura que seja cômoda e soltando toda tensão, toda ansiedade... E o fazemos simplesmente observando nossa respiração.

Meu corpo vai-se oxigenando, vai-se enchendo de ar, de energia.

Inspiro e encho-me de um ar que me renova e descansa.

Com o ar que expiro vou descarregar-me, libertar-me de toda tensão ou ansiedade.

Ao soltar o ar, meus ombros soltam-se e caem... e com esse descair dos ombros faço desprender-se, soltar e deslizar para o chão toda sobrecarga que possa haver neles.

Minha boca vai-se enchendo de uma saliva fluida, suave e agradável.

Agora penso em minha cabeça.

Tomo consciência do espaço interno de minha cabeça, penso nesse "interior" da minha cabeça, do meu cérebro... como um espaço que me pertence.

Simplesmente penso por uns momentos no espaço interno de minha cabeça como um espaço de energia que se expande.

Tomo consciência do espaço interno de minha cabeça como um espaço de energia em expansão.

Essa liberação e expansão de energia vão-se soltando, retirando a força do crânio, como osso. E o crânio suaviza-se. *(Aproximo-me de cada criança e imanto minhas mãos nos lados de sua cabeça. Cuidadosamente, exerço movimentos de pressionar e soltar.)*

O lugar que sinto estar mais no centro do meu cérebro, vou pensá-lo como um centro de energia. Um centro que liberta e irradia sua energia em todas as direções.

Essa energia que se liberta a partir desse núcleo do cérebro vai gerar e sustentar um movimento muito, muito lento e suave do pescoço.

Retorno o pescoço à sua posição correta e natural.

A liberação da energia do núcleo do cérebro para cima, para o infinito... faz com que o pescoço se solte, se abrande e se distenda, se alongue.

Meu pescoço cresce, como se a cabeça fosse distanciar-se do tronco.

A cabeça projeta-se para cima e cai muito ligeiramente para diante (de modo que o nariz aponte mais para o chão que para o teto e que o queixo aponte para o esterno).

Vou projetar, ou seja, vou pensar que essa energia do núcleo do cérebro vai em direção ao meu rosto.

É como se essa energia fosse o limpador de pára-brisa de um carro que vai limpando por dentro todo o meu rosto.

Vou permitir que essa energia vá limpando por dentro meu rosto, pedaço a pedaço.

Penso e deixo que a energia limpe meu cabelo:

— Sinto como se enche de energia e se torna forte e resistente, solto e flexível.

Penso e deixo que a energia limpe minha testa:

— Sinto como se enche de energia, se afrouxa, se relaxa, se abranda.

— Simplesmente observo o que sucede, seja o que for.

— Dou-me conta da presença de minha testa. Torno-me presente, aqui e agora, em minha testa.

Penso e deixo que a energia limpe minhas sobrancelhas e intercílios:

— Sinto como se enchem de energia, se afrouxam, se relaxam, se abrandam.

— Simplesmente observo passivamente, sem nada fazer, o que sucede, seja o que for.

— Dou-me conta da presença de minhas sobrancelhas.

Penso e deixo que a energia limpe minhas pálpebras e olhos:

— Sinto como se enchem de energia, se afrouxam, se relaxam, se abrandam por dentro.

— Simplesmente dou-me conta do que sucede, da presença de minhas pálpebras.

— Torno-me presente, aqui e agora, em meus olhos.

Seguir a mesma dinâmica com:

— Maçãs do rosto e bochechas

— Maxilar (aqui, observar se está tenso, cerrado, crispado ou solto e relaxado por dentro.

— Nariz

— Lábios (sinta a presença de seus lábios em seu rosto)

— Língua (presença da consciência de como está sua língua dentro da boca)

— Metade direita, metade esquerda do rosto

— Todo o rosto (agora observe todo o seu rosto como uma unidade)

Sinta como todo o seu rosto se solta, se relaxa e vai se tornando transparente, como se fosse de cristal. Seu rosto se enche de luz e energia.

Agora se torne presente em seu modo de respirar.

Sinta como o melhor de si aparece e se torna presente em seu rosto.

Deixe que se desenhe um suave sorriso em seu rosto, como expressão da alegria de sua alma, de todo o seu ser, por estar aqui e agora, presente, como um dom, como uma oferenda.

E sinta como essa energia que seu rosto irradia alcança até os espaços mais longínquos do universo.

Viva e registre esta experiência na memória de seu rosto, de seu corpo.

Desfrute-a em paz e em silêncio.

Para terminar, permita que o que sente agora em seu rosto possa descer e percorrer todo o seu corpo. Sinta todo o seu corpo presente, aqui e agora.

Tome consciência da cadeira, da posição de suas mãos. Vá movendo suavemente os dedos das mãos e dos pés, execute várias respirações profundas e vá abrindo os olhos com suavidade.

O sorriso

O sorriso teria que ser considerado um elemento tipicamente escolar, como são os livros, os cadernos, os lápis ou os quadros.

Hoje, talvez mais que nunca, é preciso devolver o sorriso aos rostos das crianças e ao semblante de seus professores e professoras.

O sorriso precisa "estar presente" nas escolas. Sem sorriso e sem a alegria que ele desenha ou revela não há educação saudável nem prazerosa. É preciso recuperar a escola, a educação toda, como *um espaço para o sorriso, o humor e a alegria.*

Em um capítulo posterior abordarei especificamente a questão do humor. No momento, não quero terminar este capítulo sobre a presença do rosto sem deixar um registro expresso da necessidade e importância da presença do sorriso nos rostos humanos daqueles que formam um grupo-classe, assim como na face de toda pedagogia.

"Que a vida lhe sorria!" é uma expressão muito popular e habitual. Nunca ouvi ninguém dizer ou escrever *"que a escola lhe sorria!"*. Com efeito, a escola deve receber as crianças com um sorriso, mas, sobretudo, deve despedi-las com uma expressão ainda mais funda e clara de prazer. Isso só será possível se o escolar for vivido como algo *amável.* O amor e a amabilidade são as duas mãos com que o mestre oleiro pode moldar o sorriso de seus alunos e, não menos importante, o seu próprio.

A presença ou não de sorrisos é um dos mais fiéis e sensíveis *barômetros* para medir o nível de pressão (ou opressão) na atmosfera de uma aula. O sorriso é um *termômetro* preciso que reflete a calidez ou frieza do encontro humano no qual se sustenta um determinado modo de intervenção pedagógica. O sorriso marca no rosto de alunos e professores, de pais e filhos, qual é a *temperatura* com que se coze o processo educativo.

Eu sempre quis desfrutar do meu trabalho. Não obstante, devo confessar que se deu em mim uma evolução importante. No princípio, queria provocar os sorrisos com atividades lúdicas e até engraçadas e eu sorria quando tudo saía conforme tinha planejado ou desejado. Sem excluir por completo o primeiro, os sorrisos foram aparecendo não apenas quando eram estimulados por uma provocação que ocorresse, divertida ou espirituosa; também apareciam sem nada espetacular ou cômico, como expressão de um bem-estar profundo, de um certo "estado interno de graça", de um contentamento ou satisfação mais profundos.

Os rostos começaram, assim, a povoar-se com sorrisos enquanto se dialogava ou se trabalhava. Colhiam-se sorrisos porque semeávamos continuamente carinho, respeito e acolhimento. Os sorrisos irrompiam inesperadamente e sem grandes esforços. Emergiam de dentro quase sem estimulações nem provocações externas. Nossa aula podia ser entendida, considerada e vivida como um campo de cultivo de sorrisos. Fui reconhecendo que, como professor, era chamado a ser, de certo modo, *um semeador de sorrisos*, um cultivador de alegrias. Por isso procurava que a primeira coisa que as crianças encontrassem a cada manhã, ao iniciar uma nova jornada escolar, fosse o meu sorriso. Esta era, conscientemente, minha primeira atividade ou lição do dia: a energia do sorriso, o presente do sorriso, a arte de sorrir, mas, sobretudo, o direito ao sorriso.

O sorriso é também uma energia que precisa ser atendida, focalizada, ativada e cultivada. O sorriso é uma atividade ou um gesto *cultivável* que, ao mesmo tempo, *cultiva*, faz crescer e desenvolver alguém por dentro. Cultivar sorrisos é um dos melhores *investimentos* que um educador pode fazer. Pelo contrário, o seqüestro do sorriso pode chegar a ser uma das maiores *perversões* de qualquer metodologia. A generosa semeadura de sorrisos produz sempre uma abundante colheita. Se as sementes dos sorrisos são plantadas no profundo (no profundo dos rostos, no mais fundo das pessoas, nas próprias entranhas da pedagogia desenvolvida) nenhuma intempérie poderá murchar suas flores nem destruir seus frutos.

A educação é chamada a ser uma educação *do* sorriso, *com* o sorriso, *para* ele e *a partir* dele.

Eu, de minha parte, exercitei-me no *sorrir simplesmente por sorrir*, porque me apetecia e queria fazer-me presente com um rosto cordial e sorridente. Aprendi a fazer com que meu sorriso não dependesse do fato de as coisas saírem como havia desejado ou programado.

Fiquei gratamente surpreendido ao comprovar, em mais de uma ocasião, que quando me encontrava arisco, aborrecido, triste ou sem entusiasmo e *me "obrigava" a um sorriso*, esse estado desagradável atenuava-se ou até desaparecia. Não se tratava da negação de um estado emocional concreto e do qual estava plenamente consciente, mas da afirmação de outro mais alegre ou amável. O desenho do sorriso em meu rosto, ainda que fosse algo provocado e traçado com os pincéis de minha própria vontade ou determinação, acabava colorindo minha paisagem interior com muito mais vivacidade e luminosidade. Decidi-me a sorrir simplesmente por sorrir; bom, na realidade, porque me dei conta de que o sorriso era sempre, ou quase sempre, como um raio de luz e energia que conectava diretamente com meu coração. Meus *sorrisos espontâneos procediam dele* e estes outros mais voluntários e *autoprovocados dirigiam-se a ele*.

Certamente me surpreendia que algo tão simples e singelo pudesse ter efeitos tão profundos e evidentes. Isso sim, observei como a *eficácia do sorriso* estava intimamente relacionada com a *amplitude* dele. Os efeitos faziam-se notar com muito mais clareza e de forma categórica quando o sorriso não se limitava à boca e lábios, mas expandia-se e alcançava a zona orbicular do olho. Apreciei e compreendi que o sorriso que afetava e implicava apenas os músculos da boca e dos lábios era menos sentido internamente; e que, exteriormente, se refletia como um sorriso forçado, superficial e até falso. Mas quando o sorriso alcançava e ativava os músculos dos olhos, tornava-se mais profundo, sincero e veraz.

Era a amplitude do sorriso que o tornava mais profundo e verdadeiro.

Quando sentia que o sorriso chegava ao nível dos meus olhos a partir do vale dos meus lábios, onde iniciava sua aventura, então pensava e sentia que começava a descer por todo o corpo e, como uma lava silenciosa, arrastava consigo meu mal-estar interno até deixá-lo por terra.

Mais tarde, pude comprovar e fundamentar esta intuição espontânea com contribuições científicas e com diversas sugestões psicológicas e pedagógicas que pormenorizo a seguir.

O mais interessante de tudo é que *não há qualquer contra-indicação* para a presença do sorriso nos espaços educativos. Não li nenhuma advertência sobre seus possíveis perigos. Todos os *efeitos colaterais* de seu uso ou manifestação são positivos e saudáveis.

O sorriso tem *repercussões corporais* claras e significativas (nos corpos das pessoas e também no "corpo grupal").

O sorriso afeta todo o corpo da pessoa que sorri. Além do efeito visível no rosto, suas repercussões alcançam desde a pele até o esqueleto, afetando os órgãos, glândulas, vasos sangüíneos, músculos e nervos. Um sorriso é uma afetação positiva para o conjunto do corpo e beneficia todo o organismo. Os cientistas assinalam, entre outros, os seguintes efeitos:

- incremento da atividade cerebral no córtex préfrontal esquerdo (zona na qual Paul Ekman, talvez a mais renomada autoridade mundial e o mais descatado especialista em linguagem facial, localiza a sede de determinadas emoções positivas e que intervém em um maior autocontrole e em uma melhoria do temperamento);

- provoca uma descarga elétrica no cérebro que gera alegria;

- produz substâncias bioquímicas antidepressivas que libertam da tensão ou estresse;

- fortalece o sistema imunológico, ativa as defesas do organismo.

Tudo isso faz do sorriso um alimento extraordinário que precisa estar presente e servir-se à mesa (carteiras) de cada dia. É um remédio que atua de maneira fulminante e eficaz, é a vitamina por excelência para o nosso coração.

As conseqüências, o alcance e a influência do sorriso no corpo grupal, no clima e na dinâmica comunicativa de um coletivo humano não são menos notáveis:

- prepara e alisa o terreno para uma comunicação mais pessoal e sincera;

- favorece a dissolução da ira, dos aborrecimentos e da raiva;

- acalma os temores;

- desativa a agressividade;

- suscita o melhor na outra pessoa.

O sorriso é um excelente favorecedor e um eficientíssimo catalizador da comunicação. Tem um elevado poder *lubrificante*; de fato, chegou-se a dizer dele que *"é para os contatos pessoais o que o óleo é para as máquinas"*. Sorrir para outra pessoa é o melhor detonador de uma boa relação, o ponto de partida mais preciso e precioso para acabar na abertura, aceitação e acolhimento do outro. O sorriso alisa e aplana o caminho para chegar aos outros e abre-nos suas portas. Esboçar um sorriso no momento do encontro é como dizer: "Aqui estou!" Quem devolve o sorriso não está senão respondendo: "Passe e entre". *O sorriso põe a chave e abre a porta.*

O sorriso, mais que muitas outras expressões e gestos, é *"essência que se faz presente"*, irradiação que assoma e que alcança, sem estridências nem violência, os corações abertos que encontra em sua passada.

Já Saint-Exupéry, autor de *O Pequeno Príncipe*, escreveu que "no momento em que sorrimos para alguém descobrimo-lo como pessoa e a resposta do seu sorriso quer dizer que também somos pessoas para ele".

Quando, entre duas pessoas que se comunicam, se levanta a ponte do sorriso, as duas margens se unem e se estabelece um enlace muito mais profundo e pessoal. É uma espécie de vara que ajuda a saltar e alcançar as arenas suaves dos que convivem juntos. O sorriso nos leva para dentro do espaço da *comunhão* na comunicação. As pessoas podem e costumam chorar em solidão, mas o sorriso e o riso sempre se dão no espaço partilhado com outros. Daí sua natureza ou caráter *vinculativo*.

O sorriso é uma flecha que, quando disparada pelo arco do coração, sempre acerta no alvo do outro. O educador está perante o desafio e o convite para ser um especialista no lançamento de seu sorriso para o alvo de seus educandos.

O sorriso em meu rosto desperta nos demais uma *corrente de simpatia*. Uma corrente que sempre desemboca no mar dos encontros verdadeiramente humanos, pessoais, educativos e prazerosos.

Também é uma das melhores *cartas de apresentação* que podemos mostrar ao nos fazermos presentes em qualquer momento ou lugar.

Se "estar presente" é um presente, ou seja, uma oferenda, a presença do sorriso nesse "estar presente" vem a ser como o laço, sempre formoso, que envolve esse óbolo ou obséquio da presença. O sorriso devolve ou intensifica a luminosidade em nosso rosto.

Eu oferecia a meus alunos meu sorriso e eles o devolviam a mim multiplicado. Nossos sorrisos alimentavam-se e contagiavam-se uns aos outros. Os sorrisos iam-se mostrando com seu caráter contagioso e com um efeito multiplicador. E os fomos polindo, limpando, distinguindo desses outros sorrisos moldados pela malícia, sarcasmo, cinismo, mordacidade ou azedume.

Uma de minhas missões ou tarefas como educador foi esta: apresentar meu sorriso, tornar presente nos rostos das crianças seus sorrisos, povoar a aula com eles. Somos feitos para sorrir. O ser humano é o único ser que sorri. Quando alguém sorria diante da minha presença, sentia que com ele ou ela estava toda a Criação; o Universo inteiro era quem se regozijava em seu sorriso.

Cada vez que sorria a uma criança, estava lhe dizendo: *"Gosto de estar aqui"*.

Cada vez que um menino ou menina sorria, estava me dizendo: *"Sou feliz por estar aqui e com você"*.

Esta é uma das felicidades máximas deste trabalho: escutar como cantam e como riem as crianças que se vão e se afastam após terem passado toda uma manhã com você.

A voz

A voz é a mais sublime música do corpo. Um educador ou educadora é *um instrumento que soa*. Mas suspeito que os professores, em concreto, não têm uma clara consciência de serem *profissionais da voz*. Não a conhecem, não a educam, não cuidam dela nem a respeitam. Eu, pelo menos, durante muitos anos exerci meu trabalho docente sem essa consciência. Não recebi formação vocal em meus estudos no Magistério. Estudei lingüística, mas nada relativo ao mecanismo e, sobretudo, ao uso da voz, ao processo da fala e sua relação com o resto do corpo.

Diante deste escasso conhecimento e da escassez e precariedade de recursos, não é de estranhar as muitas patologias associadas à voz e ao sistema vocal. Mais de um terço dos educadores tiveram ou padecem de problemas relacionados com a voz. Chegou-se a falar do *professor disfônico*.

Um educador, como comunicador, serve-se habitualmente da linguagem, sobretudo da linguagem oral ou falada. Seu uso contínuo, o uso inadequado ou menos apropriado e o abuso dos tons e volumes elevados supõem um constante *esforço vocal* que acaba gerando a fadiga e a deterioração da voz. O estresse pode acabar produzindo uma espécie de *estresse vocal*.

Um educador, com efeito, é um profissional da voz. Uma voz que não é apenas *ferramenta de trabalho*. É um *recurso de primeira ordem*, porquanto é *portadora de significados* tanto explícitos como implícitos.

Além disso, é um elemento no qual se produz uma certa e muito importante *projeção exterior da personalidade* de quem fala. Um educador *soa como é*. Minha voz é a expressão audível do que se passa dentro de mim, de meu estado interno. Minha voz é um reflexo perceptível de meus conflitos e estados de ânimo. Minha voz não apenas expressa, também *me expressa*; não apenas apresenta, também *me apresenta e me representa*. A palavra que dirijo a uma criança tem sua definição ou significado, mas quando é minha voz a que a diz ou pronuncia, mesmo sem o saber, estou contando ou revelando, além disso, minha própria relação com essa palavra. Minha voz acrescenta à semântica de uma palavra ou de uma frase a explicitação do que penso, sinto ou vivi com relação a ela.

A voz de um educador é sempre um *"referente"* para aqueles a quem fala e com quem se relaciona. A *atmosfera sonora ou vocal* é um importante componente educativo. Não é apenas expressão, também é conteúdo formativo e curricular.

Meu trabalho com o *Sistema Consciente para a Técnica do Movimento* permitiu-me reconhecer e tornar-me especialmente consciente e sensível à relação entre a minha voz, meu corpo e a totalidade de minha pessoa. Agora já sei que *não posso separar o uso da minha voz do resto do meu corpo*. O corpo é a base sobre a qual descansa a minha voz. Assim como a água adquire a forma do recipiente que a acolhe, a voz toma a forma do corpo que a emite. Por isso, se meu corpo está abatido, minha voz carecerá de força; se meu corpo está rígido e fechado, minha voz será tensa, crispada e até agressiva ou violenta. Se o corpo é o instrumento de todas as minhas execuções e interpretações vitais, também o é de minha voz. É todo o meu corpo que fala, que participa na produção vocal e na escuta. O estado, uso e funcionamento de minha voz integra-se, está em função e depende do estado, uso e funcionamento do meu corpo, em seu conjunto. Este *uso do corpo* é *o modo como faço tudo* e esta maneira de usar-me é a que conforma a maneira como funciono e, mais especificamente, minha maneira de falar. Os problemas específicos em minha voz não costumam ser senão manifestações de uma problemática mais geral, à qual poderia denominar *doença do mau uso*.

Ora bem, não são apenas, nem sequer basicamente, os órgãos da fonação que determinam minha conduta sonora, mas toda a minha estrutura energética e pessoal.

O que se produz como som, portanto, não é apenas questão dos órgãos de fonação (salvo casos de lesão orgânica neles). A problemática, a questão da voz está sobretudo no corpo e no movimento. Minha voz apóia-se no estado geral de meu corpo e não apenas nesses órgãos.

É preciso ter presente que os órgãos de fonação *são os veículos e não os agentes* de minha voz.

Tudo o que acontece na voz está no corpo: "minha voz não sai", "não tenho força na voz", "tenho uma voz muito monocórdica"... frases que não apenas falam do estado de minha voz, mas do estado geral da minha pessoa e do meu corpo.

Estou delineando um *enfoque global e integral* da voz no qual seria preciso considerar e ter em conta, como elementos básicos ou fundamentais:

- a postura e alienação corporal (*suspensão e verticalidade*);

- a respiração;

- o tono muscular (*tono certo*);

- os órgãos de fonação, os espaços articulares do corpo e as cavidades de ressonância;

- a tomada de consciência dos escoramentos e apoios incorretos e dos mais adequados;

- dar-se conta dos padrões de tensão que entram em funcionamento ao falar ou escutar;

- a adequação da voz segundo os diversos espaços, contextos ou situações.

Outros aspectos, mais externos ou formais, a considerar são:

- a acústica (excesso de reverberação, amplitude, extensão e abertura dos espaços, ruídos de fundo...);

- a temperatura (um ambiente árido tende a ressecar as mucosas);

- uso do giz, pó da sala...

- mobiliário (pode obrigar a posturas inadequadas que não facilitem a emissão vocal).

"Fazer de minha voz uma carícia." Esta frase, anotada em pequenas cartolinas coloridas e colocada em diversos lugares estratégicos como em minha mesa ou no quadro-negro, era um lembrete e um convite permanente a escutar-me a mim mesmo quando falava, sobretudo a velocidade, ritmo, vibração e energia de minha voz, assim como o estado e postura global de meu corpo.

Além de acariciar com a voz, fui experimentando uma espécie de *"dicção envolvente"*: ler um texto ou falar com todo o meu corpo, tentando envolver e centrar com minha palavra. Mas, para ser realmente eficaz, a voz empregada na leitura ou no falar tinha que me envolver e centrar-me a mim primeiro.

A boca de um educador é como uma flor e a voz é seu aroma. O professor tem diante de si o desafio de que a sua voz se derrame como um perfume quando lê ou explica algo a seus alunos.

A fragrância da voz provém basicamente de sua *congruência*. Quando há coerência interna (integração harmônica das emoções, pensamentos e do estado orgânico) e quando o que alguém diz ou faz se sustenta e se reforça nessa concordância, a voz, mesmo a mais suave e terna, irrompe com a força de um furacão. Tudo o move, ou melhor, o *comove*.

No entanto, entre o que dizemos (significado ou conteúdo) e como o dizemos (voz) pode haver contradição ou incongruência. E as crianças são radares especialmente sensíveis a estas sutilezas da linguagem.

Quando grito, mas tendo perdido a compostura e a verticalidade, meu grito não será expressão de autoridade, mas de fragilidade. Quando lhes falo de respeito ao outro sem que o eco profundo desta palavra ressoe em cada célula e em cada poro de minha pele ou sem o aval de minha própria consideração respeitosa para com eles, minha voz irromperá sem nenhuma capacidade de convicção.

Quando os convido a trabalhar em silêncio e o faço com uma voz muito alta, crispada ou ansiosa, minha voz não será senão sintoma ou expressão de uma espécie de *esquizofrenia verbal*. Não posso convocá-los a acalmar sua dinâmica de trabalho à base de instruções aceleradas e pouco precisas.

A voz, portanto, não apenas é uma testemunha ou expressão da própria congruência; é também uma oportunidade para ela.

Quando há congruência, são-nos mostrados, em toda sua relevância e beleza, os *acordes* da voz. A voz educadora é sempre uma espécie de acorde, ou seja, revela ou manifesta um acordo, uma harmonia entre diversas partes. Harmonia no corpo e no espírito de quem fala, mas também acordo entre suas palavras e seus gestos vitais.

Não resisto a fazer constar que *acorde* e *acordo* são palavras que brotam do tronco latino de *cor*, *cordis* (coração). Esta seria a maior congruência possível na voz que educa: ser *uma voz que brota do coração e se dirige ao coração de quem escuta*. Essa voz será, por conseguinte, uma voz *cordial* e uma ocasião para a *concórdia*.

A voz tem um tremendo poder que escapa muitas vezes à nossa consciência ou inteligência. E talvez aí radique sua *capacidade de sedução*. Muitas das características ou qualidades de uma voz passam-nos despercebidas; e este determinado caráter subliminar, subjacente ou escondido é o que lhe outorga boa parte de sua força. Por esta mesma razão é tão importante que um educador esteja consciente de sua voz e faça um uso sensato e responsável dela. Se o educador seduz seus alunos com sua voz não é para enganá-los ou manipulá-los, mas para libertá-los e torná-los mais conscientes. Além de servir-se da voz como um ardil pedagógico ou como argúcia metodológica, põe sua voz a serviço de um encontro humano educativo, formativo e libertador. A voz não é uma *arma* para o professor, mas o espaço em que ele se *desarma* e mostra como realmente é.

Tendo em conta tudo isto, minha voz foi "tomando corpo" até chegar a ser considerada um importante *elemento de minha presença*, com a qual e a partir da qual pude ir-me reconhecendo e comunicando.

A voz foi-se revelando a mim como *suporte material e energético de minhas palavras*.

Eu tornava-me presente com a vibração de minha voz que, então, também aparecia investida de um determinado conteúdo ou significação.

Procurava que as palavras que modelavam minha voz não fossem senão esculturas sonoras cinzeladas como uma unidade de *vibração-som-conceito*. Então me dei conta do que se passava quando transmitia uma idéia ou conceito sem vibração. Quando minha voz não vibrava com aquilo que dizia ou lia, minhas palavras apenas chegavam a roçar as crianças. Mas quando todo o meu corpo e todo o meu ser vibravam na vibração de minha voz, então seus olhos e ouvidos se abriam e sua atenção se mantinha. Às vezes, até a pele respondia a uma leitura ou comentário. E foi assim que nos abrimos à experiência de *ler, falar e escutar com todo o corpo*. Ler e falar com todo o corpo, sentindo em cada célula o que se dizia. Então a voz, ao mesmo tempo em que saía e se libertava, *enchia-nos o corpo de consciência*.

A voz foi adquirindo uma *influência decisiva*, muito maior do que jamais pude suspeitar, na qualidade de nossos contatos e comunicações, no ambiente geral da aula e nos processos de aprendizagem.

A presença aparecia, também, como uma presença sonora. Pessoal e conscientemente, fui exercitando uma presença sonora sustentada na *vibração de minha voz*.

A vibração está no fundo, por trás de tudo. Cada forma não é senão a expressão peculiar de uma determinada vibração. A forma que a minha voz adquire expressa a freqüência vibratória que me atravessa nesse momento. A pedagogia tem de se abrir a considerar a *vibração* como um aspecto fundamental em seu campo de investigação e trabalho; tem de acentuar seu interesse em conhecer e compreender as leis, dinâmicas ou mecanismos mediante os quais operam energias sutis e profundas que atuam no profundo ou por trás do manifesto.

O *quê* (conteúdo) fala apenas *do que afirmamos pensar ou sentir*. O *como* (voz), sobretudo sua vibração, *diz quem somos e expressa o que na realidade pensamos e sentimos.*

Para mim, estabelecer um contato com o outro em termos vibratórios é falar com seu ser interno. Para além do meramente conceitual, a vibração nos remete, devolve e faz penetrar no emocionar mais profundo que sustenta nosso modo de ser, estar, fazer ou falar.

O Sistema Consciente para a Técnica do Movimento permitiu-me experimentar em meu corpo que a origem, a fonte da vibração sonora da voz, sua raiz energética, está na *vibração da medula*.

Sentir que isso de fato acontece é uma experiência verdadeiramente surpreendente. Mas, para além da sua estranheza inicial, o fato de ser assim sempre teve uma significação acrescida de muito valor para mim: se a medula representa o eixo do meu corpo e, portanto, viria a ser o espaço físico em meu corpo para a centração, a voz poderia ser considerada a *vibração do meu eixo-centro*. Minha voz, por conseguinte, não seria senão a música com a qual o meu "si mesmo" vibra.

A vibração da minha voz estaria muito condicionada pelo estado de suspensão em geral de meu corpo (postura adequada de verticalidade e tono muscular correto) e da língua em particular, já que:

- uma *crispação da língua* levava a um endurecimento das cordas vocais; isto bloqueava, obstaculizava e até detinha o processo sonoro;

- um *relaxamento excessivo da língua* dificultava a emissão natural do som;

- a *"colocação" adequada da língua* fazia que, com o mínimo esforço externo na emissão da voz, esta aparecesse e se mostrasse com uma grande força interna.

Isto também se aplicava à emissão dos meus gestos vitais.

A vibração de minha voz é uma questão nada banal porque dela depende, em grande medida, o alcance das mensagens verbais que eu emito. Como educador, tinha diante de mim todo um desafio: devolver energia às palavras e força a meu pensamento, investir o que fazia e dizia de uma freqüência vibratória tal que realmente chegasse, alcançasse, tocasse e afetasse os corações sensíveis dos que me viam e escutavam.

Por outro lado, em um contexto cultural "baixo em calorias" e onde prima todo o *light*, nós, educadores, necessitamos recuperar a força como uma qualidade em nossa estrutura psicofísica e, mais especificamente, como um traço de nossa voz e presença.

No entanto, confundimos facilmente força com esforço e resistência com tensão ou bloqueio. Uma voz forte não apenas o é por sua pujança, vigor ou potência, mas também por sua capacidade de permanência e durabilidade. O perigo está em que a força da voz degenere em agressividade ou violência verbal. A voz do educador precisa fazer-se presente com este atributo da força e resistência. Poucos pais e professores fazem um uso consciente e construtivo deste fato: a força pode sair-nos pela boca, mas também podemos renová-la nela, em nossa voz. As crianças, sobretudo as mais novas, são especialmente sensíveis à maior ou menor força na voz do adulto. E as crianças, que em sua inteligência natural não desperdiçam qualquer energia quando sabem, com certeza absoluta, que não podem fazer nada, que não há qualquer possibilidade de conseguir algo, rendem-se, entregam-se perante quem consideram forte e resistente. A força da voz, sem forçá-la, é um dos recursos de autoridade mais sutis e eficazes que podemos empregar. Uma força ou contundência acompanhada, ao mesmo tempo, pela mão da ternura.

A força da voz estará em função do ar com o qual é emitida. Finalmente, a voz não é senão *"pôr ar na vibração da medula"*. Daí a grande importância da respiração no uso e gestão da própria voz. A voz é *o alento sonoro.*

Não quero deixar de assinalar o seguinte: a respiração aparece como resposta da colocação correta. Portanto, a postura adequada do corpo (suspensão ou equilíbrio na vertical) vai permitir uma maior e melhor respiração, que se traduz, imediatamente, em uma maior força e duração do ar. A postura adequada supõe que a tensão dos órgãos implicados na fonação é praticamente nula, a tensão necessária para que o ar-som saia em todo o seu esplendor sem qualquer interferência.

Agora pode-se compreender facilmente a reação em cadeia que se produz quando a postura se descoloca e como repercute na voz. A perda da suspensão da medula, ou coluna, o desaprumo na verticalidade da postura, faz com que a coluna se encurte em vez de se alongar. Quando a coluna se encurta, a caixa torácica estreita-se, aperta-se. Imediatamente, a capacidade respiratória vê-se alterada negativamente ao diminuir a quantidade e qualidade do ar respirado, como conseqüência de não poder respirar completamente e em profundidade. Com efeito, a fixação da caixa torácica vai afetar a possibilidade de movimento dos pulmões, a respiração e, portanto, também a voz. Uma voz que, sem força, será o testemunho sonoro do desaprumo, do abatimento e da perda do eixo de toda a estrutura física e psíquica da pessoa. Uma voz que, ainda que grite, mostrará sua debilidade profunda, sua falta de força e até sua tristeza de fundo.

Nosso problema, como educadores e como pessoas, é que não vivemos a partir da plenitude da respiração: temos as costas encurvadas ou o peito afundado, "falta-nos o ar" no viver e necessitamos respirar "a plenos pulmões". A melhoria de nossa respiração sempre comporta uma melhoria em nossa voz e na qualidade de nossa vida.

O grito não será, então, senão uma *"ampliação sonora do nosso alento"* e já não confundiremos o *falar mais forte* com o *falar mais alto*.

"O professor Dumbledore acalmou a situação com um ligeiro aclarar da voz."

Escolhi esta frase de um dos livros de Harry Potter porque reflete um dos valores fundamentais de outra das qualidades que procurei trabalhar em minha voz: sua clareza.

Com efeito, a clareza em minha voz, nas normas e em minhas intervenções dirigidas às crianças, foi um dos melhores antídotos e um meio excelente para prevenir a confusão e a desordem no espaço pedagógico da sala de aula.

Dei-me conta de que aclarava e esclarecia confusões não apenas com a precisão e correção das minhas palavras, mas também com uma voz clara e limpa. A transparência da voz permitia que sua vibração chegasse com toda a força ao receptor.

Minha voz, quando aparecia clara, era um fator importantíssimo na hora de serenar o ambiente, de esclarecer uma confusão ou conflito ou de pontuar um assunto.

No aclarar da voz de um professor desempenham papel muito importante a abertura, a flexibilidade e o bom estado das articulações, especialmente dos pulsos, dos tornozelos e do pescoço. Em mais de uma ocasião pude comprovar que, se gritava com os pulsos apertados, o som obscurecia e aproximava-me de uma mais que provável afonia. Os encurtamentos e bloqueios no pescoço (ao colocar a cabeça para trás e para baixo) assim como os "nós emocionais na garganta" tingiam e eclipsavam a luminosidade de minha voz, estrangulavam-na e acabavam por asfixiá-la.

Também estive especialmente atento à *ressonância de minha voz*.

A ressonância é a capacidade que a vibração tem de chegar mais além, por meio das ondas vibratórias, e provocar uma vibração similar em outro corpo.

Este fato físico da ressonância chamava minha atenção para o fato de que até minha respiração mais entrecortada podia ter repercussão sobre meus alunos. Quando era capaz de veicular meu pensamento ou minha emoção com uma voz vibrante, cheia de força e com clareza, a qualidade acrescida da ressonância não fazia senão com que isso mesmo voltasse a soar no espaço energético de meus interlocutores. O fenômeno da ressonância fazia com que se abrisse ou se desse nas crianças algo similar.

A ressonância vem a ser ou produzir uma espécie de *vibração por simpatia* e estabelece a dinâmica pedagógica ou educativa como uma dialética polar entre *focos e ecos*. O educador, em seu papel adulto, deve-se fazer eco da voz das crianças, mas, sobretudo, deve estar plenamente consciente do que emite em sua condição de foco ou fonte emissora, com consciência de que o que se exprime em um encontro humano nunca cai no vazio.

A "ausência" como "saudade da presença do outro"

Quero finalizar este capítulo com uma anedota íntima, ocorrida no fim do primeiro trimestre da primeira série do ensino fundamental, e que me fez compreender melhor o alcance desta forma de "presença", precisamente ao confrontá-la com a experiência correspondente da "ausência".

Um professor e amigo meu havia estado na casa de um de meus alunos. Tinha-se aproximado para saudar seus pais na época, sempre íntima, do Natal. Segundo me contou, encontrou um garoto de seis anos chorando "porque ia passar muitos dias sem ver seu professor" e temendo que, ao retornar das férias, o mudassem de turma.

A *ausência* é uma espécie de vazio, de oco ou de nostalgia que fica depois de uma presença. Só pode estar ausente aquele que, em um momento e lugar determinado, esteve presente.

O professor que simplesmente "está" não poderá ser sentido ou vivido como "ausente", pela simples razão de que, na realidade, "não esteve", "não esteve presente".

Se houve "presença", a ausência é vivida como *saudade do outro*: sentimos saudade da sua presença, sua voz, seu sorriso, seus gestos e movimentos.

Assim vivia também eu nos momentos em que não estávamos juntos em aula. Porque também eles, com total naturalidade e sem nenhum esforço, estavam "presentes", eram "presentes" para mim.

A "presença" que vivemos foi tal que, ainda hoje, anos depois, neles e em mim, mantêm-se vivas a nostalgia, a recordação, o desejo e a alegria do reencontro.

4

O CORPO.
A "IN-CORPORAÇÃO"
COMO DINÂMICA

A educação acabará sendo a *"produção de corpos em estado de graça"*. Hoje em dia, não obstante, o corpo continua sendo o mais "impreciso", senão "apagado", na esfera pedagógica e na realidade escolar de cada dia.

Durante muito tempo o corpo foi algo menosprezado ou ignorado na educação, uma educação "a partir da cabeça" e "para as cabeças". E quando lhe deram atenção foi, sobretudo, como "corpo desportivo" e apenas recentemente como "corpo expressivo".

Em meu trabalho com as crianças não focalizei o corporal tanto a *"fazer coisas com o corpo"* quanto a *"viver e tomar consciência do próprio corpo"*. Dois modelos ou possibilidades que podem (e deveriam) conviver harmônica e integradamente na dinâmica educativa. O problema começa a estabelecer-se quando o primeiro ocupa por completo o lugar do segundo: *"fazer com o corpo" versus "fazer o próprio corpo"*. A expressão corporal é sempre muito grata e proporciona momentos e experiências lúdicas e prazerosas. Mas junto com ela, ou no seu próprio interior, em um modo muito mais integral de focalizá-la e realizá-la, deve propiciar a vivência, reconhecimento, reconciliação e até a "reconstrução" do próprio corpo.

De bem pouco serve dançar com aros e lenços se não se vai pondo também em jogo a consciência das posturas e dos movimentos, se não se avança em uma maior consciência do uso de si mesmo no corpo.

Há bem pouco tempo, assistimos socialmente a uma revalorização e até exaltação do corpo, mas do corpo degradado a mera "pele", a simples superfície ou aparência externa. Também se idolatram os corpos atléticos ou desportivos. Corpos "máquinas", corpos "modelos", corpos "de recorde", corpos sem alma, mas infestados de distintivos, marcas e adornos, corpos perfurados, agredidos, tatuados, corpos sem vida...

O corpo teve um sentido e um papel importantíssimo no desenvolvimento de minha atuação pedagógica.

O corpo é muito mais que um simples envoltório ou uma mera cavalgadura sobre a qual cavalga a mente. O corpo é expressão de minha identidade. Não tenho um corpo... sou corpo.

Minha abordagem do corpo queria ser um convite que entregava a meus alunos para:

- não caírem na "coisificação" do corpo (o corpo não é uma "coisa", ninguém é "um objeto");

- derramar e estender a consciência do que somos a todo o corpo;

- reconhecer e aceitar que é o corpo que nos faz presentes no mundo;

- assumir e viver o corpo como corporalidade, ou seja, como esse espaço maravilhoso da "encarnação" em que Matéria e Espírito se conformam como uma Unidade;

- reconhecer que, ainda que nos expressemos e atuemos fisicamente por meio do corpo, nossa identidade mais profunda não fica reduzida a ele;

- desidentificarmo-nos das formas e modos provisionais e superficiais do nosso corpo-imagem.

Na base e por trás de todo o meu trabalho com eles, subjaziam as seguintes interrogações:

Que corpo queremos recuperar e integrar? Em que corpo queremos integrar-nos e viver?

1. Em um corpo entendido e vivido como uma integração de sistemas (físico, emocional, mental...).

2. Em um corpo entendido e vivenciado como campo de energia.

3. Em um corpo entendido e vivenciado como lugar de encontro entre a consciência e o mundo.

4. Em um corpo entendido e vivido como presente, como oferenda, como sacramento, como "templo do Espírito".

Fomos vivenciando e descobrindo que nosso corpo não era na realidade senão *"um corpo de corpos"*, um espaço incomensurável e misterioso no qual cabiam galáxias posturais, todo um mundo de pensamentos, constelações emocionais e um universo de sensações e percepções.

A linguagem do corpo. A alfabetização corporal

"Quem sabe ler o corpo tem o livro do homem e da vida aberto diante de seus olhos."

O corpo costuma ser objeto de "estudo" como mais um tema da área de Conhecimento do Meio, das Ciências da Natureza ou da Biologia. Desde bem cedo, uma criança começa a estudar os distintos sistemas corporais com suas funções e órgãos correspondentes. Não estou dizendo que não se deva fazer isto, mas que seria preciso estabelecer quando, como e com que finalidade.

Não creio que seja tão importante, pelo menos na educação do ensino fundamental, o fato de que as crianças aprendam de memória os nomes de um sem-fim de músculos em um "tema" específico de uma disciplina, todos juntos e descontextualizados de vivências no próprio corpo. Considero mais importante e necessário que as crianças aprendam, já desde o ensino fundamental, a tomar consciência do estado muscular em que se encontram e o tono muscular com que desenvolvem suas atividades e movimentos. Não tenho nenhuma objeção em dizer a uma criança o nome de um músculo, nem sequer o do esternoclidomastóideo, mas menciono-o quando considero necessário fazer-lhe uma observação, chamada de atenção ou convite para que se dê conta de como está rodando sua cabeça ou o nível de tensão com que a inclina lateralmente enquanto desenha, por exemplo.

Quando vejo uma criança sentada com as pernas cruzadas, peço-lhe que feche os olhos um momento e escute como está distribuindo o peso ao sentar-se nessa postura. Animo-a a me devolver verbalmente suas apreciações. Ela se dá conta da presença de um osso que se nota muito mais na perna sobre a qual descansa a outra. Então o apresento e digo: esse osso é o ísquio, e é muito importante estar consciente dele no momento em que está sentado. Em outras ocasiões posso convidar toda a turma, antes de escutar um conto, e para favorecer uma escuta bem sentada, a colocar as palmas das mãos como se fossem duas pequenas almofadas e a sentarem-se sobre elas. A presença dos ísquios torna-se evidente e sensível em seu contato com as mãos.

Repito-lhes, uma vez mais, como se chamam esses ossos e digo-lhes que distribuam o peso equilibradamente entre os dois.

Um dia, na aula da primeira série do fundamental, depois do relaxamento que fazíamos logo a seguir à volta do recreio, no círculo que sempre abríamos para expressar e partilhar a vivência do exercício-experiência, Dv. pediu para intervir, subiu na cadeira que usávamos para falar e comentou:

— *No outro dia, quando eu ia caminhando pela rua com minha avó, dei-me conta de que nas pernas temos outros "soizinhos" para andar.*

— *E onde você notou esses "soizinhos" das pernas?*

— *Aqui* (e Dv. pôs os dedos tocando precisamente o ísquion de sua perna direita).

Eu nunca lhes tinha falado até então desse "escoramento" energético, mas aproveitei a ocasião para apresentá-lo formalmente a toda a turma:

— *Esse osso que Dv. mostra chama-se ísquio, ou ísquion, e dentro dele há um "solzinho" de energia muito importante para andarmos e nos sentarmos corretamente.*

As crianças surpreenderam-se de que Dv. tivesse descoberto sozinho esse "solzinho". A mim chamou-me a atenção o fato de que a criança estivesse atenta a seu corpo dessa maneira, em uma situação não escolar, em um momento no qual, como ele mesmo disse, "ia caminhando pela rua com sua avó".

Já tinha a desculpa perfeita, uma ocasião de ouro, para convidar todos da turma a que se pusessem de pé e descalços no tapete. Dei-lhes a indicação de caminharem pela sala como faziam habitualmente. Eu ia registrando o que me chamava a atenção: pernas que não iniciavam o passo a partir do impulso no ísquio, mas a partir das rótulas ou do pé, dedinhos dos pés que se tensionavam e erguiam para cima antes de dar o passo, pernas que se abriam e perdiam o paralelismo dos pés, corpos que se descaíam e carregavam muito peso sobre os pés, golpes fortes em alguns calcanhares…

Recordo como me olhavam perplexos.

— *E como você se dá conta disso?* — perguntou-me S.

— *Você não vê que ele é o professor?* — veio R. rapidamente em minha defesa.

Aproveitei a situação para esclarecer-lhes a diferença entre o escoramento (ísquio) e a articulação (rótula) e para adverti-los que se déssemos os passos porque "empurrávamos" ou "atirávamos" a partir das rótulas, com o tempo estas nos doeriam e até poderíamos gerar alguma doença nelas.

Finalmente, perguntei-lhes se queriam ter a experiência de "andar como se estivessem flutuando". E aventuramo-nos na vivência prazerosa e surpreendente do "caminhar sobre as águas": caminhar muito vagarosamente, observando em câmera lenta de onde surgia o impulso do passo e seguindo a seqüência "ligo o calcanhar, ligo as pontinhas dos dedos e abro o metatarso". Cada vez que a planta do pé se colocava no solo, nosso corpo suspendia-se, crescia...

Foi assim, à base de muitas experiências em situações variadas, algumas imprevistas e que, como a anterior, davam-se de maneira espontânea, e outras programadas e preparadas previamente e com algum objetivo definido e concreto; foi assim, dizia, que fomos nos aproximando do conhecimento do uso e funcionamento de nosso corpo e de sua linguagem peculiar.

Nosso corpo era como um livro ou "cartilha" no qual também podíamos aprender a ler... e compreender. Um livro que estava permanentemente aberto e no qual era possível ler e aprender algo novo a qualquer momento.

Incorporar.
O corpo como limite e possibilidade:
"ou está no corpo... ou não está"

Se a educação tem que ajudar a conformar uma "pessoa nova", não creio que esta seja um esboço ou esquema de intencionalidades ideológicas nem uma projeção mental de aspirações morais ou axiológicas (valores), mas um corpo integrado e integral do qual, espontânea e naturalmente, surgirão novas maneiras de sentir, estar, mover-se e atuar no mundo.

A transformação opera-se no corpo ou simplesmente não é tal.

De fato, quando algo já faz parte de mim, quando o compreendi, aceitei, assumi e integrei, não digo que o "conscientizei" mas que o "incorporei". Alheia a isto, a educação continua primando os enfoques, tarefas e dinâmicas mentais.

Nós só sabemos quando o corpo sabe e compreende.

E saber, para o corpo, é poder fazer ou expressar isso que sabe, como gesto vital, como ação espontânea.

A educação, a escola… devem ser espaços propícios para esta dinâmica da "incorporação".

É no corpo da criança que se deve operar a manifestação e a atualização de suas possibilidades latentes.

Esta "incorporação" se faz pouco a pouco — pouco a pouco e leva muito tempo.

Minha experiência permite-me afirmar que a criança, a partir dos seis anos, pode ir "incorporando" os conceitos, as idéias e os valores, pode emprestar-lhes seu corpo, encarná-los.

A "incorporação" como dinâmica pedagógica obrigava-me a um contínuo trabalho com meu corpo e no meu corpo. Somente o que tivesse realmente incorporado formaria parte dessa sabedoria que se opera sem que se pretenda, que brota espontaneamente no momento preciso e justo e que, por conseguinte, "contagia" mais do que "transmite". Somente se eu estivesse entregue a um processo de incorporação, aberto a "continuar aprendendo" e crescendo... somente então poderia ser "testemunha" ou testemunho vivo do mesmo que eu estava delineando aos alunos.

Os limites, mas ao mesmo tempo a possibilidade, do que podia realizar com meus alunos vinham marcados, delimitados (mas não "limitados") pelo que já estava em meu corpo, ainda que fosse apenas à maneira de esboço ou como um anseio profundo e sinceramente sentido.

A incorporação como dinâmica modifica muito das dinâmicas pedagógicas e educativas habituais. De imediato, constitui o corpo em ferramenta, laboratório e obra; faz dele o mapa, o percurso e o destino da apaixonante aventura de educar.

Colocarei dois exemplos que possam ilustrar e esclarecer o que acabo de descrever.

Suponhamos que eu queira trabalhar com as crianças o valor da paz ou o da serenidade. Uma criança pode saber conceitualmente a que estamos nos referindo, pode inclusive compreender, partilhar e estar de acordo com esses valores, mas não os terá "incorporado" se não operarmos diretamente sobre e em seu corpo, de maneira que dissolva o excesso de tensão muscular que possa ter ou modifique sua respiração entrecortada e agitada e vá recuperando outra mais profunda e harmônica.

Em um corpo crispado e tenso, onde a serenidade vai se instalar? A serenidade não é algo etéreo, algo que flutua pelos ares, mas um estado interno que, necessariamente, se corporiza. Tudo passa pelo corpo, está no corpo, sustenta-se nele.

No segundo exemplo, quero referir-me à auto-estima. A maior parte dos enfoques e contributos sobre auto-estima centram-se no *autoconceito* da criança. A partir de uma consideração fundamentalmente *psicológica ou cognitiva* pretende-se modificar as visões errôneas e negativas que possam distorcer ou impedir uma adequada avaliação e estimativa de si mesmo. Esta mudança de visão e vivência pode se realizar por meio do desenvolvimento da assertividade, do pensamento positivo ou de técnicas de reestruturação cognitiva.

Não obstante, é possível abrir ou apontar outra linha, perspectiva ou dimensão na abordagem da auto-estima, complementar aos delineamentos anteriormente assinalados e que até poderia servir-lhes de base. Refiro-me a um *enfoque corporal-integral* que estabelece o seguinte:

- A auto-estima, como vivência psicológica ou emocional, não pode se dar nem ser vivida à margem de uma determinada *construção ou estado corporal.*

- Há uma *auto-estima biológica*, celular, que brota espontaneamente quando o corpo vive em ordem e harmonia, quando está "em sua lei".

- Uma auto-estima que surge "do que creio (*como consciência*) que sou" não é o mesmo que uma auto-estima que emana "do que crio (*no sentido de criar*) como ser".

- De um processo corporal, entendido e desenvolvido como integração harmônica dos diversos corpos que dão corpo a um ser humano (físico, mental, emocional, energético, espiritual...) surge, dá-se *uma auto-estima natural e espontânea.* A criança não tem de se recordar ou afirmar mentalmente sua valia, porque vive em plenitude seu ser corporal. Não tem de se autodemonstrar ou se autoconvencer de seu valor, porque simplesmente o vive, o mostra em sua vida cotidiana.

- A questão está, portanto, em "in-corporar" a auto-estima. Uma criança terá realmente uma estima adequada de si mesma quando a tiver "incorporado". Tratar-se-ia, portanto, de "des-cobrir" a auto-estima que seu corpo realizado, construído e "usado" adequadamente lhe devolve.

A insalivação

Diante de uma situação de ansiedade, medo ou estresse o corpo produz adrenalina para colocar o organismo em condições de enfrentar essa situação que se percebe e se sente como ameaça ou perigo. A adrenalina estimula o sistema nervoso simpático com o qual se põe em andamento um processo biológico em forma de "plano de emergência" em que são tomadas, entre outras, as seguintes medidas:

- as pulsações do coração aumentam, os vasos sangüíneos contraem-se e a pressão arterial aumenta para que circule mais sangue e mais rapidamente;

- a respiração acelera-se para obter mais oxigênio;

- o nível de glicose no sangue aumenta para excitar o cérebro e os músculos;

- surge o suor frio para refrescar o corpo;

- as pupilas dilatam-se e os olhos estreitam-se para aumentar a acuidade visual e o campo de visão;

- o sangue retira-se da pele e das extremidades para concentrar-se mais no cérebro e chegar em maior quantidade aos músculos e evitar possíveis hemorragias em caso de ferida;

- reduz-se a secreção salivar; a boca seca e gera-se uma saliva espessa e esbranquiçada.

Este mecanismo de defesa, expressão de um estresse natural, foi gerado em um contexto ou ambientes de perigos e ameaças contínuos, aos quais devia responder por meio de luta ou fuga. Assim, por exemplo, a adrenalina que o corpo produzia para assegurar esse funcionamento era consumida por meio de movimentos intensos.

Atualmente, no entanto, em um modo de vida sedentário e do qual desapareceu a maioria desses perigos físicos (ataques de feras animais, adversidade do ambiente natural...), esse mecanismo de defesa está derivando para outro de ataque e autodestruição que acaba por fazer-nos adoecer, já que:

- hoje, a maior parte das agressões e perigos que vivemos é psicológica e emocional;

- vivemos em uma contínua sensação interna de insegurança, perigo e emergência;

- a passividade e o sedentarismo não favorecem a queima ou eliminação dos hormônios.

As conseqüências do anteriormente mencionado são bem conhecidas: elevação da tensão arterial, alterações no sistema digestivo (úlceras, obstipação), aumento da tensão muscular e nervosa, afecção do sistema imunológico (baixa das defesas)...

Então, se o estresse que a estimulação do sistema nervoso simpático (acelerador) produz tem como conseqüência secura bucal e a secreção de uma saliva espessa e esbranquiçada, podemos deduzir que a secreção de uma saliva mais fluida e abundante pode produzir o efeito contrário, ou seja, incitar a ativação do sistema nervoso parassimpático (moderador, equilibrante).

Assim afirma e demonstra o doutor Escudero, criador da *noesiologia* (estudo dos efeitos do pensamento na vida) e *noesiterapia* (cura pelo pensamento). De fato, ele chega a considerar a presença de saliva abundante em nossa boca, uma saliva fluida e agradável, como o sinal fundamental do que ele chama Resposta Biológica Positiva (RBP). Esta RBP tende a produzir mudanças muito positivas na saúde e na vida humanas, especialmente porque este predomínio vagal parassimpático é exatamente o antídoto do estresse, causa primordial de boa parte das patologias humanas atuais. A RBP costuma corresponder a um pensamento positivo.

Tudo funciona melhor no organismo humano quando se vive em RBP: melhor circulação e metabolismo e melhor estado do sistema imunológico, aumentando a resistência às doenças; por outro lado, aprende-se com mais facilidade, ganha-se maior eficácia na realização de qualquer trabalho ou atividade, com menor esforço, e até melhoram-se as relações humanas, graças a um melhor autocontrole e um estado pessoal de maior tranqüilidade.

Incorporei este contributo do doutor Escudero em minha própria dinâmica corporal e no funcionamento habitual em sala de aula. Fomentei entre as crianças o *"hábito da boca úmida"* e no decurso da maior parte dos relaxamentos dedicava um tempo a esta insalivação "vagal".

Conseguíamos facilmente esta qualidade de saliva quando ocupávamos o nosso pensamento com qualquer coisa positiva ou criando o hábito de pensar: *"Minha boca enche-se de uma saliva fluida e agradável"*.

A respiração

Para a consciência comum, respirar é um simples ato vital de sobrevivência pelo qual se inspira e expira o ar. A respiração, no entanto, para além da simples atividade fisiológica, encerra um rico e profundo simbolismo.

Se for certo que *"a respiração de um ator condiciona o estado emocional do público"* (Stanislavski), teremos que acabar reconhecendo que *"a respiração de um professor condiciona o estado de seus alunos"*. A respiração é a "palavra" que mais facilmente contagia.

Minha abordagem da respiração em sala de aula não consistiu na prática de exercícios respiratórios específicos (à maneira, por exemplo, das práticas do pranaiama). Em ocasiões freqüentes eu pautava os ritmos, duração ou modos de respirar em uma espécie de "ginástica respiratória" ou em uma tentativa de fazer dos alunos "malabaristas da respiração" ou "contorcionistas posturais". Jamais me interessou o trabalho corporal como formação de "acrobatas" do corpo; meu trabalho centrava-se mais em gestar "espectadores" e "experimentadores" do corpo. Com relação à respiração, minhas propostas estavam mais voltadas para favorecer uma atitude de curiosidade, observação, atenção e cuidado com o movimento respiratório: examinar e escutar o movimento respiratório que acompanhava e sustentava o movimento global do corpo ou o desempenho de qualquer atividade.

Se os convidava a respirar mais profundamente, não fazia senão convidá-los a "deixar" que sua respiração se aprofundasse naturalmente. Para tornar presente este tipo de respiração e poder senti-la "não precisavam se esforçar para fazê-la, em sua execução", mas simplesmente deixar que acontecesse, que se fosse dando espontaneamente, sem forçá-la nem instigá-la.

O que mais me interessou no trabalho de respiração com as crianças foi desenvolver a consciência que tinham dela: que *aprendessem a escutá-la, a percebê-la; e soubessem*, quando lhes fosse necessário, *modificá-la, acomodá-la às necessidades* que uma determinada situação lhes colocava.

Para a tomada de consciência de sua respiração, dava-lhes simplesmente a possibilidade, no desenvolvimento de qualquer dos exercícios de relaxamento ou de dinâmica corporal, de seguir atentamente, como em câmera lenta, de maneira passiva e como simples espectador que não interviesse em nada, que apenas observa, sua respiração pessoal e concreta nesse dado momento.

> "Simplesmente escute e dê-se conta de sua respiração neste exato momento. Observe-se respirando. Não mude nada, apenas observe sua própria respiração como um espectador passivo que contempla silenciosamente sua maneira de respirar."

A partir da vivência consciente da própria respiração e dos comentários verbais sobre o que cada um havia observado ou escutado, fomos conhecendo os segredos internos deste movimento ou funcionamento básico de nosso corpo.

Assim, a primeira coisa que constatamos foram os dois grandes movimentos ou seqüências básicas na respiração e como fazíamos e sentíamos coisas diferentes em cada um:

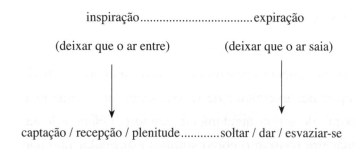

Mais adiante chegamos a descobrir que na realidade havia outro momento na respiração, ainda que nem todos tivessem consciência dele: *as pausas*.

A pausa também podia fazer parte da seqüência respiratória. Descobrimos como sua presença desempenhava um papel muito importante, sobretudo na redução da ansiedade, e que podia realizar-se:

- *depois de inspirar*: gerava-nos um estado vigilante, de observação ativa e sossegada;

- *depois da expiração*: gerava em nós um estado de abandono, relaxamento e descanso, inclusive favorecedor do sono.

Quando eu queria acalmar uma criança, aliviá-la ou gerar nela outra pauta de movimento ou conduta, convidava-a a respirar incluindo as pausas.

Chegamos, assim, a uma descoberta decisiva: a respiração era uma função automática de nosso corpo. Uma criança expressou-o muito graficamente assim: *"Levo o dia todo respirando e até agora não tinha me dado conta de como o fazia"*.

Esta função automática podia ser afetada, modificada ou alterada à vontade. Em outras palavras, podíamos passar de um funcionamento em *"modo automático"* para outro de caráter *"manual"*.

Esta possibilidade nos abriu a todo um campo de experimentações com nossa maneira de respirar: experimentar com os movimentos, as seqüências, os ritmos e velocidades, com as freqüências e amplitudes, com o trânsito de um momento a outro etc.

Era uma grande novidade que *nossa respiração fosse reeducável*. Era-o ainda mais o fato de que essa coisa tão simples tivesse tanta incidência e alcance na reeducação do conjunto de nosso corpo, de nossa mente e de nossa afetividade.

Nosso corpo não necessitava de nossa permissão para respirar, sabia fazê-lo sozinho, mas nós podíamos manipulá-la, usá-la muito mais consciente e inteligentemente.

Fomos provando, degustando, saboreando diversas seqüências respiratórias rítmicas:

a) Inspirar – Expirar (dobro do tempo) – Pausa.

b) Inspirar – Pausa – Expirar – Pausa.

c) Respiração "onda": sucessão sutil e contínua I – P – E – P – I...

Apercebemo-nos do fato de que nossa respiração correta estava condicionada a uma atitude geral igualmente correta de todo o nosso corpo, de todo o nosso ser.

E vice-versa. Ou seja, uma respiração correta podia nos levar a uma atitude global, a um estado geral mais adequado. A respiração ajustada emanava e fluía a partir de uma postura igualmente ajustada.

Quando a respiração se descolocava, se alterava… a vida de nossa turma desordenava-se.

A respiração era um dos nossos melhores recursos contra a dispersão, pela relação diretíssima entre respirar-pensar-sentir.

Quando as crianças tinham respirações entrecortadas, agitadas e superficiais… sua atenção ressentia-se e sua capacidade de "combustar" e "metabolizar", a informação que liam ou escutavam via-se séria e negativamente afetada.

Nesses momentos a "oxigenação" era prioritária. Às vezes bastavam dois minutos, outras vezes a prolongávamos um pouco mais. Algumas vezes recorríamos a ela como "remédio", como "medicina curativa"; outras, como "meio" de favorecer a tarefa que se lhe seguia imediatamente (sobretudo uma explicação, um tempo de estudo, um momento de leitura…), como "vacina preventiva".

A "oxigenação" podia ser feita de várias maneiras:

- simplesmente dedicando alguns minutos à auto-observação respiratória;

- trabalhando na seqüência ou dinâmica respiratória mais propícia em um dado momento ou para uma situação concreta (por exemplo, alongar o "sopro respiratório" em momentos de tensão, para tranqüilizar…);

- respirando não apenas pelo nariz (respirar a partir das plantas dos pés e palmas das mãos; respirar por cada poro da pele...);

- sentindo o contato da roupa durante a inspiração e a expiração;

- ....

O relaxamento

O relaxamento, em um mundo crispado e cheio de tensão, está na moda. Surpreende-me, no entanto, que, apesar do tremendo êxito de livros sobre isso e do notório auge de cursos que o oferecem, continue a estar tão pouco presente na rotina cotidiana das escolas.

O relaxamento teve uma presença muito importante e praticamente constante em nossa classe.

Quero deixar claro que foi muito mais do que "um exercício que fazíamos ao voltar do recreio" para retomar um estado mais favorecedor do trabalho, ou muito mais do que uma dinâmica da qual nos servíamos para preparar os ditados, memorizar frases e vocabulário em inglês etc.

Para mim, o relaxamento não é apenas, nem sequer principalmente, uma técnica e muito menos "um exercício". O relaxamento faz referência, remete a um determinado "estado" da pessoa (do professor e das crianças).

A introdução e presença relevante e significativa do relaxamento na educação não pode demorar por mais tempo, tampouco pode ser feita de uma maneira trivial, inconsciente ou irresponsável.

O relaxamento era um caminho que podia nos conduzir ao repouso, ao descanso ou à dissolução de tensões. Mas também podia nos levar a processos de estudo, memorização e aprendizagem muito mais agradáveis e eficazes. Podia até mesmo ser um catalisador ou detonador de processos criativos.

Anos antes, eu já havia desenvolvido diversos projetos oficiais de inovação educativa, um deles centrado na aplicação da *sugestopedia (doutor Lozanov)* e da *sofrologia (doutor A. Caicedo)* aos processos de aprendizagem, concretamente no ensino e aprendizagem de idiomas.

As descobertas e investigações no campo da neurofisiologia, e mais concretamente no campo do cérebro (hemisférios e ondas cerebrais, estados ótimos de consciência, incidência do relaxamento no rendimento mental, utilização pedagógica da "sugestologia" e que recebeu o nome de *"sugestopedia"*), já estavam afetando e revolucionando nossos esquemas e concepções sobre a aprendizagem.

Com a aplicação do relaxamento em sala de aula eu pretendia, entre muitas outras coisas, "libertar" as crianças de uma série de condicionamentos e sugestões negativas que podiam ter recebido anteriormente e que podiam questionar ou pôr em dificuldade suas possibilidades e capacidades para as aprendizagens e tarefas escolares. O ensino e didática das diversas áreas ou disciplinas não constituía basicamente um problema de técnicas, mas de "atitude" ou de situação do aluno com relação ao objeto de estudo e aprendizagem. Se não trabalhasse para fazer com que surgissem atitudes positivas para com a aprendizagem, tudo o que fizesse serviria bem pouco.

Os exercícios de centramento e relaxamento favoreciam a entrada do aluno em níveis cerebrais ou estados de consciência que potenciavam a atenção, a compreensão, a memorização e a aprendizagem. Na dinâmica do exercício era fundamental uma seleção musical de ritmos lentos, contínuos e bastante homogêneos, com melodias suaves e que fossem agradáveis às crianças.

O relaxamento oferecia tantas possibilidades e mostrava tal quantidade de efeitos benéficos e positivos, que o empreguei em muitos e variados contextos e situações e de muitas maneiras diferentes.

a) Relaxamento corporal:

- *progressivo* (ir relaxando as diferentes partes do corpo progressivamente)
- *dinâmico* (alternar tensão / distensão; relaxamento após movimentos)
- *global* (simultânea-difusa: todo o corpo de uma maneira global)

- *seletivo* (atendendo um setor ou focalizando uma parte do corpo)

b) Relaxamento por meio de imagens mentais:

- *imagens passivas* (bosque, lago, praia…)

- *lugar ideal de descanso*

- *relaxamento imaginativo* (viagem, gota d'água, vôo de uma mosca…)

c) Relaxamento centrado na respiração:

- *observação silenciosa* do processo respiratório

- *rítmica* (cadências rítmicas diversas)

- *movimento respiratório global* (vaivém respiratório)

d) Relaxamento integral e reprogramação positiva da mente

(inserindo "frases positivas")

Este relaxamento integral seguia o seguinte processo, enunciado agora apenas em forma de esquema:

- *Relaxamento físico*: insalivação, respiração, relaxamento do corpo (progressivo, global ou seletivo), ir escutando e sentindo cada parte do corpo sugerida (relaxante, ligeira ou com sensação de peso e calor…)

- *Relaxamento mental*: por meio de imagens passivas, recriação imaginária de um lugar ideal de descanso...

- *Reprogramação positiva do cérebro*: em estado de relaxamento profundo, ir repetindo "o que se quer conseguir" e não "o que se gostaria de evitar" (uso frases afirmativas); emprego da expressão "Necessito..." completada com aquilo que se havia marcado como objetivo de trabalho para essa sessão ou exercício; afirmar as frases com plena convicção e imaginar e sentir cenas da vida nas quais já se mobiliza aquilo que se deseja conseguir.

A seguir, transcrevo uma das modalidades de relaxamento que mais se repetiram em sala de aula. Houve muitas outras variantes. Como este não é um livro de recursos, registro uma delas, a título de exemplo, suficiente para captar o sentido da proposta e da dinâmica habitualmente seguida para o seu desenvolvimento.

As crianças não eram obrigadas a fazer o exercício, mas de modo algum podiam perturbar o resto da turma. No geral, se alguma criança decidia não participar do relaxamento desse dia, não fazia outra atividade enquanto isso; simplesmente permanecia tranqüila e em silêncio, escutando o desenvolvimento da experiência. Muitas vezes, embora tivessem decidido inicialmente não viver a experiência.

riência do relaxamento desse dia, acabavam finalmente incorporando-se a ela.

Exercício-experiência

(Coloco-me de pé no centro e à frente da turma. As crianças já esvaziaram por completo as carteiras para que não haja nada sobre elas. Dou três palmas: é o sinal convencionado para início do exercício e que marca, também, o começo de um tempo de quietude e silêncio.)

Fechemos os olhos com suavidade. Vamos sentir como nossos olhos se suavizam (…)

Vamos enchendo nossa boca de salivazinha. Minha boca enche-se de uma saliva fluida e agradável. A saliva é como o alimento de nossos sóis ou centros de energia (…)

Pensemos no "solzinho" do nosso cérebro (núcleo do cérebro). Pensemos nele como um centro de energia que se expande, que liberta sua energia em todas as direções (…)

Agora vamos escutar os ruídos que nos chegam de fora: quando ouvimos com o coração, os ruídos convertem-se em som e o som, em música. Podemos receber tudo o que escutamos como uma música que nos tranqüiliza.

Agora vamos pensar em nossa língua. Como se houvesse uma língua dentro da língua que a faz crescer. Nossa língua cresce por dentro e vai-se fazendo cada vez maior.

Posso deixar que saia da boca e descanse no lábio inferior (...)

A partir desta concepção da presença de nossa língua na boca, vamos dizer a nós mesmos, interiormente, estas frases:

— Estou tranqüilo, muito tranqüilo.

— Cada dia que passa estou cada vez melhor.

— Necessito ler e escrever perfeitamente.

— Necessito somar e subtrair perfeitamente.

— Tudo o que fulano e sicrano explicam, tudo o que os companheiros explicam e tudo o que estudo nos livros aprendo com facilidade... porque "eu posso aprender tudo".

— Minha saúde é perfeita.

— ....

E agora cada um vai continuar sozinho, como quiser, pelo resto do relaxamento (...)

(Também estabelecia um tempo de "auto-relaxamento" no qual eu já não dava mais pautas, mas em que cada menino e menina escolhia alguma das sugestões ou modos que já haviam experimentado, e os desenvolvia pessoal e livremente. As variantes que mais costumavam utilizar eram: suspensão dos braços a partir da consciência de abertura e libertação de energia da axila; seguir interiormente o percurso de uma bola de energia imaginária; imantação e batidinhas suaves de uma palma da mão na outra ou com as pontinhas dos dedos; passar uma bola de energia imaginária de uma mão para outra etc.)

Pouco a pouco vamos terminando.

Vou contar de 1 a 5 e, no 5, você abrirá os olhos e estará bem desperto, muito descansado, muito melhor que antes.

A "suspensão" e o "tono certo" como solução para a problemática tensão-relaxamento

Creio que de maneira errônea, tende-se a identificar o relaxamento com o "positivo" bom e desejável, e a tensão, com o "negativo" que precisa ser evitado a todo custo.

Relaxamento e tensão não são senão os dois extremos de uma mesma realidade "polar". O problema aparece com a "polarização", ou seja, com uma acentuação excessiva, com um desvio desmesurado e desmedido para qualquer dos dois pólos. Quando há um excesso de tensão, a pessoa acaba crispando-se, bloqueando-se e até pode vir a adoecer.

No outro extremo, o excesso de relaxamento pode levar à dissolução do sujeito, no sentido de que a pessoa se relaxa tanto, tanto... que se torna inerme, incapacitada para a mais pequena ação ou movimento, dilui-se, em um sentido metafórico, "desaparece".

Se eu tiver de carregar sacos de compras, o excesso de relaxamento me impedirá de carregá-los adequadamente; mas, se houver um excesso de tensão, levarei o peso não apenas com os músculos dos braços, mas também com os do rosto, com os ombros crispados e as costas contraídas.

A questão que se nos coloca, portanto, é esta: *executar cada gesto ou ação cotidiana com o equilíbrio certo necessário entre a tensão e o relaxamento*, de maneira que possa realizá-lo com o mínimo gasto de energia. Dito de outro modo, o desafio diante do qual estamos perante cada movimento humano é efetuá-lo com seu "tono certo".

Para além do mero relaxamento, a atitude corporal fundamental que quis promover entre meus alunos foi a *"suspensão"*. Esta "suspensão" constituía o suporte e era, por sua vez, a manifestação de um determinado estado interno ou estado de consciência (estado de consciência-energia).

O estado corporal de suspensão implicava um *estado tônico particular e peculiar* em que tudo pesava menos, custava menos e fluía mais.

Esta atitude de suspensão não é vivida em abstrato, mas tem um suporte físico. Partilhei com as crianças a experiência do *"circuito básico da energia"* do qual eu havia tomado consciência, graças ao trabalho realizado pessoalmente com o *Sistema Consciente para a Técnica do Movimento*, de Fedora Aberastury, sempre por intermédio de Lola Poveda, a quem tanto devo em minha formação corporal e energética.

Este "circuito básico" é composto de três elementos essenciais: núcleo do cérebro-língua-medula.

O núcleo do cérebro

O núcleo do cérebro possibilita essa suspensão que compensa a força de gravitação da terra. O "encontro consciente" com o núcleo do cérebro, pensar nele como centro que liberta sua energia, conecta todo um caudal de energia que já pode ser mobilizado de maneira consciente e deliberada.

A única coisa que tínhamos de fazer era focalizar nossa atenção nele e pensar nesse lugar como um espaço interno em expansão e a partir do qual se libertava essa energia. Esta singela e, ao mesmo tempo, impressionante ação do "pensar consciente" gera uma situação ou experiência de expansão, de suspensão e de bem-estar.

Continuamente, convidava-as a pensar como a energia do núcleo do cérebro se projetava *simultaneamente* para baixo, para o centro da terra (percorrendo a medula) e para cima (projetando-se para o infinito). Apareceu assim o que as crianças chamaram de *"o fiozinho da energia"*, um fiozinho no qual já podiam "suspender-se", um fiozinho com o qual se podiam "jogar" para cima (simplesmente pelo pensamento) quando notavam que o corpo e o ânimo lhes vinham abaixo.

A língua

A *consciência da presença da língua* é uma das coisas mais originais e surpreendentes do legado de Fedora. Depois de mais de vinte anos trabalhando com ela, ainda me surpreende como o simples fato de "tomar consciência da sua presença" favorece a "presença de outro estado ou nível de consciência corporal".

A língua atua como ponte ou comando de todos os demais centros energéticos. É o suporte de conexão entre a energia que o núcleo do cérebro liberta com o resto do corpo.

A ação ou o trabalho básico que fiz com as crianças foi ajudá-las a recuperar a língua como espaço de energia em expansão, como presença, retirando toda tensão muscular das orlas e da ponta.

A medula

O eixo básico de nosso corpo e de nossa suspensão assenta-se na medula. É nela que podemos compensar a atração da terra (força de gravidade e peso da atmosfera), graças à suspensão "para cima".

Quando a criança se desliga ou perde esta "suspensão", toda a sua estrutura corporal cai em peso sobre a coluna. Cada vértebra e cada disco intervertebral perde essa compensação de forças, que é a que alonga a medula e mantém a coluna na vertical. A coluna não suspendida afunda-se, desapruma-se e com ela toda a estrutura pessoal, física e até emocional da criança.

A postura como "expressão dos estados internos"

O corpo do professor, os corpos dos meninos e meninas irrompem e fazem-se presentes em sala de aula com uma determinada marca, com uma postura.

A postura corporal que uma criança adota em uma situação não é uma simples posição do corpo, mas o reflexo da atitude com a qual a aborda e expressão do estado interno a partir do qual a vive.

Em cada postura modelamos uma escultura na qual damos forma material a como vivemos e o que vivemos nisso que vivenciamos. De certo modo, cada posição adotada por uma pessoa a revela.

Além disso, nossas posturas são a base para a relação com os outros: *as relações humanas são interações posturais*. Relacionamo-nos por meio das posturas e das formas corporais que construímos e sobre as quais repousam formas de pensamento, modos de perceber e sentir e maneiras de emocionar.

Diante de um fato ou acontecimento, diante de qualquer situação ou atividade, as crianças e os adultos não simplesmente se colocam, mas *"posicionam-se"*.

Cada postura, em cada momento ou gesto dado, manifesta uma unidade indivisível entre anatomia e funcionamento.

Cada postura expressa a coreografia de inter-relação entre os diversos tecidos, capas, superfícies e órgãos da arquitetura corporal.

Cada postura expressa, reflete ou manifesta o modo concreto de viver e desenvolver a pauta, a pulsação ou o pulso do movimento do viver (dilatação-expansão-estiramento ou contração-encolhimento).

Cada postura modela-se a partir da dialética polar desse pulso: o corpo aperta-se ou solta-se, reforça-se ou inibe-se, tensiona-se ou relaxa, fecha-se ou abre-se.

Cada postura é uma declaração expressa do estado emocional, um fazer aflorar à superfície visível as pulsações profundas com que pulsa o emocional.

Cada postura é espelho e guia, mapa e território das diversas geografias da conduta.

Cada postura nas crianças é uma declaração expressa e clara de como vivem, interpretam, sentem e de como são afetadas por tudo o que lhes sucede e por tudo que as rodeia.

Cada postura é a emissão para fora de um *autodiálogo interno contínuo*.

As crianças, desde muito cedo, podem reconhecer que a "postura" é algo mais que uma *"posição"*; é sobretudo uma *"atitude"* e um modo de se colocar que *revela o estado interno*.

É importante distinguir posições *ocasionais* de outras já fixadas (habituais ou permanentes). As posições habituais podem acabar tornando-se quase permanentes, conformando uma determinada postura e, até, um modo de ser e funcionar na vida.

A postura que uma criança adota também nos fala de seu caráter e das atitudes de fundo que a movem. O caráter de uma criança é *"um sistema de reações aprendidas que configura seu modo peculiar de mover-se, de pensar e até sua forma de respirar e de falar"*.

Os gestos e posturas que se fixam nelas acabam configurando um determinado caráter. É algo plástico que se conforma ao longo dos anos e que, portanto, pode mudar e evoluir.

O caráter é, nas palavras de Paz Torrabadella, *"como uma camiseta na qual cada um anuncia, em letras gran-*

des, na frente e atrás, como devem tratá-lo e o que podem esperar dele". Mas a maioria das vezes as crianças não estão conscientes disso, e em parte ignoram o lema de "suas camisetas".

A observação e a tomada de consciência da postura podem ajudar as crianças a desentranhar os gestos e sentimentos básicos que conformam essa postura. Ou seja, cada um pode ver o "lema de sua camiseta", os traços de seu caráter, as atitudes de fundo de suas ações, reconhecendo qual é sua *atitude postural.*

Neste sentido, ajudei-os a se darem conta de quais posições adotavam e como os faziam sentir-se; submetíamo-nos com freqüência a uma espécie de *radiografia ou scanner postural*, a uma dissecação minuciosa de cada escultura posicional: posição global do corpo (diversos segmentos corporais e inter-relação entre eles), atitude ou tono muscular (distensão ou contração), modo de respirar, o olhar...

A postura e os gestos não apenas traduzem ou expressam atitudes; também as criam, as manifestam e as mantêm.

A postura representa uma atitude mantida continuamente e marca, de certo modo, *uma predisposição para agir de uma determinada maneira.*

O trabalho corporal com as crianças pode ajudá-las a *reequilibrar as posições fixas ou ancoradas:*

1) *Tomando consciência* delas (importância do reconhecimento da postura-base que costumam adotar).

2) *Exagerando-as, intensificando-as* (dar volume para tornar mais presente e consciente).

3) Realizando os gestos, *movimentos ou pulsos contrários* (mais tono ou força no que está estendido ou cedido, mais distensão no que está encurtado ou contraído, abrir o que está fechado, conter o que está excessivamente aberto etc.).

A consciência postural é algo fundamental, ou deveria sê-lo, na educação básica de toda pessoa.

Abordo a postura, não como um tema específico de anatomia, mas como *um aspecto central e básico em toda a minha pedagogia*. Considero necessário e importante abordar com os alunos:

- o sentido e o significado da "postura" em geral, e das diversas posturas que costumamos adotar mais habitualmente;

- distinguir com clareza posturas "habituais ou cômodas" das posturas "naturais ou adequadas"; nem sempre uma postura na qual alguém se sente cômodo é também uma postura correta;

- o reconhecimento da postura-base que adotam habitualmente, suas características e implicações;

- as posturas básicas e mais habituais em sala de aula e as posturas mais adequadas para o desenvolvimento de determinadas tarefas.

A abordagem era feita nas situações cotidianas, durante a realização dos seus trabalhos e tarefas e a partir da observação das "posturas" nas quais sustentavam seus gestos e movimentos espontâneos e habituais.

Assim, por exemplo, a postura corporal que uma criança adotava enquanto fazia um trabalho *refletia uma dupla relação ou vínculo*: consigo mesma e com a tarefa que estava realizando (como se colocava diante do caderno ou livro, como segurava o lápis e fazia uso dele... assim como os sentimentos que o desempenho do trabalho provocava-lhe).

A postura de meus alunos era um dos elementos ou campos imprescindíveis em minha tarefa como observador. Habitualmente, nós, professores, dirigimos nosso olhar mais para a caligrafia, para a letra, do que para a mão que escreve. Preocupa-nos mais a qualidade do que aparece escrito em um caderno do que a qualidade da mão que escreve, inquieta-nos mais o resultado final do que os modos pelos quais os processos vão sendo desenvolvidos. Muitas vezes esquecemos que não é apenas a mão, é todo o corpo da criança que pinta, escreve ou fala. Da mesma maneira, é o corpo todo que fala, explica e ensina as crianças cada vez que estamos diante delas.

Creio ser necessário e importante assinalar algumas obrigações em torno dos processos "corretivos" que quase todos tendemos a propor (e inclusive impor: "ponha-se direito!") quando aparece diante de nós a imagem de um menino ou menina com uma "postura errada".

Algumas formas de abordar os processos corretores da postura desenvolvem sua dinâmica reparadora à base de repreensão, censura e retificação dos hábitos incorretos e equivocados. Eu optei por uma dinâmica diferente: convidava à tomada de consciência e à experimentação de posturas; mais do que corrigi-los, ampliava-lhes o repertório de posturas, tonos e movimentos; facilitava-lhes um reencontro com outros modos de se posicionarem e com outras tonalidades em seus movimentos. Mais do que insistir com eles na correção do que faziam mal, conduzia-os à experiência de posturas e movimentos nos quais pudessem se sentir melhor.

"Sentar-se" bem para "sentir-se" melhor.

As crianças passam muitas horas por dia sentadas diante de suas carteiras. A maioria das atividades "escolares" costuma ser "de mesa". Por este motivo, gostaria de me deter de uma maneira especial nesta postura, tão habitual nas situações de aprendizagem.

Sentados, a coluna chega a sustentar até um terço a mais de pressão do que quando estamos de pé.

Muitos transtornos podem ser originados ou agravados pela manutenção durante muitas horas de posturas incorretas enquanto se está sentado. Isto é algo que a escola deveria ter sempre em conta. Chama-me a atenção que ninguém se surpreenda de entrar em uma sala de aula na qual todas as carteiras e cadeiras são da mesma altura, apesar das grandes diferenças de estatura, às vezes, entre umas crianças e outras. Tenho a impressão de que não estamos totalmente conscientes do dano que estamos causando a uma criança que, por exemplo, mantém durante muito tempo os pés pendurados, sem contato com o chão, porque a cadeira lhe é muito alta.

Nas diversas explorações e tomadas de consciência sobre a maneira de estarmos sentados, observamos que, em algumas das formas mais habituais de fazê-lo, adotávamos posturas que não nos favoreciam muito; como, por exemplo:

- *Sentarmo-nos encurvados*; quando nos desaprumávamos e nos encolhíamos no assento, em conseqüência da falta de tono e perda da consciência da suspensão. Transmitíamos o peso para a parte posterior da pélvis, inclinando esta em excesso.

- *Sentarmo-nos tesos e rígidos,* quando erguíamos as costas com um excesso de tensão. O peso, agora, deslocava-se para os ossos e para os músculos das coxas. Ao mesmo tempo, tendíamos a arquear a lombar.

- *Pernas cruzadas*. O peso recaía sobre apenas um dos ísquios (= ossos de sentar-se) fazendo com que o corpo (pélvis) se inclinasse ou ladeasse lateralmente. Era muito fácil comprovar como nos encurvávamos ao cruzar as pernas. Cruzar as pernas comportava um risco adicional: dificultava a circulação do sangue.

- *Pernas e pés juntos*. Esta postura era muito mais adotada pelas meninas do que pelos meninos e gerava-lhes uma grande tensão no lado interno das coxas e em todo o quadril.

A postura "sentada" que podíamos experimentar como mais adequada era aquela na qual se entregava o peso ao assento a partir de um bom contato dos ísquios, ao mesmo tempo em que mantínhamos "o fiozinho" de energia crescendo para cima.

Sentávamo-nos e sentíamo-nos bem quando, estando sentados, mantínhamos a simultaneidade desse duplo processo ou consciência:

a) *Entregar ou soltar o peso* do corpo através dos ísquios.

b) *Suspender a medula*, soltando e alongando o pescoço e fazendo crescer o tronco e a cabeça para cima.

Insisti muito com eles sobre a *diferença entre confortável e conveniente*, entre cômodo e adequado.

Para o menino que habitualmente cruzava as pernas, a princípio a nova postura mais adequada lhe era antinatural e incômoda; a menina que costumava colocar a cabeça para trás ou para baixo, encurtando o pescoço, podia se sentir um tanto estranha ao colocar a cabeça em sua posição correta; sentia, inclusive, como se estivesse inclinada para a frente e para baixo. Curiosamente, sentiam-se "descolocados" ao recolocarem sua postura de modo mais correto e de uma maneira muito mais natural e adequada.

Quando se leva muito tempo adotando uma postura incorreta, esta acaba se tornando familiar e nela podemos até nos sentir relativamente cômodos. Comodidade e correção podem não andar juntos e, de fato, em muitos momentos, alcança-se a comodidade mantendo-se padrões posturais inadequados.

O *desenho dos assentos* pode priorizar outras considerações (desenho, beleza, custo, facilidade de empilhamento...) além de sua adequação à anatomia e funcionamento do corpo humano que deve fazer uso deles.

As *bases e alturas* dos assentos não costumam se ajustar às medidas de todos os meninos e meninas de uma turma:

a) se é de baixa estatura e se senta muito atrás, as pernas podem ficar penduradas, o que lhes produzirá tensão nos músculos, precisamente por trás dos joelhos.

b) se se senta perto da borda para levar os pés ao chão pode dobrar inadequadamente a lombar.

O *encosto* deve permitir ou favorecer que a parte inferior da coluna se mantenha erguida sem ter que curvar a região lombar nem forçar de modo algum as costas. Sua parte superior deve ser reta e sem nenhum tipo de protuberância.

No que diz respeito ao trabalhar sentado, nós, educadores, devemos ter muito presentes duas questões (problemas) de mecânica corporal:

a) uma é o fato de que *a posição estática tende a produzir nas crianças emperramento e fadiga muscular* e leva-a a encurvar a postura;

b) a outra é a necessidade de cuidar e estarmos atentos *à proximidade dos utensílios de trabalho* (cadernos ou outros objetos escolares) de maneira que se vigie e assegure uma inclinação correta e uma curvatura mínima das costas. Pude observar como, em sua sabedoria corporal natural, as crianças de menor altura contrariavam isto, inclinando a cadeira para frente, apoiando-a nas pernas dianteiras. Desta maneira, em vez de inclinarem o corpo desaprumado para frente, todo ele se inclinava para a mesa a partir da cadeira, mantendo as costas muito mais retas. Desta afirmação, talvez fosse preciso considerar a conveniência de que o assento das crianças lhes permitisse inclinar-se para frente. Esta posição inclinada permitiria mudanças estruturais com maior facilidade e reduziria notavelmente a fadiga muscular.

Modo de sentar-se durante o trabalho

Vigiar em que parte da cadeira se ajustam os ísquios (em função da relação da estatura da criança com a altura do assento), observando se convém que estejam mais ou menos na borda, no centro ou no funda dela. Distribuir o peso pelos ísquios ao mesmo tempo em que se permite que a cabeça, pescoço e costas se alinhem (se alonguem e se alonguem) a partir dos quadris e se inclinem ligeiramente para frente.

De modo geral, convém que o ângulo formado pelas coxas e o tronco não seja inferior a 90° para evitar que a zona lombar se arqueie. Desta maneira não será necessário que a criança avance o pescoço para que os olhos estejam suficientemente próximos da zona de trabalho. Em *alguns casos* poderia ser muito útil colocar uma almofada em forma de cunha ou algo que servisse de base para os pés.

Em todas as posturas, mas muito especialmente quando sentadas, é preciso insistir com as crianças para que *"permitam que o pescoço se libere, para que a cabeça vá para frente e para cima, favorecendo, assim, que as costas se alonguem e se alarguem".*

O "botãozinho azul imaginário"

Não importava que o soubéssemos, era preciso repeti-lo muitas vezes por dia; a qualquer momento, sempre no momento "menos pensado" (de menor consciência), perdíamos a suspensão e a postura era descolocada.

O problema não era que nos descentrássemos, mas que não nos déssemos conta disso. O drama não era perder a postura certa, mas não estarmos conscientes dessa perda. A boa notícia era que, ao fazer abordagem consciente de nossa postura em suspensão, a partir disso podíamos voltar a recuperá-la.

Precisávamos apenas nos dar conta. Para nos ajudarmos uns aos outros nesta tomada de consciência, combinamos sobre a existência de um botãozinho azul imaginário na zona lateral da terceira falange do dedo indicador da mão e que se ativava à base de pequenas percussões sobre ele com a ponta do dedo polegar (piparote).

Se eu via uma criança com o corpo "caído ou vencido", tendo perdido a consciência da suspensão, fazia-lhe o gesto de pressionar repetidamente meu botão imaginário. Desta maneira ela se dava conta de que se havia descolocado e procedia imediatamente a "empregar o fiozinho de energia da medula" e assim recompor sua postura.

Foi um sistema muito singelo e operacional, já que não nos impedia de continuar fazendo aquilo que estávamos fazendo e convidava-nos a recompor-nos enquanto continuávamos com aquilo em que estávamos implicados e comprometidos.

A atenção como "estado corporal": a "a-tensão"

A atenção como "estado mental". Da concentração à "encentração"

As crianças mostram-se cada vez mais dispersas, mais tensas e menos atentas.

A atenção é um impressionante campo educativo e uma autêntica urgência pedagógica neste momento presente. Para seu cultivo é preciso tempo, e requer-se, sobretudo, perseverança e paciência.

A atenção é uma energia e uma força que organiza e unifica toda a estrutura psicofísica e o ser da pessoa.

A atenção é, ao mesmo tempo, *um meio e um fim*, é *a semente e o fruto*.

É semente, ou seja, é um meio, quando a pratico para desenvolver o estar atento, o dar-me conta ou o estar centrado. Mas a própria atenção torna a consciência presente e toma consciência do presente: liberta-me do descuido e da dispersão; faz-me viver de outra maneira cada gesto e momento de minha vida. Neste sentido, a atenção também é fruto.

Com a atenção as crianças estão mais descansadas, mais despertas e alertas, são mais felizes. Longe de favorecer a evasão, a atenção permite-me *um sereno encontro com a realidade.*

Quando as crianças estão atentas ao que sentem, pensam, fazem ou vivem e elas "re-conhecem" tudo isso.

Alguém já disse que *"a atenção é como o guardião do palácio que se dá conta de cada rosto que atravessa o umbral da porta de entrada".*

Nossa forma particular de relação e vivência da atenção nos converte, em um dado momento, em pessoas:

- *"Distraídas"*. A palavra já diz tudo, o "dis-traído" é o que realiza a operação contrária de "trair-se" a si mesmo. A pessoa "dis-traída" é a pessoa exilada de sua própria consciência e, nesse exílio ou perda de si, a chama da sua atenção extingue-se, apaga-se. O "eu" converte-se, então, em uma espécie de poço escuro, perde-se a percepção, a consciência parece morta. A criança distraída não está no que tem diante de si, foi-se para outros espaços e não se dá conta desta ida até que tenha regressado.

  B. olha-me enquanto estou explicando, mas não me vê nem me escuta. Seu olhar perdido expressa que nem ele mesmo está consciente, neste exato instante, de que sua consciência não está aqui, naquilo que estamos fazendo. Passam-se assim vários minutos até que, subitamente, pestaneja e recompõe-se em seu assento. Agora, sim, vê-me e escuta o que estou dizendo; voltou, regressou... já não permanece distraído.

- **"Dissipadas"**. Em algumas crianças e em alguns momentos, a atenção aparece com força, mas com um caráter de intermitência: pousa em algo, depois em outra coisa. Seu vôo é curto, como o das moscas.

  A. está olhando, como que abismado, o conto que escolheu para hoje. Parece comer com os olhos as formosas ilustrações que acompanham o texto, mas repentinamente levanta a cabeça e espreita o livro de J.A., que está a seu lado. Apenas por dois segundos, porque rapidamente volta a seu conto e vira a página. Fica abismado na contemplação de outra das ilustrações; ouve os gritos das crianças de outra turma que estão no pátio, no horário de educação física, levanta de novo a cabeça e gira-a em direção a uma das janelas; olha como se quisesse ver com os ouvidos, e novamente sente o chamado do seu conto... a criança dissipada é um testemunho vivo do "conto que nunca aca-ba", porque está sempre começando, iniciando, abortando...

- **"Alienadas"**. Em outros casos, a atenção fixa-se, mas em demasia: não se fixa livremente mas é fatalmente atraída pelo objeto e fixada pela compulsão. Quando a absorção é completa aparece a alienação.

E. olha para sua borracha. Não me parece que a esteja contemplando, analisando ou relacionando-se com ela. Aproximo-me dele e falo-lhe; ele nem sequer dá pela minha presença e, claro, nem chega a ouvir minhas palavras. Continua olhando uma borracha que parece apagar a ele ou desfazer sua capacidade de dar-se conta de que estou ali. Volto a dirigir-me a ele, mas seu olhar continua fixo, apanhado pela borracha. Apenas quando lhe toco no ombro parece romper-se uma espécie de cadeia invisível que o amarrava ao objeto.

— *Que foi?* —, pergunta-me.

Penso para mim mesmo: "Está livre de novo", mas a resposta que lhe chega é outra pergunta:

— *Já acabou seu trabalho?*

- *"Atentas".* Aqui temos já uma atenção voluntária, consciente e livre. Não apenas se presta atenção ao objeto, à coisa, ao trabalho, mas a si mesmo, vendo-se ou relacionando-se com a coisa, a si mesmo fazendo o trabalho. A criança, quando está atenta, está centrada no que está sendo feito e no que está acontecendo.

S. está totalmente centrada passando a limpo o seu último conto escrito. Há colegas a seu lado fazendo outras tarefas, uns sentados e outros de pé, mas ela continua atenta à execução do seu escrito. Mal me aproximo, levanta seu olhar e me diz:

— *Já estou acabando.*

E volta, sem a menor hesitação, a rematar a palavra pondo-lhe o til que faltava.

A atenção costuma ser abordada a partir de uma consideração mais psicológica e mental que corporal.

Gosto de considerar a atenção, aproveitando as possibilidades de "jogo" que as palavras nos oferecem, como um *processo ou dinâmica de "a-tensão"*, ou seja, de ausência de tensão.

Isto abre uma perspectiva menos comum na hora de abordar a atenção das crianças na aula, porque "quando não há tensão a atenção acontece de maneira natural e espontânea".

Reclamar ou exigir atenção de uma criança à base de repreensões, ameaças e gritos parece-me um contrasenso, uma autêntica *"intenção paradoxal"* (consegue-se precisamente o contrário do que se pretende). Criar um ambiente de serenidade e relaxamento em sala de aula e manter uma dinâmica de trabalho distendida foram o melhor adubo que pude empregar para que a atenção pudesse brotar com generosidade e naturalidade. O nível ou grau de atenção de meus alunos era um indicador eloqüente do alcance e qualidade de minha intervenção pedagógica e refletia, de uma maneira direta e imediata, o efeito que eu, como professor, era capaz de induzir com minha presença e atuação nos meninos e meninas. Quando o "magnetismo" da comunicação educativa não se produzia, os alunos desconcentravam-se ou distraíam-se; não era uma questão de aborrecimento, mas um autêntico e real *fenômeno de desconexão.*

Reconheço que sempre me impressionou a contemplação de "O Pensador", a famosa obra de Rodin. A escultura representa uma maneira muito concreta de pensar: pensar com as costas dobradas, as sobrancelhas franzidas, apertando o punho e os dedos dos pés crispados. Um pensar com tensão. Não deixa de ser curioso que o artista tenha colocado a figura sobre a porta do inferno.

Não tem nada a ver com outras imagens, como, por exemplo, algumas representações de Buda, nas quais este aparece erguido e reto, mas sem rigidez.

É preciso ajudar as crianças a compreender as diferenças entre *"pensar com tensão"* e *"um pensar que é atenção"* e saber que *"se estou tenso não posso estar atento".*

Em meu vocabulário com elas fui mudando a palavra "concentração", que tinha mais conotações de esforço e tensão (de fato quando diziam concentrar-se enrugavam os intercílios, crispavam o semblante e endureciam os olhos e o olhar) por esta outra de "en-centração". Se as via excessivamente concentradas e tensas na região frontal da cabeça, aproximava-me delas e tocava-lhes com a ponta do meu dedo polegar na parte superior de sua cabeça, à altura do núcleo do cérebro, convidando-as, assim, a deslocar seu pensamento mais para o centro.

Com muita freqüência, quando dizemos "pensar" entendemos refletir, dar voltas aos pensamentos e até imaginar, estar ocupados em idéias, cálculos, previsões ou recordações. Este modo de "pensar" não necessariamente nos conduz e nos instala em um estado de maior consciência; às vezes até pode nos afastar dele.

Na realidade, meu enfoque e tratamento do corpo em sala de aula não era outra coisa senão um estudo e desenvolvimento da "consciência": darmo-nos conta de se estávamos "entretidos, distraídos, ocupados..." por pensamentos, ou se, ao contrário, estes pensamentos surgiam das percepções corporais e eram pensamentos que nos vinculavam e nos estabeleciam no presente.

"Pensar" aparecia, assim, como a possibilidade de "dar conta" daquilo de que nos havíamos dado conta no funcionamento do corpo de nosso viver: dar conta de quando estávamos abertos a receber a palavra ou a carícia de outro, abertos também a oferecê-la e reconhecer em que momentos nos fechávamos, quando aparecia a ansiedade ou o esforço por controlar, negar ou impedir algum movimento.

"Pensar" aparecia, assim, como a possibilidade de "estar atento": a atenção, colocada no que nosso corpo nos devolvia, tranqüilizava nossa compulsão e agitação de "pensamentos" e nossa mente podia ficar livre e ampla, pronta para realizar o que teria de ser sua função básica: a percepção e o dar-se conta.

O rosto de uma criança atenta e a-tensa é sempre um rosto formoso. Em não poucas experiências de relaxamento, ou quando seus corpos escutavam e vibravam atentos ao conto que lhes narrava ou lia, via seus rostos e seus corpos com uma beleza especial: era como se todos eles fossem expressão e participassem de uma mesma formosura. Algo que sou incapaz de precisar melhor com as palavras, totalmente insuficientes e incapazes de descrever o esplendor de um corpo, de um rosto, de olhos nos quais emerge e se faz presente o Mistério do nosso Ser.

5

A EDUCAÇÃO EMOCIONAL

Libertar-nos do "seqüestro emocional": "... e as emoções habitarão entre nós"

As emoções nunca estiveram fora da escola ou à margem de qualquer situação ou contexto educativo. Onde quer que se dê uma relação humana, a emoção está presente. Simplesmente não pode ser de outro modo.

Outra questão é que "o emocional" não tenha sido reconhecido explicitamente, não tenha sido valorizado expressamente, nem tenha sido conduzido adequadamente. As emoções foram, e continuam sendo, parte essencial do *currículo oculto*, do que continuamente se está mobilizando sem que haja uma consciência expressa de sua abordagem e tratamento.

Durante muito tempo, e ainda hoje, as emoções, sempre presentes nos sujeitos que educam e são educados, não foram expressas nem acolhidas, nem sequer registradas e, muito menos, examinadas ou canalizadas. Melhor (ainda que de fato não pressuponha nada de melhor), as emoções foram censuradas, silenciadas, proscritas, condenadas e reprimidas ou abortadas.

Quando a educação "sobe à cabeça" e o intelectual ocupa todo o cenário pedagógico, desliga-se do coração e então as emoções descem para o mais oculto, ficando encobertas e escondidas nos bastidores, confinadas nos sótãos obscuros e fechados das pessoas e dos acontecimentos. É o que denomino *seqüestro emocional*.

As emoções nunca saíram da escola, mas pouco a pouco vinham à luz. Sempre estiveram, porém escondidas, amordaçadas, retidas e presas do esquecimento.

E com o tempo deixaram de entrar. É como se as crianças as estacionassem exatamente à porta do colégio. É como se as crianças, cada manhã, "entrassem de cabeça", e apenas com a cabeça, em suas respectivas escolas e salas de aula. Com o decorrer dos anos fui entendendo que a aprendizagem na escola, e em qualquer outro contexto educativo, não pode acontecer como algo isolado dos sentimentos das crianças e dos adultos. À medida que fui me tornando consciente disso, procurei fazer com que os sentimentos e emoções não ficassem à porta. Pelo contrário, e cada vez com mais naturalidade, fomos dando-lhes as boas-vindas e lhe demos plena carta de cidadania em nossas tarefas diárias. Entrar na escola não tem por que ser sinônimo de "sair" ou "exilar-se" de si mesmo. Fiz o que pude para que a minha sala de aula não fosse um local de alienação, de alinhamento e, muito menos, nenhum "buraco de seqüestro emocional".

As crianças, como pessoas, *são muito mais que seu intelecto, muito mais que sua dimensão cognitiva* ou intelectual.

O quociente de inteligência (QI) já deixou de ser o único instrumento necessário e válido para medir a capacidade de uma pessoa; não necessariamente prediz, nem assegura, nem justifica o êxito profissional ou pessoal futuro.

Não há uma única inteligência, mas *"inteligências múltiplas e variadas"* (corporal, musical, manual, lógico-matemática, espacial, verbal, pessoal e relacional...). E há também uma *inteligência emocional.*[1]

A escola pode cair no erro fatal de desaproveitar muitas dessas *outras inteligências*, não acadêmicas, livrescas ou "escolares". No entanto, todas elas têm lugar em uma *"educação com co-razão"*. O "co-razão" alberga *razões e inteligências múltiplas e diversas.*

Durante muitos séculos, inclusive ainda hoje, os sistemas educacionais primaram, destacaram e priorizaram as idéias, os conceitos, os conhecimentos e saberes intelectuais; uma educação assentada e baseada na afirmação de Descartes: *"penso, logo existo"*. Certamente, em meu

---

[1] GOLEMAN, Daniel. *Inteligência emocional.* Rio de Janeiro, Objetiva, 1995.

afazer cotidiano, procurei evitar uma polarização para o afetivo, o sensível e o emocional, à custa de anular ou eliminar o intelectual e racional. Estava consciente da necessidade de recuperar e revalorizar em minha aula, com meus alunos, essa dimensão afetivo-emocional, tantas vezes e por tanto tempo relegada; mas tratei de fazê-lo sem que isso supusesse ou implicasse uma espécie de *"paralisia cerebral"* ou uma diminuição no intelectual.

Embora há muitos anos os grandes documentos oficiais reconheçam e estabeleçam que o objetivo básico e inicial do sistema educativo é *"orientar-se para a consecução do pleno desenvolvimento da personalidade do alunato"* (Logse. Art. 1.a), nunca se acaba de perfilar com precisão e clareza em que consiste esse *"pleno desenvolvimento da personalidade"*, que elementos comporta e, sobretudo, como é depois transposto para as tarefas de cada dia.

Na prática, há um opressivo (talvez quase exclusivo) predomínio do desenvolvimento do cognitivo, dos conhecimentos, do intelectual. Basta olhar como se configuram os edifícios escolares, as classes ou o mobiliário. Basta olhar a formação inicial dos professores e a maioria dos cursos de aperfeiçoamento ou formação contínua. Basta olhar as disciplinas e seus conteúdos (para isso, vejam-se os livros-texto). Basta observar um dia qualquer em sala de aula: o que se faz, como estão as crianças ou o que se vive nela.

A escola continua a estar mais preocupada com a transmissão de conhecimentos do que com a qualidade e com o modo de vida da pessoa que fará uso deles.

A dimensão afetivo-emocional é básica, essencial e fundamental na pessoa e, portanto, em sua educação e desenvolvimento.

O que define a pessoa é a *integração harmônica de suas diversas dimensões* ("somos um todo integrado e harmônico de elementos e partes diferenciados").

Nossa cultura, não obstante, fez do corpo e das emoções algo menor e de categoria inferior à mente e à razão. Nossa cultura distinguiu, à base de separar e opor, o corporal, o emocional e o mental.

Já sabemos, no entanto, que não podemos, por mais tempo, confrontá-los e opô-los, já que somos uma *"morfologia emocional"* e que

> certas formas anatômicas particulares produzem uma determinada correspondência de sentimentos humanos. Há uma relação contínua e permanente entre o processo e a forma, a forma e o sentimento, o sentimento e a função. A relação global dos diversos elementos gera um estado tissular básico que sustenta um padrão de consciência contínuo, a sensação e a consciência do próprio ser.[2]

---

[2] KELEMAN, Stanley. *Anatomia emocional*. São Paulo, Summus, 1992.

É ao buscar expressão que *uma emoção se torna forma*. Este fato é essencial para compreender a natureza da vida emocional. E ainda que a conexão profunda e secreta entre forma e sentimento (ou, se se quiser, entre corpo e emoção) continue sendo um dos mistérios da existência humana ainda por serem desvelados, a educação precisa levá-la muito em conta, já que *vivemos e nos relacionamos com os demais por meio das formas que construímos com a massa de nossos pensamentos e emoções.*

As diversas experiências emocionais de nossa vida vão *criando uma forma* e também vão *configurando um sentido*. Em outras palavras, nossos *processos somático-emocionais são o modo, a maneira, a forma como nos fazemos a nós mesmos*. Portanto, mudar a situação pessoal na vida implica *mudar o próprio funcionamento* (não apenas mudanças de mentalidade, mas nas maneiras de usarmos a nós mesmos).

Por isso foi tão importante para a minha intervenção pedagógica atribuir categoria de soberania e outorgar carta de pleno direito aos afetos e às emoções em sala de aula. E creio não exagerar ao afirmar que foi decisivo o *conceder todo o tempo, a atenção e a energia necessárias* para processar e canalizar as diferentes expressões e até crises nos afetos e nas relações. Tudo isso com uma finalidade sempre presente: *darmo-nos conta do que fazíamos e sentíamos* e os *modos de nos usarmos a nós mesmos*, que subjaziam em nossas posturas, ações ou comportamentos.

O "emocionar" (Humberto Maturana) passa a ser algo nuclear e axial em minha relação com as crianças e na maneira de me colocar e viver meu trabalho com elas. A emoção é *o fundamento de todo afazer*; por isso me propus que também fosse *um dos pilares centrais de minha presença e atuação.*

A célula humana, como pude ouvir em certa ocasião do biólogo chileno, não se constitui por nenhum gesto de pensamento, mas por emocionar. O tecido vivo de uma classe, de um grupo humano, assenta sua vitalidade e baseia seu bom funcionamento e sua ótima saúde precisamente *na qualidade de seu emocionar.*

O que cada menino ou menina ou até eu mesmo sentíamos em um dado momento, diante de qualquer fato e acontecimento, conformava e especificava *um singular espaço energético e relacional* no qual nos movíamos e atuávamos *de uma determinada maneira.* E foi surpreendente comprovar, em mais de uma ocasião, que *quando mudava a emoção alterava-se o modo de relação, o pensar e o modo de ver as coisas.*

Apercebi-me e acabei aceitando que não somos "monoemocionais" nem constantes no emocionar. Nem as crianças, nem eu tampouco.

A emoção é o que dá o caráter a nossas ações e relações que construímos com base nelas.

Suspeito que nós, educadores, não fomos nem suficiente nem adequadamente educados ou preparados para ser sensíveis e *perceber qual é a emoção na qual se sustenta uma determinada conduta.*

Ao compreender que era a emoção com a qual eu fazia ou recebia algo a que definia a qualidade de minhas ações e intervenções, tive que começar a olhar para mim mesmo para sondar qual era o impulso que me punha em movimento, e a agir de um modo determinado e não de outro.

Que sinto neste exato momento? Que emoção sustenta esta maneira de agir? Como me sinto agindo assim? Que penso acerca disso tudo?

Quanto mais mergulhava nessa dinâmica autoperceptiva e auto-sensitiva, mais fácil me era aplicá-la depois com as crianças.

Um dia surpreendi um de meus alunos batendo em uma mesa colocada em um recanto do corredor pelo qual tínhamos acesso à sala de aula da primeira série do fundamental. Mal o vi, apressei-me a afastá-lo da mesa, segurei-o com certa força e até raiva e comecei a perguntar-lhe, aos gritos e repetidamente, por que, por que socava uma mesa que não lhe tinha feito nada.

Quando anotei o incidente em meu diário de classe, dei-me conta, já *a posteriori*, que a emoção que sustentara minha intervenção foi de raiva para com o garoto que, nesse momento, não era senão uma clara invalidação de meu trabalho e pedagogia com ele.

O garoto ficou encolhido pela virulência da minha intervenção, tanto mais inesperada por não ser minha forma habitual de agir. Mas, sobretudo, surpreendeu-me seu olhar. Um olhar que classifiquei de perplexo.

Mais tarde, interpretei essa perplexidade como fruto de um interrogatório em que, aos gritos, lhe perguntava sobre algo que ele não sabia: *o porquê* do que estava fazendo.

Dois dias depois, repetiu-se a cena. Estava claro que minha primeira intervenção tinha sido bem pouco eficaz. Pude sentir, como um relâmpago, um sentimento mesclado de aborrecimento e raiva, que pude reconhecer, respirar em profundidade e processar mais adequadamente. Pronunciei o nome do garoto com força e contundência, mas sem gritar e sem crispação. O menino deteve-se de imediato. Conforme me aproximava, ia-lhe falando, baixando o tom de minha voz conforme me aproximava dele, mas mantendo a inteireza de minhas palavras e, sobretudo, de minha postura. Abracei-o carinhosamente e pus-lhe a mão direita à altura de seu peito. Nesta ocasião, convidei-o a que fechasse os olhos por um momento e sentisse minha mão sobre seu peito. Expressei-lhe abertamente o que eu sentia quando o via golpear a mesa daquela maneira. Comentei-lhe o que havia escrito sobre o episódio similar ocorrido dias antes. Fui guiando-o na tomada de consciência, já não tanto do porquê ele o fazia, mas de como se sentia ao fazê-lo, que repercussões tinham nele os golpes que dava na mesa e que efeitos ele pensava ou sentia que podiam ter as suas pancadas na mesa. Falamos sobre o papel da mesa naquele lugar e como embelezava o frio e melancólico corredor de amplas janelas que conduzia à nossa sala de aula. Pude notar em minhas mãos que as pulsações do seu coração se acalmaram e sua respiração tornou-se menos agitada.

Não se repetiu cena semelhante. Se minha segunda atuação surtiu melhor efeito talvez tenha sido por ser uma intervenção muito mais *afetiva*. Minhas palavras e gestos brotaram de e com outro emocionar muito diferente. Ao garoto, ofereci-lhe *uma oportunidade de se dar conta* de uma emoção de raiva que repentinamente o invadia sem que soubesse muito bem por quê; revalidei a legitimidade dessa emoção, mas invalidei a forma de expressá-la ou liberá-la, que fazia danos a terceiros (neste caso, um objeto) que em nada eram responsáveis pelo que ele sentia.

Concluí o seguinte: *a emoção especifica o espaço onde se está e conforma o que se pode ver*.

A partir de então, considerei e ressaltei, ainda mais, a importância não apenas de recorrer à afetividade como elemento motivador ou de engate com as crianças, mas de *educar a própria afetividade*: fazer dos sentimentos vividos um objeto de observação, análise e desenvolvimento.

Foram muitas as experiências emocionais que se deram e muito o tempo investido, e nunca perdido, em sua elaboração e resolução. Anos depois, mantenho a convicção de que foi a *educação afetiva* que propiciou e favoreceu enormemente uma educação mais *efetiva*.

A efetividade de minhas intervenções correlacionava-se claramente, e de uma maneira positiva, com a gestão construtiva dos afetos.

O emocional deixou de ser algo irrelevante e foi-se situando no próprio coração de tudo o que vivíamos em classe porque era o que configurava "o como o vivíamos". O emocional revelou, sublinhando ainda mais, se possível, o tremendo alcance e importância dos minidetalhes, das pequenas "lições de vida" que se sucediam momento a momento, ao longo dos anos em que partilhamos a experiência. O aparentemente trivial tornava-se tremendamente significativo. As tensões, problemas e situações que se davam espontânea e naturalmente no âmbito da convivência constituíam o programa de trabalho. Falávamos, líamos, fazíamos ou escrevíamos em torno do *que* se passava conosco e *como* vivíamos o que se passava conosco.

A aprendizagem não acontecia, portanto, como algo separado ou isolado dos sentimentos que surgiam.

A ternura como gesto e como atmosfera

A ternura é pôr nosso coração em tudo o que dizemos, tocamos e fazemos.

É *"a suavidade com que sai de nós a luz que temos em nosso interior".*

Assim constava na frase que nos acompanhou durante todos os anos em que estivemos juntos e que um belíssimo desenho de Pinóquio portava em seu peito; um desenho que decorou a porta de entrada de nossa sala de aula nos cursos da terceira e quarta séries do fundamental.

A ternura estava, portanto, no pórtico de tudo quanto vivíamos. A suavidade da ternura pode estar cheia de força e energia. Uma suavidade a que dávamos corpo em nosso tocar, na maneira de olhar, no tom e intencionalidade de nossas palavras e atuações.

Ser doce, amável, bom e terno não significa, em nada, ser débil ou ter falta de energia, decisão, determinação e firmeza. Não creio que "ter caráter" signifique ser uma pessoa gritalhona, arisca ou agressiva. Não creio que "ter personalidade" seja sinônimo de ser intransigente, obcecado, teimoso ou intolerante. E muitíssimo menos, não creio que a ternura diminua, nem minimamente, nosso caráter ou personalidade. Bem pelo contrário: a ternura alivia e equilibra nossa força e vigor, fazendo-nos evitar cair na teimosia, na obstinação e até na violência.

Creio não estar equivocado ao afirmar que *ternura* foi a palavra mais bela e autêntica que pude entregar a meus alunos durante esses anos.

As crianças necessitam e podem "in-corporar" esta palavra, este gesto, esta atitude, este valor da ternura: no acariciar os outros, no trato das coisas, na forma de ver e de escutar, na maneira de falar, no modo de cuidar do material, no beijo ou no abraço, na palavra de interpelação ou de consolo, na palavra ou no silêncio.

Estarem conscientes de quando a expressam e quando não, serem livres para pedi-la quando dela necessitarem e sensíveis para oferecê-la quando seja outro a pedir.

A ternura era a expressão corporal visível da maneira como nosso coração palpitava e se sentia diante de algo ou alguém. Era um gesto em que se implicava todo o corpo e, portanto, a totalidade do ser.

Fomos abrindo e conquistando espaços em nosso corpo para a ternura:

- *A ternura em nossa boca*, quando sorríamos, quando fazíamos dela a fonte de nossa alegria ou quando, a partir dela, jogávamos ao outro palavras de alívio ou consolo, palavras amáveis ou cordiais, palavras de compreensão ou de apoio.

- *A ternura em nossas mãos*, quando fazíamos das carícias uma experiência de verdadeiro encontro com a pele do outro e na qual podíamos reconhecer não apenas uma superfície, mas uma presença. As carícias podiam ser palavras silenciosas que um coração amigo escrevia sobre outros corpos com a tinta indelével da ternura, uma ternura que convertia o tocar-se em um hino, em poesia sem palavras, e podia fazer de uma simples carícia uma autêntica obra de arte.

- *A ternura em nossos braços*, quando os abríamos para acolher um colega e aproximá-lo de nossa parte mais quente e terna.

- *A ternura em nossos pés*, quando vivíamos cada pegada, cada passo do nosso caminhar como uma carícia à terra.

- *A ternura em nossos olhos*, quando os olhares se suavizavam e se tornavam profundos e, a partir das pupilas expandidas e serenas, aproximávamo-nos com respeito do mistério de tudo quanto olhávamos e nos olhava.

- *A ternura em nossos ouvidos*, quando reconhecíamos em quem nos falava um possível mensageiro de algo importante, quando nossa maneira de escutar despertava no interlocutor sua palavra mais certeira, quando nos ouvíamos no que ouvíamos...

Em nossa aula respirava-se, sobretudo, o ar da ternura.

A ternura de cada um, vertida para o espaço comum do grupo, foi compondo uma atmosfera que permitiu uma experiência de escola não apenas respirável, mas saudável.

A ternura envolvia-nos e acolhia-nos. Pessoalmente, quis fazer dela um gesto próprio e tentei que minha própria atmosfera se gerasse a partir dela, graças a ela.

Neste criar vínculos a partir do querer-se, a partir da ternura, senti-me descobrindo, aprofundando nesta dimensão. É impressionante o que as crianças me fizeram crescer neste aspecto.

Elas me ajudaram a *"pôr tato e dedos em meu coração"*.

A vinculação emocional

Talvez agora possa qualificar toda esta experiência pedagógica como uma *experiência vincular*.

A conformação de um vínculo, e não qualquer vínculo, mas *um vínculo de amor*, foi algo central ou nuclear, decisivo para que *tudo acontecesse como aconteceu*.

O vínculo implicava uma espécie de *afetação mútua*. Tanto as crianças como eu fomos afetados, modificados e transformados por tudo o que vivemos juntos. Mas também se viram afetados os objetivos, os instrumentos técnicos, os recursos, os procedimentos, os métodos...

Nada ficou à margem da vinculação afetiva que se gerou. Os vínculos do coração.

Os vínculos meramente intelectuais, operativos, instrumentais ou funcionais não têm a suficiente força, energia ou consistência, por si sós, para traçar cartografias que conduzam à criação de um espaço ou tecido grupal ou de um corpo coletivo, mas podem, sim, favorecer experiências de autêntico encontro pessoal.

241

Os vínculos compunham uma espécie de envoltura ou rede que podia sustentar-nos, mas também prender-nos.

Nisto tínhamos de estar muito atentos: se nos "atássemos" à amizade de alguém não era senão para nos sentirmos cada vez mais livres. Tivemos que ir despojando os vínculos de seu possível caráter de "ataduras". Quando uma criança pisava o terreno da exigência, recordava-lhe que *"a diferença entre amar e atar é muito mais que apenas uma consoante"*.

Educar é, também, um formar para os "laços", e o professor não pode esquecer que há laços que unem e outros que atam. A vinculação com alguém, com um companheiro ou companheira, podia não vir de um sentimento profundo para com essa pessoa, mas de puro interesse. A tarefa era contínua: enlaçar, entrelaçar, vincular, relacionar, favorecer encontros, originar amizades entre as crianças... mas também desenredar, alquebrar, desatar...

Uma amiga, ao saber que eu ia dar aula para a primeira série do fundamental, ofereceu-me um pequeno Pinóquio articulado. Eu o levava em minha maleta e, ao procurar outras coisas em seu interior, tirei-o de lá, coloquei-o sobre a mesa e... a partir desse momento, sem tê-lo previsto, aquele boneco converteu-se não apenas em uma espécie de mascote da turma, mas em um autêntico vínculo visível entre mim e as crianças.

O Pinóquio chegou a ser "mais um" da turma. Inclusive, quando saíamos em alguma excursão ao campo, as crianças insistiam em levá-lo conosco. Encantava-me vê-los caminhar pelo acostamento da estrada com suas mochilas e o Pinóquio suspenso de uma de suas mãos. Cada um se encarregava de levá-lo por um pedaço do caminho.

Em uma das saídas, o Pinóquio sofreu um pequeno acidente. Tive que guardá-lo e levá-lo para casa. No dia que o trouxe de volta, a explosão de júbilo foi tremenda. Por sorte até houve um registro de vídeo deste acontecimento. Os colegas insistiram em que A., o garoto com quem o boneco havia caído, o pegasse e apertasse contra si.

Converti o Pinóquio em personagem de contos que escrevi expressamente para a turma. Com sua linguagem singela e direta, instruía-nos, ensinava-nos, transmitia-nos um modo especial de ver as pessoas, as coisas e os acontecimentos.

E, certamente, lemos a história dele... e a comentamos...

Pinóquio, o boneco de madeira que queria ter um "coração de carne". Todo um símbolo, todo um desafio para uma educação tantas vezes fria e insensível, mas chamada a converter-se em uma educação com "co-razão", pelo menos em nossa classe.

Um dos alunos, J., fez-me um desenho que ainda guardo em meu escritório. Um desenho que, em sua singeleza, dizia tudo sobre nós. Lá, ele me coloca no centro, com uma camiseta amarela. Há dois garotos à minha direita e duas garotas à minha esquerda. Estamos todos sorrindo.

Entre a mão do primeiro garoto da direita, que representava o autor do desenho, e minha mão, aparece, precisamente, o boneco Pinóquio.

O boneco de madeira que andou em busca de seu coração de carne permitiu-nos, a nós, reencontrar o nosso. Pinóquio foi, de certo modo, o Gepeto do coração de nossa turma.

Inclusive, a minha última declaração, a carta final que lhes entreguei como despedida foi redigida por Pinóquio e assinada por José Maria. Essa última carta também põe um ponto final neste livro.

Desejo que esta abordagem pedagógica dos vínculos seja cada vez mais entendida como urgente e necessária. As crianças estão crescendo com uma grande carência de vínculos sólidos e amorosos. O excesso, por exemplo, o excesso de brinquedos, de coisas... dificulta a vinculação com essas mesmas coisas. Simplesmente porque não se carrega de energia, porque não se dedica atenção nem tempo ao "objeto". Uma criança talvez não estabeleça nenhum tipo de vínculo que assegure o uso respeitoso e cuidadoso de seu lápis quando sabe que, antes de estragá-lo ou perdê-lo, já pode dispor de outro.

Creio que a forma como tratamos as "coisas" também afeta, de algum modo, a *nossa maneira de nos vincularmos e tratarmos as pessoas*. Foi por esta razão que, a partir de um primeiro encontro, fiz uma abordagem específica da relação, mais ainda, dos vínculos com os objetos da classe.

Sabia que, se conseguisse estabelecer-se algum tipo de vínculo afetivo, mais a partir do sentir que do pensar, entre uma criança e sua carteira, de modo que a sentisse "sua", e até como "parte sua", a carteira seria tratada com muito mais cuidado. E assim foi. Durante cinco anos, as mesas que elas foram usando sofreram muito poucas agressões: pintadelas, riscos, fraturas...

EXERCÍCIO-EXPERIÊNCIA

Estabelecendo vínculos com os objetos:
minha carteira

Vamos tomar um tempo inicial de observação minuciosa de nossa carteira: sua forma, as cores, todas aquelas coisas que nos chamam a atenção nela...

Agora vamos fechar os olhos com suavidade e reservar alguns minutos para relaxarmos, para nos sentirmos muito confortáveis e tranqüilos. Vamos colocar as mãos sobre a carteira e deixar que deslizem por ela. Vamos tocar a carteira com nossas mãos: com as palmas, com as costas das mãos, com as pontas dos dedos... Cada um registre simplesmente todas as sensações que lhe chegam: a textura da mesa, sua dureza, a temperatura, sua suavidade...

Vamos acariciar a carteira cada vez mais lentamente e, ao mesmo tempo em que a tocamos, vamo-nos sentir tocados por ela. (...)

Agora, deixe sua mão descansando sobre sua carteira, na postura que lhe for mais cômoda.

E vamos imaginar todo o processo que a carteira seguiu até estar aqui, diante de você, sustentando seus braços, seus lápis, seus cadernos...

Pense que você está diante da árvore da qual foi tirada a madeira para fabricá-la. Observe essa árvore até o último detalhe (seu tronco, seus ramos, suas cores...). Por um momento, contemple a paisagem em que está essa árvore.

Agora observe como a árvore é talhada ou cortada e como a madeira é levada até a fábrica onde vão construir sua carteira.

Pense que está junto às pessoas que estão fabricando sua carteira. Deixe que tudo vá acontecendo como se fosse em câmera lenta. Até que a mesa esteja terminada.

Deixe que sua imaginação pense no que passou desde que acabaram de fazê-la até que a colocaram aqui no colégio, em sua sala de aula, precisamente até que chegou a ocupar o espaço em que está agora.

Respire profundamente várias vezes e deixe que sua língua se vá inflando como um globo com cada respiração. Sinta o centro de energia ("solzinho") do peito. Sinta como essa energia começa a percorrer seu braço direito, suas mãos e seus dedos, até chegar à carteira. E, pelos dedos de sua mão esquerda, a energia da carteira começa a percorrer todo o seu braço esquerdo até chegar a seu solzinho do peito.

Vamos ficar assim um pouquinho, sentindo como a energia se move pelos nossos braços e dedos.

Se lhe vier algo para dizer mentalmente e de coração à sua carteira... diga-o.

Talvez você possa até ouvir o que a carteira lhe diz ou que lhe pede... Simplesmente escute-a. Depois partilharemos isso em voz alta. Agora tudo continua ocorrendo em silêncio. (...)

Lembre-se que a carteira vai lhe permitir muitas coisas: ler e escrever nela, pousar suas coisas, brincar...

Lembre-se que você é responsável por sua carteira... cuide dela... com carinho... com ternura...

E pouco a pouco vamos terminando.

Vou contar de 1 a 5...

A constelação emocional de uma turma

Como em qualquer contexto educativo, em nossa turma, ainda que costumasse aparecer uma série de emoções básicas e fundamentais, dava-se uma enorme infinidade de matizes, variações e mesclas entre elas.

Houve muito mais matizes e sutilezas nas emoções vividas do que palavras para descrevê-las neste momento.

Sei que ainda não há um acordo generalizado sobre as emoções que se possam considerar primárias ou básicas, nem sequer podem ser consideradas como tais. Talvez por isso, dado que o debate científico sobre a classificação das emoções está por resolver, considero conveniente abordar as emoções em termos de famílias, dimensões ou constelações emocionais.

As emoções básicas não seriam senão casos relevantes mais ou menos significativos de um mais amplo espectro, dos infinitos matizes de nosso mundo emocional.

Os fatos, ocorrências, acontecimentos e situações que vivíamos eram gerados, sustentados e desenvolvidos sobre um espaço emocional, sobre uma constelação de "sentires" e "afetos".

A CONSTELAÇÃO EMOCIONAL

Emoções básicas e afins. Campos de inter-relação.

IRA OU CÓLERA:

raiva, desgosto, ressentimento, fúria, indignação, exasperação, irritabilidade, hostilidade, violência e ódio.

Costumava aparecer quando se havia sofrido uma agressão, quando se havia sido vítima de uma injustiça, como conseqüência de alguma frustração ou diante de algum comportamento intolerável...

As formas mais habituais de expressá-la era com gritos, levantando a voz e até com o contato físico (às vezes como agressão).

Podia cumprir funções diversas: permitia a auto-afirmação e a defesa do próprio espaço (propriedades, valores, espaço físico e até psicológico); com ela podiam-se demarcar limites que não deviam ser ultrapassados e em ocasiões servia para restabelecer a justiça.

Descobrimos que, em ocasiões, a ira não era violência, mas valor, valentia e até entrega. Era a ira que não ofendia, mas que tendia a provocar certo choque positivo e libertador.

TRISTEZA:

pena, desconsolo, melancolia, solidão, aflição, desespero, pessimismo e depressão.

Para um menino ou menina, qualquer coisa podia ser motivo de tristeza: a perda de algo, alguma coisa não ter corrido bem, não se sentir aceito, ser criticado, censurado ou injuriado...

O pranto, os gemidos, o olhar perdido, os cantos dos lábios caídos advertiam-nos de sua presença.

A tristeza, no entanto, era a emoção que nos permitia elaborar as "penas", eliminar as dores internas que algo nos havia provocado.

Procurava que apenas fosse uma estação de trânsito, não um lugar para se instalar.

ALEGRIA:

gozo, felicidade, serenidade, contentamento, prazer, satisfação, otimismo, diversão, euforia e êxtase.

Para um menino ou menina, também qualquer coisa podia ser motivo de alegria: fazer bem alguma tarefa, ganhar em um jogo, ser olhado ou abraçado com carinho e ternura, sentir-se reconhecido e valorizado pelo que era...

A alegria desenhava-se com sorrisos, tornava-se sonora com os risos e os cantos e tomava corpo com movimentos expansivos como saltos, danças, abraços...

A alegria indicava um sentir-se bem e à vontade, em harmonia.

Procurei que estivessem alegres, *simplesmente por estarem.*

MEDO:

ansiedade, temor, preocupação, inquietude, susto, incerteza, nervosismo, insegurança, terror, angústia, fobia e pânico.

O medo nem sempre era algo negativo que nos autolimitava ou paralisava. O medo era expressão de insegurança, mas também aviso de perigo e advertência para ficar alerta. Avisava-nos dos perigos, afastava-nos das situações de risco, permitia que nos protegêssemos, fugíssemos ou lutássemos.

O frio, os tremores, os gritos... formas sábias de o corpo liberar a energia do medo.

E fomos compreendendo uma valentia diferente: não a de quem não tinha medo, mas a de quem era capaz de enfrentá-lo. Uma valentia que tinha de ir muito unida a uma inteligência muito peculiar que nos preservasse em nossa segurança e integridade: aquela de saber o que não fazer, que passo não dar, como nos mantermos a salvo.

Aqueles que careciam de temor tornavam-se temerários e suas condutas manifestavam-se como muito imprudentes e arriscadas.

AMOR:
aceitação, cordialidade, confiança, afinidade, amabilidade, devoção e enamoramento.

A emoção nuclear, a que está na base de tudo e, apesar disso, a que mais resiste a ser descrita, analisada.

Apenas ter sempre presente que *o amor que não expresso em meus gestos e atos simplesmente não existe.*

SURPRESA: assombro, sobressalto, desconcerto, admiração.

AVERSÃO: desprezo, desdém, asco, antipatia, desgosto.

CULPA: vergonha, aborrecimento, remorso, humilhação, pesar.

Padrões e pautas de gestão afetivo-emocional

A seguir, quero compartilhar as pautas que se foram dando ao longo dos anos nas mil e uma situações vividas em sala de aula. Compõem aquela que foi a minha carta de navegação pelo agitado ou sereno mar das emoções que emergiam, nos visitavam e se tornavam presentes.

Uma carta que me ajudou a aceitar e processar construtivamente as emoções que se mobilizavam em uma dada situação.

Uma carta que me ajudou, igualmente, a não cair em padrões ou modelos de intervenção:

- *indiferentes ou depreciativos* (desatender, ignorar, trivializar e até menosprezar as emoções);

- *de censura ou condenação* (desaprovar, criticar, censurar, reprovar, repreender e castigar as emoções);

- *permissivos* (aceitar as emoções mas sem oferecer nenhuma orientação ou guia, nem demarcar limites às condutas).

1. Tratar os sentimentos e emoções como *algo importante e de grande alcance* educativo. Adjudicar-lhe todo o seu valor, um valor reconhecido e sentido profundamente, implica ou supõe adjudicar-lhe *o espaço e tempo necessários* para sua gestão. E fazê-lo com a clara consciência

de que não se está "perdendo o tempo", mas investindo-o em valores seguros e de alta rentabilidade para o adequado desenvolvimento dos meninos e meninas e para o bom andamento da aula.

2. *Atender, prestar atenção e não ignorar* os sentimentos que uma criança vive ou expressa em um dado momento. Este prestar atenção vai muito além de um mero escutá-la. Trata-se de atendê-la, com todo o alcance que a palavra tem. Justamente porque se trata de "atenção às emoções" das crianças, procurei "não distraí-las" delas. Com efeito, costuma-se utilizar a *distração* como um modo de deixar de lado as emoções: melhor engolir as emoções e olhar para outro lado ou fazer outra coisa.

Em vez de distrair uma criança do que ela sente, confrontá-la diretamente: *Como você se sente? Você está...?*

Tive que ir desenvolvendo e mostrando uma grande sensibilidade diante de estados emocionais por vezes muito sutis.

3. *Compreender e valorizar justa e adequadamente as emoções "negativas"* (quero destacar as aspas) como uma oportunidade para a educação das emoções e até como uma ocasião para se aprofundar na relação com as crianças. Este tipo de emoção constituiu um aspecto importante na hora de exercer minha função educadora. Dei-me conta de que não tinham necessariamente que ser prejudiciais ou tóxicas e que abordá-las não apenas não tinha por que piorar as situações, mas era o modo mais adequado para

"completá-las ou encerrá-las". Isto me ajudou muito a esclarecer a *confusão entre o agradável e o positivo ou a identificação do desagradável com o negativo*. Situações vividas e que não tiveram nada de agradável enquanto se desenvolviam, ganharam, mais tarde, repercussões muito positivas: explosões que ajudaram estados internos a emergir e serem vistos, nomeados e reconhecidos; crises que afiançaram um vínculo ou relação tornando-o mais forte e consistente; desavenças que depois deram base a acordos mais firmes; aborrecimentos e disputas que propiciaram, por último, encontros mais sinceros e amistosos.

Fui percebendo que se podia fazer muito com as emoções "negativas" (insisto no aspeado). Não se tratava apenas de suportá-las. Sua gestão, além disso, não era uma mera questão de desafogo ou de liberação de uma pulsão. A ira ou a tristeza, por exemplo, eram muito mais que uma fuga da pressão interna e, portanto, ao deixar a criança fazer e expressar-se, o meu papel educativo não está inteiramente cumprido. Deixei de considerar as emoções "negativas" ou as explosões emocionais como uma fatalidade ou como algo que podia questionar ou pôr em dúvida minha "boa atuação" como professor.

4. *Não me impacientar* com as emoções *"menos agradáveis"*. A princípio sentia muita confusão e até angústia diante de determinadas expressões emocionais (sobretudo a ira e a tristeza); não sabia muito bem como me situar e o que devia ser feito. Reconheço que esta foi uma longa e custosa aprendizagem para mim: aprender a estar

por longo tempo com alguém triste, irritado ou temeroso. Na medida em que fui tolerando passar longos períodos aceitando as emoções desagradáveis que podiam estar afetando alguns de meus alunos, nessa mesma medida comecei a deixar de protegê-los de situações emocionalmente carregadas, já que comecei a ver nelas o campo de experiências, as oportunidades de ouro nas quais eles poderiam aprender a conduzi-las e regulá-las.

Pouco a pouco, deixei de desejar que as emoções consideradas negativas ou desagradáveis desaparecessem rapidamente; pouco a pouco dexei de fazer imediatamente festinhas a um garoto triste, ou fazer rir a uma garota que estivesse irritada. E quando utilizava esses recursos, fazia-o de maneira deliberada e consciente e não para tirá-los de suas emoções com demasiada rapidez e sem nenhum tipo de consideração ou elaboração, nem tampouco para acalmar meu próprio desassossego interior ao vê-los assim. *Deixei de priorizar a solução, diante da necessidade de compreensão e consolo* e, em vez de procurar rapidamente a forma de superar as emoções "desagradáveis", comecei a prestar atenção ao que elas significavam ou expressavam.

5. *Respeitar profundamente as emoções* dos meninos e meninas. Um respeito que eu mostrava:

- não dizendo-lhes como deveriam se sentir, mas convalidando-lhes o que sentiam;

- ao não ignorar, nem menosprezar e muito menos ridicularizar ou zombar de seus sentimentos;

- mostrando interesse pelo que estavam expressando ou comunicando;

- encorajando a sinceridade emocional.

O respeito pelo que um coração humano sente está acima da conformidade com certos princípios formais muito rígidos e com um "bom comportamento" centrado, sobretudo, nas "boas maneiras" e convencionalismos culturais, de classe social etc. Isto não quer dizer que não nos fôssemos educando na *arte da adequação* e no *sentido da pertinência*: alguém podia sentir uma determinada emoção, sempre legítima, mas também tínhamos que considerar a adequação de sua expressão ou manifestação ao momento e à situação. Tal e qual Aristóteles chegou a expressar: *"Qualquer um pode aborrecer-se, isso é algo muito fácil. Mas aborrecer-se com a pessoa adequada, no grau exato, no momento oportuno, com o propósito justo e do modo correto, isso, certamente, não é tão fácil".*

6. *Deixar de exercer o papel de "salvador"* das situações conflituosas das crianças. Não estou me referindo a essa espécie de *"filosofia da não-intervenção"* ou prática do *"deixar fazer, deixar passar".*

O fato de não intervir em uma determinada situação de conflito emocional não significava, em nada, que *deixasse de estar presente*. Pude comprovar que nos momentos de crise e conflito era muito importante que as crianças sentissem minha presença, não tanto como salvadora ou solucionadora, mas como um espaço de segurança no qual dirigir e conduzir a situação. Não intervir não significava estar ausente.

A presença a que já me referi nas páginas anteriores ia me sugerindo, a cada situação, se naquele momento, único e singular, minha intromissão, ingerência ou mediação era conveniente ou necessária.

Dei-me conta de que o importante era que, a todo momento, sentissem que eu estava a par do que acontecia e que minha presença (às vezes a distância, com o olhar, com a minha localização no lugar do conflito, com minha postura corporal…) assegurasse certas *margens mínimas de liberdade e segurança*.

O educador adulto sempre participa de um conflito que se desenvolve em sua presença, ainda que às vezes essa participação adquira, de uma maneira voluntária e consciente, o formato da *não-intervenção*. Muitas vezes *intervim "não intervindo"*.

Graças a estas margens, nesses espaços que permiti, e às vezes até encorajei e propiciei, puderam ir-se exercitando na confiança em seus sentimentos e emoções, foram aprendendo a regular e gerir seus próprios estados emocionais e desenvolveram maneiras construtivas e positivas na resolução de problemas.

Não sentia que devia resolver *todos* os problemas ou conflitos que se iam estabelecendo e fui deixando de me sentir impelido a corrigir *tudo* o que "saía mal" na vida de nosso grupo-classe ou na existência particular de todos e de cada um dos meus alunos. Inclusive na minha própria. Irmos penetrando, pouco a pouco, com muita atenção e cuidado, no sutil mundo da *aceitação*: um aceitar que era mais fruto da compreensão profunda dos acontecimentos do que da indolência diante deles.

7. *Evitar minimizar os sentimentos e os fatos* que os desencadearam. Nós, adultos, esquecemos facilmente que, para os pequenos, o menor dos problemas ou angústias é enorme.

Tendemos a retirar a importância, já por princípio, do que uma criança sente. E isto é muito bem captado por ela.

Se um aluno chorando chegar a mim queixando-se de algo que outro companheiro ou companheira lhe disse ou fez, e eu, sem sequer o olhar nos olhos, me limitar a lhe dizer que não tem importância ou que diga ao agressor que se voltar a fazê-lo terá de me encarar, esse aluno ou aluna não vai se sentir escutado nem acolhido em sua aflição. A tristeza, a dor, a angústia e o desgosto, por menores e até injustificados que sejam, devem ser clara e devidamente escutados e plenamente acolhidos.

E a partir daí poderemos conduzir o sujeito a uma reelaboração de sua emoção, de maneira que, se era algo sem tanta importância ou que até não se justificava, isto será uma conclusão ou ponto de chegada de um processo e não um ponto inicial no qual se aborta toda possibilidade de educação do que sentimos.

8. *Fixar limites* com clareza, contundência e coerência. Em nome de minha aceitação incondicional do que sentiam, não podia permitir que se manifestassem expressões emocionais desenfreadas ou inapropriadas e, sobretudo, que representassem um perigo ou ameaça à segurança, integridade e felicidade de outras pessoas. Toda emoção era acolhida como legítima, mas nem todas as expressões ou canalizações dessa emoção eram aceitáveis ou permitidas. Podia aceitar todos os sentimentos, mas não qualquer conduta.

9. Não viver as situações como ocasiões para exercer sutis *"lutas de poder"*.

É certo que as crianças podem recorrer às emoções, e de fato o fazem, conscientemente ou não, como armas de poder ou estratégias de manipulação. Também nós, adultos, nos prestamos a essas artes e lutas: levar o outro ao meu terreno, conduzi-lo e retê-lo em *meus* domínios.

Para mim foi importante não me situar nas situações de crise emocional com uma atitude beligerante. Em meu papel de educador adulto, era chamado a reconhecer os mecanismos inconscientes que as crianças podem acionar, em um dado momento, por meio de suas emoções: mecanismos de controle, de domínio e até de manipulação.

Diante das emoções fingidas ou simuladas e utilizadas como forma de conseguir algo não cabia nenhum tipo de convalidação ou reconhecimento, mas seu *desmantelamento*.

Não era estranho reparar que as emoções fingidas costumavam ser coberturas mais visíveis de outros sentimentos ocultos (choros que encobriam aborrecimentos, aborrecimentos que ocultavam ciúmes ou invejas).

Não creio que uma aula, e nenhuma das situações nela vividas, salvo casos já extremos, seja um espaço de afirmação do próprio poder. Um aluno pode desencadear uma situação como necessidade de manifestação de "seu poder", mas para o professor deve ser uma situação para exercer "seu serviço", sua pedagogia, seu trabalho formativo e educador. Simplesmente não se presta ao "jogo de luta de poder" ao qual, às vezes, as crianças podem convocá-lo.

Um professor não quer vencer porque sabe que não é ele quem ganha quando uma criança finalmente se rende e entrega. Sabe que a luta que realmente está ocorrendo é no interior da própria criança, uma batalha com seu orgulho, com sua prepotência ou fragilidade encoberta, uma contenda com sua própria inconsciência e sombra. Isto modificou muito a forma de me situar em algumas situações-limite e diante de fatos nos quais as crianças podiam me sentir como um inimigo a vencer. Compreender que a "briga" nunca era comigo e que as crianças eram mais "vítimas de seus próprios mecanismos não reconhecidos" do que verdugos implacáveis e rancorosos fez-me, por exemplo, *sustentar o olhar* em um frente-a-frente, não como expressão de força, mas de amor e compreensão. Sabemos que, talvez como vestígio ancestral de nossa animalidade, fixar os olhos no outro é uma forma de amedrontá-lo, ameaçá-lo e mostrar-lhe nossa força e poder. Às vezes deu-se esta linguagem não-verbal: talvez um menino ou menina pudesse adotá-la com essa atitude de fundo que podia estar dizendo "vamos ver quem 'agüenta' mais ou ver quem se rende primeiro". Eu reconhecia este emocionar de fundo quando o olhar era tenso e se mantinha na crispação e no esforço.

Para mim, foi uma grande descoberta esse *olhar brando* que, finalmente, acabava dissolvendo o outro, rígido e ameaçador. Não era um processo de aniquilação do olhar da criança, mas de sua transformação em meu olhar brando, compreensivo do que estava sucedendo. Um olhar que revelava a mim uma tremenda força, em sua aparente fragilidade. Um olhar brando, contundente em sua ternura e compreensivo em sua clara determinação.

10. *Estar consciente das próprias emoções e valorizá-las.* Ir vencendo o medo de mostrar as próprias emoções e compartilhá-las. Uma pauta universal para o cosmo de nossa aula, válida para os meninos e meninas, mas também para mim.

Conscientemente, coloquei esta pauta em último lugar, como último degrau desta espécie de decálogo. Em algum lugar escrevi que *cada vez que se atinge um teto, este imediatamente se converte no chão de um novo céu para o qual é preciso continuar ascendendo.* Com isto quero reconhecer que agora, com o passar dos anos, sinto que meu *compromisso emocional* com as crianças não pode subtrair-se à minha própria dificuldade pessoal de expressar meus sentimentos mais fundos e pessoais. É bem verdade que eles abriram muito o meu coração, mas talvez apenas os tenha deixado entrar ou apenas me atrevi a sair até os primeiros umbrais da porta. Apenas recentemente começo a compreender que minha grande capacidade comunicativa e a minha extroversão acompanhavam uma profunda timidez ou, talvez, medo do coração do meu coração.

O final, no fundo, não é senão a possibilidade de um novo início. Abriu-se uma via em que sinto que ainda me resta muito a percorrer.

Um modo inadequado ou improcedente de encarar e abordar as emoções das crianças pode ter efeitos muito diversos e conseqüências de longo alcance, porquanto poderão exercer um papel significativo na configuração de sua personalidade. Tendo isso muito presente, procurei, até onde minha consciência e meu próprio modo de ser podiam alcançar, que minhas condutas e intervenções não acabassem favorecendo em meus alunos o seguinte:

- que acabassem considerando seus sentimentos errôneos, impróprios ou não válidos;

- que experimentassem dificuldades para regular suas próprias emoções e crescessem com uma preparação inadequada ou deficiente para enfrentar desafios;

- que pudessem chegar a ter uma visão distorcida e até negativa de si mesmos pelo que sentiam.

Ao ouvirem que seus sentimentos eram incorretos ou inadequados, podiam acabar acreditando que havia algo que não estava bem dentro deles mesmos pela forma como sentiam. Sua auto-estima podia ressentir-se em conseqüência de uma visão deformada, negativa e até injusta de si mesmos.

Ao contrário, procurei que:

- pudessem ir se exercitando no autocontrole e na auto-regulação emocional;

- fossem desenvolvendo a capacidade para se acalmarem a si mesmos;

- pudessem ir reconhecendo e dissolvendo as dificuldades para o estabelecimento de amizades e nas relações com os demais.

A empatia: escutar atentamente e sentir internamente o outro

A empatia, enquanto traço, qualidade, valor ou habilidade humana, é algo fundamental para uma educação com "co-razão", porque considera, permite, alenta, promove e se dirige para essa possibilidade humana da *"empatheia"* ou "sentir dentro" que nos faz mais humanos.

Achei curioso ler no conhecido livro de Goleman (*Inteligência emocional*) que a palavra empatia foi usada pela primeira vez por Titchener (1920) para referir-se à *"imitação motriz ou física da dor alheia"*: a criança chora quando outra criança chora ou leva o dedo à boca quando outra criança machuca o seu. Esta imitação desaparece por volta dos dois anos, quando a criança aprende a diferenciar a própria dor da dos outros e, portanto, está mais capacitada a consolar.

A empatia expressa nossa capacidade de sentir (ou pressentir) o que outra pessoa sente, a possibilidade de nos colocar no lugar do outro e reagir a partir dessa posição. Mas não podemos sentir, e muito menos pressentir, no outro o que não reconhecemos e acolhemos como sentir próprio; não posso pôr-me no lugar do outro se não ocupar, conscientemente, meu próprio lugar. Com isso não quero senão assinalar que a empatia se assenta e se erige sobre a *autoconsciência emocional*, sobre a consciência emocional que alguém tem de si mesmo.

"Quanto mais perceptivo e compreensivo sou de minhas próprias emoções, maior é minha percepção e compreensão das emoções dos outros."

O nível ou grau de empatia está diretamente relacionado com as experiências vitais e educativas vividas na família. O descuido, o abandono, a negligência e a passividade emocional geram os mais baixos níveis de capacidade empática. Muito mais que o trato cruel... que às vezes provoca um efeito paradoxal: crianças maltratadas desenvolvem uma grande sensibilidade aos maus-tratos, às emoções e estados dos que as rodeiam.

Quando recebo os meninos e meninas de minha turma, desconheço uma parte do que vivem cotidianamente e a maior parte do que foram as experiências anteriores mais significativas que viveram antes de se encontrar comigo. Não posso, portanto, dar como garantido que todos cheguem com um adequado ou rico capital empático. Independente do capital de empatia que cada aluno já traga consigo, educar com co-razão supõe investir tempo e energia em seu desenvolvimento. E, como tudo que se refere às atitudes ou valores profundos da pessoa, sua inserção curricular não teria de ser tanto à base de elaborar e abordar um tema pontual sobre a empatia, algo que, por outro lado, sempre pode ser feito e não tem qualquer contra-indicação, mas tê-la presente como fundo permanente, como atmosfera envolvente, como ar que o grupo respira e com o qual se oxigena muito melhor.

Nunca abordei diretamente a empatia como tema ou questão conceitual com as crianças, coisa que se faz com os pais, mas dediquei-me a desenvolver essa qualidade ou habilidade em mim mesmo e a encarnei em todas as situações espontâneas que foram surgindo e nas quais tive lucidez suficiente para notar sua presença ou ausência ou sua necessidade.

Vigiando em um dos recreios da primeira série do fundamental, observei que um de meus alunos, J. A., estava jogando coisas por cima do muro do pátio e apontando-as para as pessoas que, nesse momento, passeavam pela feira ambulante, que tinha sido ocasionalmente instalada junto ao colégio nesse dia.

— O que você está fazendo, J. A.?

— Nada... estou brincando — respondeu-me, com absoluta tranqüilidade.

— Você já parou para pensar se as pessoas que estão aí embaixo gostam do que você está fazendo? Essas pessoas estão passeando e comprando na feira e não acredito que gostem de ver que alguém está jogando coisas em cima delas.

— É que ninguém tinha me dito isso antes.

A resposta do garoto, em sua ingenuidade e sinceridade, emocionou-me. Abracei-o e expressei-lhe que não tinha nenhuma dúvida de que ele não tinha feito aquilo com má intenção; simplesmente não sabia que o que estava fazendo podia incomodar ou prejudicar outras pessoas.

Este singelo mas vibrante acontecimento, assim o vivi e assim o continuo lembrando, pôs-me alerta diante da tentação fácil de condenar e punir condutas, pressupondo que a criança tivesse plena consciência delas e que, portanto, estivesse agindo com premeditação e intenções pouco saudáveis. J. A., na doçura de sua resposta e na simplicidade de seu arrependimento, estava me convidando a considerar a presunção de inocência e a indagar sobre as atitudes e sentimentos de fundo que sustentavam um comportamento concreto.

Basicamente, insisti diante de fatos conflituosos, mas também o fiz por ocasião dos muitos acontecimentos ou condutas de afeto, de solidariedade e apoio que se deram em nossa convivência e relação. Insisti, como digo, em:

- propiciar uma consideração e vivência do outro como aliado e não como inimigo (isto também me incluía a mim);

- permitir e favorecer a tomada de consciência do dano, do efeito que a conduta pessoal causava a outros;

- não minimizar nem maximizar os sentimentos;

- suspender inicialmente, nos primeiros instantes de qualquer explosão conflituosa, a avaliação, o julgamento ou a crítica;

- não distrair nem afastar o outro de seus estados interiores mas, pelo contrário, aproximá-lo deles;

- fazer da atitude e predisposição empática um facilitador privilegiado e um ótimo mediador das relações interpessoais;

- jamais tolerar ser tratado ou tratar os outros como "objetos" (reconhecimento da alteridade);

- favorecer climas e ambientes de sossego e serenidade, já que quando imprimimos ao corpo uma reação violenta (ira, irritação) ou quando estamos sob os efeitos de uma alteração notável, a empatia é dificultada: carecemos da calma e da receptividade necessárias para captar e processar os sinais sutis do outro;

- poder ter experiências nas quais o outro seja experimentado como alguém que nos compreende.

Por vezes, convidava o sujeito que fora de alguma forma agredido, ferido em seu mais profundo sentir, para que expressasse a seu agressor, olhando-o nos olhos, a maior parte das vezes cobertos de lágrimas, como se sentia em conseqüência da atuação que tinha tido para com ele ou ela.

Por vezes, convidava o suposto agressor a expressar ao agredido o efeito que suas palavras haviam tido em seu coração.

Por vezes, fomo-nos exercitando em passar das desqualificações e condenações globais ("que mau que você é!", "você é um egoísta", ou "não dá para ficar com você") para a expressão livre, sincera e até valente de como nos sentíamos: ("seu soco doeu", "ontem eu lhe emprestei meus lápis de cor e agora você não me empresta a caneta que estou precisando", "quando você não pára de se mexer eu não consigo me concentrar nos exercícios"...).

Não me cansava de recorrer freqüentemente a esta dinâmica de *confrontação emocional*, de explicitação de como o que a outra pessoa nos havia dito ou feito nos fazia sentir.

E não se tratou apenas de corrigir o agressor e as agressões, mas também houve uma infinidade de ocasiões em que pudemos tomar consciência de que, às vezes, nos sentimos ofendidos quando não foi essa a intenção com que algo nos foi dito, fomos calibrando nossas margens de tolerância, nossos níveis de impulsividade e até nossa disposição para o arrependimento e o perdão.

A confrontação emocional, em diálogos face a face, olhos nos olhos, em um clima de um sossego mínimo, às vezes até com linguagens não-verbais (contatos, carícias, gestos) foi um recurso utilizado consciente e continuamente, cada vez que se suscitava alguma situação que o exigisse. Estive especialmente atento a não incorrer no uso de outro tipo de *substituto* como:

- a não abordagem das situações (evitando-as, esquecendo-as ou deixando-as para um mais tarde que depois não chegava);

- a crítica, o julgamento, a condenação e o castigo sem que mediasse qualquer tomada de consciência e manifestação das emoções que se haviam suscitado;

- o desenvolvimento, de minha parte, de extensos sermões instrutivos ou punitivos.

Assim, a empatia foi-se configurando como fundamento e base de nossas condutas éticas e sociais, inclusive as de caráter claramente altruísta.

A empatia reclamou de mim e das crianças uma atitude de escuta total (escuta empática), uma escuta que era muito mais que um mero ouvir com os ouvidos. As emoções costumam expressar-se mais freqüente e claramente de modo não-verbal e, por isso, tínhamos de estar muito atentos ao que o corpo mostrava e dizia.

Um escutar com todo o corpo a todo o corpo do outro: um olhar, ver e perceber a linguagem corporal (posturas, gestos, movimentos), já que se deve procurar a realidade emocional mais na "forma" do que no "conteúdo". Muitas vezes, a emissão e recepção das mensagens emocionais realiza-se de modo inconsciente, apenas acessível no corpo.

Um pensar, pressentir e tentar perceber a situação a partir da perspectiva do outro, devolvendo-lhe o que se escuta ou se observa.

O "dar-se conta" das emoções.
Da autoconsciência emocional ao reconhecimento das emoções do outro

Tudo o que alguém puder avançar na tomada de consciência do que sente e no dar-se conta do emocionar do outro nunca será bastante.

Dar-se conta das emoções continua sendo essa disciplina pendente no currículo formativo da maior parte dos educadores, uma lacuna imensa na qual naufraga todo um sistema educacional que não as atende e às quais resiste, um poço sem fundo ao qual nós, adultos e crianças, temos necessariamente de descer para extrair numerosa informação, valiosíssima para melhor compreender as águas subterrâneas que regam nossas condutas e comportamentos.

Somente se me "der conta" poderei depois "dar conta" do que vivo e de como o vivo.

A "consciência emocional" permite reconhecer o quê, como e quando sentimos uma emoção em nós mesmos ou nos outros. Nesse reconhecimento desempenham papel decisivo dois elementos fundamentais:

- a autoconsciência emocional;

- a alfabetização nas linguagens emocionais.

a) A AUTOCONSCIÊNCIA EMOCIONAL, ou consciência das próprias emoções. Com o tempo, pude reparar em seu caráter de prévio ou pré-requisito e como algo básico na hora de favorecer a tomada de consciência das emoções dos outros. Simplesmente porque aquilo que alguém não enxerga em si mesmo, dificilmente enxergará, de uma maneira justa, transparente e sem distorções, nos outros.

Esta autoconsciência emocional refere-se à *consciência dos próprios estados de ânimo* e dos *pensamentos que tenho sobre eles*; dos sentimentos que tenho e dos sentimentos e pensamentos que tenho desses sentimentos.

Na medida em que pude ir avançando nessa autoconsciência de minhas emoções pude ir experimentando o que considero ser um *"passo decisivo"*: passar de permanecer

271

aprisionado na emoção (*"estou com raiva"*) a dar-me conta de que estou aprisionado em uma emoção (*"mesmo dentro da raiva, tenho consciência de que estou enraivecido"*). Este passo supôs uma maior capacidade para reconhecer as emoções no próprio momento em que apareciam, assim como a possibilidade de sua regulação e de uma expressão adequada à situação ou momento.

Um passo que pude inserir em seguida em minha pedagogia e que também ofereci a meus alunos como recurso de grande valor.

b) A ALFABETIZAÇÃO NAS LINGUAGENS EMOCIONAIS. Certamente podemos (e nós, educadores, teríamos de desenvolver o mais possível esta habilidade) *descodificar as mensagens emocionais que se ocultam nas interações, jogos e condutas cotidianas*; sobretudo *as linguagens não-verbais* (posturas, gestos e movimentos) e os *elementos mais emocionais da linguagem verbal* (tom, entoação, volume, fluidez, ênfase, silêncios...).

Especificamente, procurei aplicar, de modo consciente, a técnica ou dinâmica da calibragem.

A calibragem é um processo de reconhecimento dos estados internos em que uma pessoa se encontra; é uma técnica que consiste em *descobrir em uma pessoa os indicadores não-verbais que se associam a determinados estados internos* que, por sua vez, traduzem ou expressam a adaptação da pessoa ao entorno (alegria, tristeza, dúvida, segurança, ansiedade, angústia...).

O alcance ou valor da calibragem está, precisamente, em que permite reconhecer, de maneira bastante confiável, o real estado interior da criança, já que um grande número de indicadores (*microcomportamentos*) dificilmente é dominado ou controlado consciente e voluntariamente por ela.

Os *indicadores básicos* que me serviram para calibrar os estados emocionais de meus alunos foram:

- a postura geral;
- os gestos;
- expressões do rosto.

Também recorri a outros indicadores mais sutis:

- coloração da pele;
- rugas e linhas do rosto;
- o brilho do olhar;
- tamanho das pupilas;
- movimento de sobrancelhas e cílios;
- movimentos das asas do nariz;
- coloração e tamanho de lábios, posição e movimentos;
- coloração, movimentos do maxilar;
- inclinações, movimentos da cabeça;
- voz (velocidade, ritmo, volume…);

- respiração (abdominal, torácica, profunda, superficial, regular, brusca, entrecortada, suspiros...);

A calibragem é uma habilidade que todos temos e empregamos e certamente é muito útil desenvolvê-la e poli-la. Quando pouco desenvolvida, só nos apercebemos do estado emocional do outro quando explode em expressões fortes ou evidentes: choro, grito...

Convalidar as emoções: "você tem todo o direito do mundo a sentir o que sente"

Convalidar uma emoção é autorizá-la, é *dar nosso consentimento para se sentir o que se sente*. Supõe, por exemplo, um sincero reconhecimento da *legitimidade e validez* da emoção.

Para muitos de nós pode não ser fácil proceder à convalidação das emoções do outro, simplesmente porque vivemos um contexto no qual muito provavelmente as experiências pessoais de convalidação foram escassas. Somos fruto de uma educação que, no geral, evitou, quando não reprimiu, negou e até castigou algumas emoções e sentimentos.

A convalidação veio a ser um elemento fundamental e imprescindível em uma gestão mais adequada dos conflitos ou crises emocionais. Reconhecer e conceder legitimidade ao que uma criança sentia em dado momento revelou-se, para mim, como um dos melhores meios para iniciar com "pé direito" o caminho que poderia nos conduzir a uma resolução mais satisfatória e menos conflituosa de uma crise emocional nas relações de uns com os outros.

Por sua tremenda eficácia, percebi que era conveniente *usá-la o quanto antes*. Para que esperar que uma situação se intensificasse se podia abordá-la quando sua intensidade ainda era baixa?

Para convalidar, usava palavras que pudessem revelar, de modo tranqüilizador e não crítico, o que eu percebia do estado emocional das crianças; era decisivo que eu me "mostrasse ciente" e aceitasse o que podiam estar sentindo naquele momento.

Repetir, a título de reflexão, o que eu observava e escutava introduzia um certo tempo de latência, de espera e de calma que também se revelou muito eficaz.

Pude comprovar que era muito melhor compartilhar observações simples, para manter a conversação, em vez de fazer perguntas (*"vejo que você se sente muito irritado com o que lhe fizeram…"* em vez de *"como você se sentiu afetado pelo que lhe fizeram…?"*).

A interrogação pode fazer com que a criança se feche.

Sobretudo, devia evitar perguntas cuja resposta já era conhecida (*"Quem pintou o caderno de F.?"*, quando a resposta era conhecida e óbvia).

Em vez de formular diretamente uma pergunta de certo modo acusatória (*"Por que você fez...?"*), indagava como se sentia ao praticar a conduta inadequada.

Algo que, no geral, desempenhou um papel importante foi compartilhar exemplos e situações similares de minha própria história pessoal. Graças a eles a criança podia entender que eu compreendia seu sentir. Notava como relaxavam e se tranqüilizavam quando ouviam seu professor dizer que havia vivido situações parecidas e até iguais e que também havia sentido o mesmo.

Uma das recordações que compartilhei com elas e que mais efeito positivo exerceu fazia referência ao fato de que, quando pequeno, outros colegas usavam meu sobrenome para me provocar e irritar. Usei-a como comparação, mais de uma vez, quando alguém se magoava com o que o outro lhe havia dito — a tão repetida frase: *"Debocharam de mim"*.

E relatava-lhes um acontecimento, em parte verdadeiro e em parte inventado, com o qual lhes contava como finalmente havia resolvido aquela questão.

Contava-lhes que em meu colégio havia um garoto, um tanto maior que eu, que sempre aproveitava os recreios ou a saída das aulas para me dizer coisas ofensivas a propósito das possibilidades que meu sobrenome lhe oferecia: "bezerro", "vaca", e outras gracinhas nesse estilo.

Contava-lhes o quanto aquilo me afetava, como me sentia mal... Nesse ponto, estendia-me e particularizava emoções e sentimentos semelhantes aos que eu captava no menino ou menina que havia sido insultado.

Insistia em como eu passava mal e como me desagradava que me dissessem aquelas palavras, por menores que fossem.

Até que um dia, um homem muito mais velho, que estava sentado em uma das praças de meu bairro, me viu chorando ao voltar para casa, depois de sair do colégio. Muito amavelmente, perguntou o que se passava comigo e eu lhe contei o ocorrido. E ele me disse algo que mudou para sempre meu modo de viver aquelas situações (aqui punha em funcionamento todos os meus dotes narrativos e expressivos para criar suspense, carregar o meu relato com emoção). Disse-me algo do qual eu não havia me dado conta:

— *Quando debocham de você ou o insultam, fazem-no para que você se sinta mal e sofra. Quando isto acontece e você acredita naquilo que lhe dizem e se irrita, eles conseguem o que querem e saem ganhando. Mas se lhe disserem coisas para magoá-lo e elas não o afetarem 'nadica' de nada, eles é que ficarão irritados, por não conseguirem o que queriam. Então você sairá ganhando. Eles continuarão tentando várias vezes, mas quando virem que suas palavras não fazem nenhum efeito em você, vão se cansar de dizê-las.*

Terminava meu relato com uma parte que sempre lhes provocava um sorriso. Contava que nas primeiras vezes que voltaram a insultar-me e me diziam, por exemplo, "bezerro", eu punha os dedos como se fossem chifres e fazia "mmuuuu"; quando queriam me provocar chamando-me de "vaca", eu começava a cantar-lhes "tenho uma vaca leiteira...".

Nesses momentos, eu compartilhava com eles uma das lições aprendidas que mais me serviram para todos os meus anos de escola e que me ajudou a não viver angustiosamente nem com irritação expressões lançadas com o intuito de me ofender. Uma lição que, finalmente, podia resumir assim: *"Uma coisa é que debochem de você e outra é que você se deixe debochar. Ninguém pode causar-lhe dano com as palavras, a menos que você dê permissão para que as palavras o machuquem".*

Outro procedimento, muito mais sutil, de que me servi para a convalidação foi a sincronização.

A sincronização consistia em estabelecer um contato estreito com os níveis conscientes e inconscientes das crianças. Tratava-se de refletir para elas sua própria imagem, seu próprio estado, enviando-lhes sinais verbais e não-verbais que pudessem identificar como seus, e que, portanto, fossem recebidos como sinais de reconhecimento. A pessoa sentia-se aceita, acolhida tal como estava nesse preciso momento.

A sincronização servia-me para criar um clima de confiança, reconhecimento e convalidação que favorecia enormemente a coleta de informação e a condução do diálogo.

A sincronização podia ser efetuada *verbalmente*, atendendo à forma e conteúdo do que havia sido falado: eu tomava o que a criança havia dito, resumia-o e reformulava-o.

Também recorria à sincronização vocal (tom, volume, ritmo da voz): aproximava-me de suas características vocais, mas sem chegar a imitá-la.

Além disso, podia efetuar a sincronização de uma *maneira não-verbal*. Podia realizar uma *sincronização postural* por meio da qual refletia globalmente sua postura. Normalmente, eu esperava que a postura se instalasse na criança para reproduzi-la.

Esclarecerei isto com um exemplo:

Um de meus alunos vem muito alterado e chorando. Senta-se diante de mim, com os cotovelos apoiados nos joelhos e as mãos segurando a cabeça enquanto vai falando comigo.

Procuro sintonizar com ele: saio de minha mesa, pego uma cadeira do mesmo tamanho que a dele e coloco-me à sua frente (para que nada interfira, bloqueando o encontro); adoto uma postura muito similar à sua e vou repetindo ou reformulando o que vai me contando. Estou muito atento para não cair em uma imitação grosseira, mas procuro ser como uma espécie de espelho no qual a criança, nesse momento, possa sentir-se e reconhecer-se.

Em níveis mais sutis e até inconscientes para a criança, começa a surgir uma sintonia que favorecerá que ela se abra e se comunique com alguém que, corporalmente, já lhe está expressando que reconhece o que ela está experimentando.

Pouco a pouco, vou procedendo, com muito tato e cuidado, a uma *sincronização gestual*. Com isso não pretendo copiar ou reproduzir gesto por gesto; basta-me enviar-lhe apenas alguns reflexos de sua maneira de dar ritmo à conversa e de expressar. Reproduzo ligeiramente, quase como um esboço, um gesto que ela utiliza com freqüência: passar a mão pela testa.

Incorporo conscientemente uma *sincronização microcomportamental*: sua respiração e a minha vão-se acoplando; ao processo integram-se a posição e os pequenos movimentos de distintos segmentos ou partes corporais que se vão tornando presentes de alguma maneira significativa.

Não quero fechar esta parte sobre a convalidação sem deixar registro expresso, também aqui, de algo que abordo mais amplamente no capítulo dedicado ao conflito, concretamente na seção sobre a fixação de limites.

Reconhecer, aceitar e convalidar emoções *não significava nem implicava reconhecer, aceitar ou convalidar qualquer forma de expressão, gestão ou canalização dessas emoções.*

O problema não se colocava com relação aos sentimentos, mas com possíveis condutas inadequadas. Tivemos de ir aprendendo a distinguir que, na esfera íntima e pessoal, tínhamos todo o direito do mundo a sentir o que sentíamos. No entanto, na esfera relacional, nesse âmbito no qual nossas atuações afetavam os demais, *nem todos os nossos atos ou condutas chegavam a ser legítimos, adequados ou toleráveis.*

Considerava *condutas inapropriadas e não toleráveis* todas aquelas que supunham um sério perigo para a integridade e segurança ou que atentavam contra o bem-estar, próprio ou de outros.

Diante de uma conduta grave ou perigosa, sentia-me obrigado a ir além de uma mera fixação de limites. Em tais casos, ainda que se tomasse consciência das emoções subjacentes, o mais importante era que ficasse um registro claro da desaprovação de tal conduta.

A elaboração dos sentimentos ficava em um segundo plano ou momento: antes de mais nada, apresentava uma declaração clara e inequívoca de não aprovação da conduta, assim como os sentimentos e valores que eu experimentava diante dela.

Os diferentes conflitos e crises vividos nos ajudaram a ver que podiam existir formas melhores, mais adequadas, convenientes e justas de expressar o que sentíamos em um dado momento.

A expressão do emocionar

Depois de convalidar a emoção que um aluno podia estar sentindo em uma situação concreta, procurava ajudá-lo a *identificá-la, nomeá-la, descrevê-la...*

Dar nome, descrever uma emoção quando se sente é um modo de "dar-lhe forma", de nos apropriarmos dela.

Quando eu sabia e podia, oferecia-lhes palavras que pudessem ajudá-los a transformar "aquilo que sentiam sem forma, que os incomodava e até atemorizava" em "algo com um contorno mais definido, com formas mais precisas".

Dar nome ao que se sente facilita entendê-lo e aceitá-lo como algo normal e natural nas pessoas.

Não se tratava de dizer o quê ou como deveriam se sentir, mas possibilitar-lhes a aquisição e utilização de um vocabulário preciso que lhes servisse de suporte para expressar seu mundo interno. A partir das situações que iam surgindo, íamos fazendo incursões progressivas no campo semântico das emoções e sentimentos e penetrávamos na infinidade de matizes de um mundo desconcertante.

A expressão verbal do que se sente tem dois efeitos importantíssimos:

- a ativação das áreas lingüísticas e lógicas do cérebro enquanto se fala (facilita a integração dos cérebros racional e emocional);
- ajuda a criança a acalmar-se, a centrar-se (efeito tranqüilizador).

Foi a partir daqui que tomei consciência da importância da capacidade e fluidez expressiva e emocional que o adulto tem com relação a seus próprios estados emocionais. Minha própria dificuldade para expressar e dar forma ao que sentia foi um obstáculo na hora de ajudar meus alunos a libertar suas emoções e expressá-las a fundo.

A expressão emocional não é senão um mecanismo ou dinâmica biológica natural para recuperar o equilíbrio e a harmonia energética. Muitas vezes insisti no seguinte:

"Ex-*pressão*" é um botar para fora, libertar uma "pressão" interna.

Ao contrário, "Re-*pressão*" implicava o reapareci-mento da pressão, sua repetição.

Não expressar uma emoção podia causar-nos dano.

Mas, por outro lado, era preciso expressar as emoções com atenção para *não fazer dano*.

Em mais de uma ocasião, tive de esclarecer-lhes que expressar o que se sentia não tinha a finalidade de conven-cer ninguém ou mudar uma situação ou a outra pessoa. Era necessário fazê-lo para satisfazer uma necessidade corporal, pessoal, de libertação e "higiene" interna.

Fomos aprendendo a diferenciar a contenção de uma emoção de sua repressão.

À parte da própria explicitação ou expressão oral dos sentimentos, recorremos também a seu reflexo por escrito (por meio de bilhetes, cartas, relatos…). Tínhamos uma caixa de correio (*a caixa de correio da amizade*) onde livre-mente iam sendo colocados bilhetes de agradecimento ou cartas nas quais se explicitavam os sentimentos que haviam sido despertados diante da atuação de algum companheiro ou companheira.

Em alguns casos excepcionais, recorríamos à respiração e ao relaxamento bem como à expressão simbólica das emoções (visualização, "cadeira ausente", descarregar sobre um "objeto mole"...).

Do "linguajar" das emoções à fixação de limites para as condutas

A seguir vou exemplificar parte do que foi dito neste capítulo com o relato de um dos "acontecimentos" vividos quando já estávamos na quinta série do ensino fundamental. Durante esse ano, embora mantivesse a responsabilidade tutorial, tarefa que partilhei de maneira prazerosa e frutífera com outra companheira, deixei já de dar o grosso das matérias por ter de lecionar inglês em outros níveis e grupos.

O fato-acontecimento foi abordado intensamente em sala de aula. Posteriormente, todo o processo vivido com as crianças foi objeto de estudo e análise na Escola de Formação da Comunidade Educativa (Escola de Pais).

Tudo aconteceu em uma quinta-feira, durante atividades esportivas que, por ocasião da celebração do Dia de Andaluzia, costumavam realizar-se no colégio. Os alunos de minha turma estavam participando de um jogo de futebol. Em um momento do jogo, por causa de um gol conseguido por um dos times, todo um tropel de meninos e meninas se jogou sobre o goleiro, que não tinha conseguido segurar a bola. Furiosos e irritados, cobertos de suor e fora de si, insultaram-no, injuriaram-no e ultrajaram-no. Não foi necessário chegar à agressão física para que o garoto que atuava como goleiro se deprimisse e acabasse, finalmente, banhado em lágrimas.

Eu estava assistindo ao jogo em um dos cantos do pátio. Imediatamente, coloquei-me de pé e, com voz enérgica, pedi a bola e ordenei a todos que subissem para a sala de aula. Subiram, com raiva pela suspensão do jogo. Faltavam apenas alguns minutos para voltarem para casa. Disse-lhes que não dispúnhamos de tempo suficiente para abordar o acontecido, de modo que ficaríamos em silêncio até que a campainha se fizesse ouvir, marcando, assim, o final do dia.

No primeiro dia em que voltamos a nos ver, logo que a aula começou, entreguei-lhes o seguinte texto:

CARTA AOS MENINOS E MENINAS DA 5ª SÉRIE DO FUNDAMENTAL

Não posso negar que me doeu ver como reagimos diante do erro ou falha de um companheiro no jogo de futebol da última quinta-feira. Durante o fim de semana, vieram-me à memória as imagens do que aconteceu: voltei a lembrar dos olhares, dos gritos e dos gestos com que nos dirigimos a um colega, simplesmente porque ele havia falhado.

Agora escrevo a vocês estas palavras para compartilhar com todos os sentimentos e pensamentos que aquilo provocou em mim.

Passamos cinco anos juntos. Juntos temos aprendido uns com os outros, sempre nos ajudamos quando alguém tinha alguma dificuldade. Os que mais sabiam nunca se vangloriaram disso, mas colocaram seu saber a serviço dos demais, para ajudar os que necessitavam. Quando jogávamos o jogo da tabuada ou qualquer outra coisa, todos abraçávamos o ganhador, porque no fundo sentíamos que ganhávamos todos. Sempre achamos que o importante era jogar, divertir-nos juntos, passar bem. Claro que queríamos ganhar e fazíamos o melhor possível da nossa parte! Mas sabíamos que acima do ganhar estava o respeito pelo companheiro, o amor e o carinho pelos demais.

Talvez por nunca tê-los visto tratar alguém daquela maneira eu tenha me surpreendido e me magoado com sua atuação no jogo de futebol.

Será tão importante ganhar? O que ganhamos à custa da tristeza de um companheiro? Vocês pensaram em como deve se sentir uma criança a quem todos os companheiros gritam, criticam por "não ser fora-de-série", por falhar em uma jogada ou em vinte? Por acaso o resultado de um jogo é mais importante do que a felicidade de uma pessoa, de uma criança?

Vocês estão acostumados a ver os grandes esportistas que ganham centenas de milhões, que a todas as horas estão na televisão e nas revistas e cuja fama depende de ganhar. Talvez por isso vocês pensem e sintam que é preciso ganhar, custe o que custar.

Eu, pelo menos, não penso assim. Nunca me vangloriei de vocês por ganharem os jogos, por serem melhores neste ou naquele esporte, por saberem mais que os outros. Se me vangloriei de vocês por algo foi por seus corações, pelo carinho e ternura com que vocês se tratam, pela amizade que existe entre todos. Este é, para mim, o jogo, o esporte mais importante que se deve ganhar: o do carinho e da amizade. E isso significa que não há nenhuma medalha nem coisa alguma que valha mais do que a felicidade e a alegria de outro menino, de outra menina.

Quero que vocês leiam e pensem sobre tudo isso que lhes escrevo. Não o faço para os convencer, mas para lhes expressar como me sinto por dentro. Gostaria que vocês me respondessem, explicando como viveram o que se passou, o que sentiram naquele dia, o que sentem agora ao ler esta carta. Escrevam tudo o que desejarem. Depois falaremos sobre isso. Porque ao falar e comentar sobre as coisas que sentimos continuamos a crescer e melhorar por dentro.

Eu amo vocês!

José María (01.03.1998)

Um silêncio absoluto envolveu o tempo da leitura. Sem o quebrar, fui entregando-lhes uma folha em branco e convidei-os a responder, a opinar, a expressar seus próprios sentimentos sobre o que havia ocorrido na quinta-feira e sobre o que acabavam de ler. Eis o que escreveram.

RESPOSTAS DOS MENINOS E MENINAS

"Jogar, não para ganhar, mas para nos divertir. Todos nós falhamos, como todo mundo. O melhor é jogar sem brigar. Vocês implicaram comigo e eu, se for para jogar assim, prefiro não jogar. Sentei-me e José María suspendeu o jogo. Pareceu-me justo porque para jogar assim é melhor não jogar." (J. M. B.)

"Para mim, ganhar é muito importante porque fico muito feliz e contente. Não ganhamos nada à custa de uma criança, mas se eu o fizer sem gritar, sem insultar ninguém, assim ganho algo: a alegria.

"Eu queria ganhar, mas não como na quinta-feira passada. Também me trataram como ao J. M. Um dia, na quadra, estava jogando com os grandes e falhei muitas vezes. Todos eles gritaram comigo, até o meu irmão. Eu me senti ridículo e muito mal. Saí do campo de futebol e fui correndo e chorando para casa. Tinha 6 anos e agora olhe como estou. Agora sou eu quem grita com o que falha e o magôo. Se o resultado é favorável para nós fico contente, mas se for à custa da tristeza, não quero ganhar." (J. F.)

"Acho que ganhar não é muito importante. Não ganhamos nada sabendo que nosso companheiro está sofrendo, mas perdemos sua amizade. Eu me sentiria muito mal ao saber que meus companheiros me dizem coisas feias. A amizade é muito mais importante do que um esporte. As crianças adoram os jogadores de futebol e eles nem ligam para elas. Eu não gosto de futebol porque há muita violência." (S.)

"Para mim é importante ganhar. Mas não me agrada que um companheiro se sinta mal porque outras crianças o insultam e o maltratam. Ele sentou-se atrás do gol porque os maus-tratos o machucaram. Ao ler esta carta fiquei muito triste pelos insultos que dissemos ao garoto." (D. P.)

"O importante é jogar e nos divertir. Se nos dessem uma taça ou uma medalha quereríamos ganhar. Eu acho que o mais importante é nos divertir, participar e estar alegres e contentes, a gente ganhe ou não. Para mim foi uma grande falta de respeito para com J. M. Se fosse você, como se sentiria? Qualquer um falha." (F.)

"José Manuel, perdoe-me por ter gritado com você. Sinto-me muito mal." (O.)

"O importante é participar. Fiquei pensando em como um companheiro deve se sentir quando gritam com ele. Sente-se triste e sem companheiros. O melhor é a felicidade de um colega." (D. L.)

"Acho que eu jogo para me divertir, porque ganhar não faz ninguém feliz. Esse garoto deve ter se sentido muito mal porque todo mundo estava lhe dizendo coisas. É melhor a felicidade de uma criança porque um jogo não serve para nada. Todas as pessoas têm direito a jogar, mesmo que não saibam jogar. Mesmo não tendo visto, sinto-me triste. Mas o garoto com quem aconteceu deve estar ainda mais triste." (L.)

"Não compreendi, porque sempre fomos bons amigos. Quando R. ajudava M., quando J. levava os exercícios para B. etc. E também nos ajudamos a fazer os trabalhos de casa. Já estamos juntos há 5 anos, dando-nos todo o carinho do mundo, com os raiozinhos, com o relaxamento, com a roda da amizade e com os dinossauros, temos-nos dado muito bem. E agora, porque um companheiro da turma teve um erro, todos brigamos com ele e o criticamos." (C.)

"Apesar de não ter visto, sei como o nosso companheiro se sentia nesse momento e acho que já não deve ter vontade de jogar futebol com nossa turma, porque terá medo de falhar outra vez. Deveriam ajudá-lo a melhorar, e não se jogarem em cima dele e gritarem com ele. Eu não gostaria que fizessem isso comigo." (S.)

"Tivemos muito mau gênio com nosso companheiro. No momento do jogo eu só pensava em ganhar. Quando você suspendeu o jogo, eu e todos estávamos muito chateados. Ficamos irritados porque ele cometeu

um pênalti. Ao ler esta carta me dei conta do que fiz."
(D. G.)

"Como você diz nesta carta, passamos cinco anos juntos e nunca tivemos nenhuma briga como a do jogo de futebol de quinta-feira. O que eu acho desse jogo é que todos os que estavam jogando não deveriam ter gritado, porque não acho que ele tenha gostado disso. Você gostaria que lhe fizessem isso? O importante de um jogo não é ganhar, mas a alegria de jogar. O que mais me chama a atenção na carta é a maneira como você explica. As frases de que mais gosto são aquelas em que você lembra os nossos tempos passados." (B.)

"Eu também acho que é injusto que o maltratem e briguem com ele, porque ele não tem culpa; a culpa é de todos. Sinto-me péssimo pelo que lhe fizeram. Estão assim com esse companheiro porque ele falhou." (P.)

"José Manuel, quero que você me perdoe. José María, sinto-me muito mal porque maltratei o José Manuel. Espero que isso nunca volte a acontecer." (A.)

No processo de análise e reflexão que os pais e mães realizaram, destacaram-se os seguintes aspectos na carta escrita pelo professor:

1) Falar primeiro do positivo, do "bom" vivido e partilhado nos anos anteriores.

2) O professor expressa seus sentimentos e convida os meninos e meninas e fazê-lo também.

3) O professor não julga as crianças mas:

a) expressa o que ele sente;

b) coloca-os em situação de refletir, e não tanto de convencê-los;

c) manifesta "compreensão" pelo acontecido, deixando claro que não "partilha" disso;

d) expressa o que é importante para ele, perante o que se costuma valorizar no ambiente, nos meios de comunicação...

4) Não se trata de uma "bronca", mas de uma "chamada de atenção", um convite a "dar-se conta";

a) enxergando as "conseqüências" de seus atos;

b) "pondo-se no lugar do outro";

5) A carta finaliza com uma expressão explícita de amor, apesar do ocorrido: "Eu amo vocês!".

Com relação às repostas dos meninos e meninas assinalou-se o seguinte:

1. Os meninos e meninas também expressam seus sentimentos de maneira sincera.

— *"ao ler esta carta, fiquei muito triste pelos insultos que lhe dissemos"*

— *"tivemos muito mau gênio com o companheiro"*

— *"quando você suspendeu o jogo estávamos muito chateados"*

— *"sinto-me péssimo pelo que lhe fizeram"*

— *"J. M., quero que você me perdoe. Sinto-me muito mal porque maltratei o J. M."*

— *"J. M., perdoe-me por ter gritado com você. Sinto-me muito mal."*

2. Respondem no mesmo tom da carta do professor.

3. Aprecia-se uma "tomada de consciência", um "dar-se conta" do sucedido.

— *"Também me trataram assim (…) Agora sou eu quem grita com o que falha e o magôo."*

— *"Ele sentou-se atrás do gol porque os maus-tratos o machucaram."*

— *"… já não vai ter vontade de jogar futebol com nossa turma porque terá medo de falhar outra vez."*

— *"Ao ler esta carta me dei conta do que fiz."*

4. Muitos meninos e meninas "colocam-se no lugar do outro".

— *"Se fosse você, como se sentiria?"*

— *"Fiquei pensando em como um companheiro deve se sentir quando gritam com ele. Sente-se triste e sem companheiros."*

— *"Apesar de não ter visto, sinto-me triste. Mas o garoto com quem aconteceu deve estar ainda mais triste."*

— *"Sei como o nosso companheiro se sentia nesse momento."*

— *"Não acho que ele tenha gostado disso. Você gostaria que lhe fizessem isso?"*

5. A reflexão permitiu uma mudança na avaliação:

a) dos fatos, do sucedido

b) do que se considera "importante"

— *"Não ganhamos nada à custa de uma criança, (...) mas se for à custa da tristeza não quero ganhar."*

— *"A amizade é muito mais importante do que um esporte."*

— *"O mais importante é nos divertir, participar e estar alegres e contentes, a gente ganhe ou não."*

— *"O melhor é a felicidade de um companheiro."*

— *"Jogo para me divertir porque ganhar não nos faz feliz."*

— *"O importante de um jogo não é ganhar, mas a alegria de jogar."*

— *"Espero que isso nunca volte a acontecer."*

6. Algumas crianças utilizam "o vivido e partilhado" em anos anteriores como critério de avaliação e juízo do acontecido.

— *"Não compreendi, porque sempre fomos bons amigos. (...) Já estamos juntos há 5 anos, dando-nos todo o carinho do mundo com os raiozinhos, (...) E agora (...) todos brigamos com ele e o criticamos."*

— *"As frases de que mais gosto são aquelas em que você lembra os nossos tempos passados."*

No quadro seguinte são coletadas as conclusões fundamentais de todo o processo de análise e reflexão realizado conjuntamente com os pais.

"LINGUAJAR" AS EMOÇÕES

Observações gerais. Aspectos a levar em conta.

1. ESTABELECER LIMITES CLAROS PARA CONDUTAS INACEITÁVEIS.

Necessidade e importância de "abordar" e cortar uma situação negativa (*habilidade e contundência*).

- *"confrontar"...* não é o mesmo que... *"assumir e enfrentar"*;

2. EXPRESSÃO DOS PRÓPRIOS SENTIMENTOS DIANTE DOS FATOS, MAIS DO QUE RECRIMINAR, JULGAR OU ROTULAR O OUTRO.

- *"dar bronca"* não é o mesmo que *"chamar a atenção"*;

- a partir da própria expressão, convidar o outro a expressar-se;

- a partir de uma atitude profunda de "compreensão", mas deixando muito claro que não se "aceita", não se "permite", não se "partilha" o modo de proceder negativo que atenta contra a *legitimidade do 'outro' como 'legítimo outro'"*.

3. ANÁLISE, REFLEXÃO E TOMADA DE CONSCIÊNCIA *A POSTERIORI*

- Não há mudança sem "dar-se conta".

"Não posso *'dar conta do que faço'* se não *me der conta do que faço.*"

"Não há 'dar-se conta' sem o 'linguajar', sem a expressão e comunicação.

(Uma coisa é fazer algo, outra é dar-me conta do que faço, e ainda outra é expressar esse dar-me conta do que faço)

- A tomada de consciência é mais lenta e custosa.

(É mais rápido gritar, punir ou castigar do que ajudar a tomar consciência)

6

LENTIFICAÇÃO, SILÊNCIO E PACIÊNCIA

Apesar da afirmação científica que sustenta que *"a pauta do ritmo está na base de tudo"* e que confirma a importância que o ritmo tem na forma como algo se desenvolve e vive, suspeito que é um elemento não suficientemente abordado e considerado em sua importância pedagógica e educativa. Não se trata de uma questão abstrata, mas que remete a algo tão concreto, tão real e cotidiano como o ritmo com que respiram o professor ou as crianças, o ritmo na passagem de umas tarefas a outras, o ritmo com que se desenvolvem e sucedem as atividades, o ritmo dos encontros e conversações, o ritmo dos movimentos, dos pensamentos e até das emoções que se suscitam e se mobilizam a cada momento.

Nem todos os ritmos são iguais. Há ritmos que vitalizam e outros que desvitalizam. Há ritmos que organizam e outros que tendem a desestruturar. Há ritmos que centram e outros que descentram, ritmos que lentificam e outros que aceleram. Às vezes até se dá um ritmo que não é senão *falta de ritmo*.

O pensamento e o corpo de uma criança, como o de qualquer pessoa, funcionam sincrônica e harmonicamente ou, ao contrário, de maneira desestruturada, desequilibrada ou desarmônica, em função do ritmo de base sobre o qual se organizam.

O mesmo pode-se dizer com relação ao "corpo" que representa o grupo-classe em seu conjunto.

O educador tem aqui todo um campo aberto no qual cultivar e desenvolver uma mínima mestria no uso consciente e na gestão deliberada dos diversos ritmos com os quais pode ir conduzindo uma conversação ou debate, um relaxamento, uma dinâmica corporal, uma reflexão, um encontro humano ou qualquer das atividades e tarefas tipicamente escolares.

O ritmo não faz senão expressar a própria energia ou dinâmica interna. O *modus* ou estado interno emerge à superfície visível ou perceptível com um determinado ritmo. O ritmo interno de uma pessoa em particular e até de um coletivo conforma uma atmosfera, um clima e um ambiente correspondente.

As crianças, como também o professor ou a professora, fazem sua entrada em sala de aula e permanecem nela com um ritmo que é expressão de uma peculiar *freqüência vibratória*. Este ritmo é muito afetado e condicionado pelos ritmos que se dão e se vivem na sala de aula e na rua, assim como pelas freqüências rítmicas que configuram a sociedade e a cultura em que se vive.

Não creio ser necessário deter-me aqui a pormenorizar as condições e modos de vida atuais que conformam um ritmo de vida caracterizado pela velocidade e pela pressa. Apenas quero insistir em que as pulsações da escola não fazem senão refletir a taquicardia social. O ritmo social é introduzido em sala de aula porque é algo que afeta as células e o coração daqueles que entram e estão nela. O ritmo das pulsações de nossa sociedade, e também da escola, caracteriza-se pela *rapidez* e pela *arritmia*.

- ***A rapidez.*** Tudo ocorre, acontece e se faz em um ritmo rápido, quase vertiginoso. A "alta velocidade" foi consagrada como um valor não apenas tecnológico, mas vital. Nos processos humanos e educativos, no entanto, a rapidez não faz senão dificultar a capacidade de compreensão e assimilação, afeta negativamente a estabilidade da pessoa, diminui a possibilidade de um autêntico descanso, além de não promover espaços de calma, serenidade, repouso nem encontro gratuito.

  A velocidade é um dos bezerros de ouro de nossa cultura atual. Este endeusamento da rapidez nos faz esquecer que há um "tempo" natural no corpo, nas coisas e na vida. Também em uma aula e em qualquer processo educativo. Os estímulos precisam de um determinado ritmo e velocidade para que possam calar fundo e no fundo, para que possam assentar-se e amadurecer no interior de um coração humano.

Foi doloroso comprovar, em meus primeiros anos como professor, que eu reproduzia em minha pequena sala de aula o mesmo *modelo produtivo e de eficácia* que criticava nas estruturas econômicas e sociais. Não estando consciente disso, submetia os meninos e meninas a uma autêntica dinâmica capitalista de *produtividade*: obrigava-os a fazer muitas coisas em pouco tempo, a assimilar conceitos uns atrás dos outros, avançávamos muito em curtos espaços de tempo, premiava os mais rápidos, os que chegavam antes, os que acabavam primeiro. Mesmo de maneira não declarada, valorizava e promovia a *quantidade*. No fundo, não via as crianças mais do que como *máquinas de fazer fichas e exercícios*.

O lema que presidiu a minha pedagogia durante anos foi este: *muito em pouco tempo*.

Mas fui reparando que a *superestimulação* a que as crianças eram submetidas, sobretudo em seus contatos com os grandes meios de comunicação, não estava senão elevando seu *umbral de motivação*. O meu lento escrever com giz no quadro-negro já não podia competir com a sucessão vertiginosa das imagens publicitárias. A paciência que uma determinada atividade requeria chocava frontalmente com o ritmo de seus jogos de vídeo ou computador.

A estimulação que as crianças hoje recebem não é apenas *excessiva*; é também *indiferenciada* e não se adapta, necessariamente, a suas capacidades de compreensão e assimilação. Não é apenas um problema que as crianças recebam um excesso de estímulos; mais grave ainda é que muitos deles sejam até contraditórios entre si ou que seus conteúdos não estejam adaptados ao que pode assumir de maneira sã e construtiva.

Tal superestimulação, com essas características, acaba embotando e insensibilizando as crianças, pelo que elas necessitarão e procurarão estímulos ainda mais fortes ou violentos. Algumas vezes expressei publicamente que os professores de hoje têm de sofrer uma espécie de ataque de epilepsia diante de seus alunos para que estes notem sua presença.

• *A arritmia.* A ansiedade e a pressa fazem de nossa vida algo arrítmico, embora exteriormente até nossas pautas e modos de viver sejam regulares, muito estruturados e até rígidos no que se refere à organização e distribuição de horários, planificações etc.

Uma arritmia de fundo (no fundo da estrutura pessoal do professor e das crianças ou na base da dinâmica metodológica que se segue e dos processos que se realizam) emerge à superfície da aula como ansiedade, agitação e dispersão. Uma aula arrítmica é uma aula desorganizada e desestruturada. Cada vez se faz mais urgente outro ritmo no educador e em sua pedagogia, que lhe devolvam um mínimo de serenidade, estabilidade e sossego. Com isso estará criando as melhores condições para que na aula possa estabelecer-se uma dinâmica de centramento e atenção. Estará organizando a transbordante vitalidade da aula a partir de uma coerência e unidade mínimas. É necessário que o que sucede em um grupo humano se mova lenta e ritmicamente, mas isso apenas ocorrerá se quem conduz o veículo em que se está realizando uma travessia educativa o fizer com lentidão e lucidez. A relação com a "paisagem" que se atravessa em cada jornada escolar estará em função do ritmo com que movimentarmos a dinâmica em que viajamos.

Em uma aula reúnem-se, a cada dia, ao começar a jornada, *uma multiplicidade de ritmos diferentes e variados. Reconhecê-los, acolhê-los e favorecer que se entrelacem, articulem, ajustem e aproximem* pode ser uma tarefa curricular cotidiana e uma atividade excelente para iniciar bem o dia. É possível e até recomendável começar por algo lento, suave, por algum exercício comum (de relaxamento, de leitura silenciosa, de conversa em grande grupo...), por algo em que possam convergir os ritmos pessoais e ser aquietados, equilibrados e até embelezados.

Estando conscientes disto, podemos recorrer, quando considerarmos necessário, a qualquer proposta, exercício ou atividade que *reconduza* o ritmo global da aula quando este tiver sido distorcido ou alterado. Não é algo que tenha de ser feito seguindo-se um horário fixo ou preestabelecido, mas quando a realidade o sugerir ou demandar. Às vezes, podem bastar coisas tão simples quanto fazer uma parada ou pausa (*ponto stop*), fazer um breve relaxamento ou algum *relax* imaginativo ou também, por que não, cantar alguma de nossas canções favoritas ou pôr uma música apropriada e dançarmos ou movermo-nos, no princípio cada um livremente e depois ir conduzindo o grupo até acabar com uma coreografia grupal. Se o grupo for avançando até chegar a uma dança grupal minimamente harmônica, teremos nisso o convite para continuar com o que estávamos fazendo: a energia ter-se-á movimentado (pessoalmente e como grupo) e o ritmo interno da aula ter-se-á restabelecido de maneira mais harmoniosa.

Os ritmos podem *acoplar-se, sintonizar-se e harmonizar-se*, mas também confrontar-se e lutar entre si.

Em ocasiões, por trás de um conflito emocional, não há tanto uma discrepância de interesses ou de opiniões quanto de ritmos.

A oposição ou antagonismo entre ritmos pode explicar, em parte, o fato de que, para determinadas pessoas, um exercício de relaxamento, um estado ou ambiente de quietude e silêncio ou uma música lenta e repetitiva deixe-as nervosas. As diferenças de ritmos e de freqüências vibratórias que subjazem nelas colidem e confrontam-se gerando uma espécie de *crise ou conflito de ritmos e vibrações*. E, como em toda crise, sua resolução necessita de um tempo e de uma elaboração. Uma criança muito inquieta em seus primeiros exercícios e experiências de relaxamento ou interiorização talvez recorra, até de uma maneira não consciente, aos risinhos ou à perturbação dos que estão a seu lado.

O conflito de ritmos que vive internamente (entre o seu habitual e aquele com o qual desenvolve a proposta que lhe fazemos) produz-lhe uma determinada *tensão* interna que necessitará libertar de algum modo: com um riso nervoso e que não consegue evitar, com movimentos compulsivos e até com um ou outro comportamento provocador ou anti-social.

Parece-me importante ter este fato em consideração para não *ser surpreendido com essas reações iniciais* e, sobretudo, para *não desanimar* por causa delas e manter-se na *continuidade dessas propostas*. O fato de fechar os olhos ou, ao contrário, o olhar uns aos outros; o convite a estar consciente da presença da língua em sua boca e até permitir que saia para fora e descanse no lábio inferior; a sugestão de respirar profundamente... todas estas propostas, para além de sua aparente singeleza e ingenuidade, conduzem e levam a pessoa a penetrar em outro ritmo e vai submergindo-a e instalando-a em outra freqüência e vibração. Mesmo sendo todos eles gestos ou expressões do corpo, podem não ser habituais nem serem vistos como naturais no contexto acadêmico ou escolar e, portanto, a princípio, serem recebidos e acolhidos como algo estranho ou extravagante. E o estranho e pouco freqüente provavelmente incomode e cause algum nervosismo. Mas depois de repeti-lo várias vezes, a pessoa familiariza-se com isso e já sabe o que será feito e o que vem depois de cada sugestão. Isto a tranqüiliza e favorece uma melhor disposição e uma maior entrega nas experiências ou exercícios sucessivos.

A recondução ou reorganização do ritmo pessoal ou grupal costuma percorrer um processo cuja primeira fase ou momento inicial pode ser de certa desorganização, inquietude e até agitação. Quero destacar isto para não cair no desânimo ou em uma sensação de fracasso que possa levar a desistir depois das primeiras tentativas fracassadas. Permanecendo e persistindo no novo ritmo, sendo mais profundo, acabará por impor-se e, pouco a pouco, passará para outra fase de uma maior serenidade e sossego. A continuidade do novo ritmo mais lento e regular pode propiciar o trânsito para momentos de imersão e de ainda maior aprofundamento.

O ritmo de uma pessoa, de um grupo e até de uma metodologia é a expressão superficial visível de sua dinâmica interna de fundo. O ritmo é *"ordem no movimento"* de quanto se faz e se vive. Estar consciente disto permitiu-me uma abordagem deliberada do ritmo pessoal e da cadência metodológica com os quais estabelecia e desenvolvia as diversas propostas didáticas.

Verifiquei, mas sobretudo desfrutei, a possibilidade de criação e manutenção de um determinado e peculiar *ritmo* a partir do qual tudo se dava e sucedia *de outra maneira* da que eu tinha vivido em minhas experiências pedagógicas anteriores; um ritmo que se foi configurando a partir do cultivo e do cuidado consciente da lentificação, do silêncio e da paciência (*a ciência da paz*).

Natureza e sentido da lentificação. O que é lentificar?

Lentificar a dinâmica consiste em *tornar o ritmo da aula mais lento.*

A *lentificação* é um *ritmo sustentado, relaxado, mas intenso*, conseguido à base de estruturar convenientemente as situações, criar latências, demoras e pausas assim como pelo ritmo, tom e volume de tudo quanto se faz.

Pouco a pouco fui aprendendo a *não ter pressa* e a tentar que cada atividade, dentro de certos limites razoáveis, durasse o mais possível ou, no mínimo, o tempo necessário.

Lentificar a dinâmica não significou nem implicou, em nenhum momento, uma redução ou empobrecimento do nível ou da intensidade com que se desenvolveram as tarefas ou atividades. Bem pelo contrário.

Para aceitar o sentido e valor da lentificação tive que delinear novamente:

- a *tirania e dependência* que as programações e o calendário exerciam sobre mim;

- o nível de *"ativismo"* com que delineava ou desenvolvia as aulas (sucessão rápida e variada de atividades).

Pouco a pouco, fui assentando em outro modelo, até acabar conduzindo e organizando todo o meu trabalho com base neste outro padrão: *pouco em muito tempo*.

Diante do fazer desenfreado e do ativismo de determinadas pedagogias "ativas", acredito, cada vez mais, no valor e na necessidade do ritmo lentificado como modo de *reduzir ou inibir a impulsividade*, bem como para *facilitar a atenção e a assimilação dos processos* e até *melhorar os resultados*.

A lentificação era necessária para uma educação mais **centrada nos processos** do que nos produtos ou resultados finais.

O ritmo não estava no que eu transmitia, mas no que cada um ia descobrindo e desenvolvendo de si mesmo. Custou-me compreender e aceitar que *este era o limite e, ao mesmo tempo, a possibilidade de tudo quanto fazia*.

Meus esforços centraram-se em que não fosse eu a colocar os limites nem os rótulos a ninguém e em ajudar cada um a descobrir que era ele ou ela seu próprio laboratório, seu próprio projeto e sua própria responsabilidade.

Minha tarefa foi ajudá-los a que não "carregassem" com o escolar e com o vital, mas que se "encarregassem" disso.

Necessidade e valores da lentificação. Por que e para que lentificar?

As crianças são o elemento mais sensível e receptivo de uma sociedade. O ritmo alterado no qual se move nossa sociedade está configurando *crianças alteradas*.

As crianças, por sua etapa e processo de crescimento vital, são a expressão viva de um ritmo vivo, ativo, dinâmico, enérgico, vigoroso e pujante. Representam a "manhã" e a "primavera" nos ritmos humanos. Uma criança saudável move-se e o faz com vivacidade, prontidão e rapidez. São ou representam uma tremenda *força de impulso* que sustenta o processo de amadurecimento e crescimento que a infância e a primeira juventude representam na vida de toda pessoa. Precisamente porque são essas as características mais destacadas no ritmo das crianças, torna-se mais necessário um ambiente educativo que equilibre, tempere e modere esse ritmo evitando uma polarização excessiva que acabe instalando o sujeito em ritmos demasiadamente acentuados ou extremos de atividade, rapidez ou impulsividade. Os contextos, climas e atmosferas educativos não devem reprimir esse impulso e ritmo vital das crianças, mas processá-los adequadamente.

Esta sociedade frenética não está senão acentuando excessiva e perigosamente o ritmo natural das crianças, alterando-o até confundir vivacidade com hiperatividade, dinamismo com desenfreamento, energia com transbordamento e pulsações vitais com impulsividade.

As crianças acabam vítimas de impactos e impulsos que não são tanto expressão de seu ritmo natural interno quanto o reflexo da ansiedade, da agitação e do estresse do meio social externo no qual estão crescendo.

Os *ritmos contínuos, incessantes e demasiadamente vivos* talvez possam ser, em um dado momento, mais motivadores e captarem provisoriamente o interesse das crianças. Esses ritmos, no entanto, mesmo sem pretendê-lo, *não proporcionam o sossego necessário* para um adequado enfoque, captação e apropriação daquilo que se trabalha ou se vive.

Com a lentificação, eu me propunha, conscientemente, a criar um *clima mais recatado e reflexivo*; algo imprescindível para tarefas que não queria que fossem meramente mecânicas, mas que pudessem favorecer uma estimulação dos processos cognitivos ou de pensamento, assim como a manutenção de um ambiente amistoso, sereno e agradável. "Deter" a velocidade levava consigo o "distender" os ânimos, a tensão pessoal e grupal e até a crispação nos comportamentos.

Por que considero necessária, pelo menos recomendável, a lentificação?

1. Pela *diversidade de ritmos de aprendizagem* nos alunos. A lentificação permitiu-me:

a) Oferecer *uma maior estimulação* assim como *uma maior permanência no tempo* dessa estimulação aos alunos com déficits ou problemas cognitivos ou aos que manifestavam menos maturidade e maiores dificuldades para a aprendizagem. Procurei evitar que o trabalhado em sala de aula fosse um conjunto acelerado e confuso de questões desconexas e afastadas de suas possibilidades de compreensão.

b) Oferecer aos alunos mais capacitados a oportunidade de *perceber as questões com a clareza e a riqueza necessárias*, possibilitando-lhes descobrir conexões e matizes que, com um ritmo excessivamente rápido, nunca seriam percebidas.

c) Propiciar ritmos que pudessem favorecer estados internos nos quais os nossos cérebros e corações vibrassem a partir das *ondas "alfa"* (7-14 ciclos/segundo). Estudos científicos já amplamente divulgados demonstraram que, quando o nosso cérebro funciona com essa freqüência vibratória, seu funcionamento é otimizado. A pessoa entra em um estado de concentração relaxada, de uma maior receptividade e lucidez.

O tratamento adequado do ritmo, o uso do relaxamento, como já vimos anteriormente, propiciam o *"estado alfa"*, um estado de atenção relaxada em que se sincroniza o funcionamento neuronal e o dos dois hemisférios cerebrais; um estado, como já se comprovou por vários pesquisadores científicos, e como eu mesmo pude comprovar em múltiplas experiências pessoais e em sala de aula, que favorece a memorização, a aprendizagem e até os processos criativos. Penetrar nos níveis alfa é sinônimo de avançar e penetrar em níveis mais profundos da mente e de toda a estrutura pessoal do sujeito.

2. Com a lentificação da dinâmica foi-se vivendo no grupo *uma atmosfera e um estilo incompatível com a impulsividade*. Uma dinâmica lenta e reflexiva vai conformando uma "estrutura social externa" que, pouco a pouco, vai sendo interiorizada pelas crianças até acabar configurando um "funcionamento pessoal interno".

Desta maneira, fomos desenvolvendo processos nos quais puderam *imitar-assimilar-adotar* a lentificação como um traço de sua conduta e de seu modo de operar habitual.

Por outro lado, *a lentificação é contagiosa*, no sentido de que os alunos que vão adotando progressivamente este padrão como seu, como um traço de seu estilo pessoal, atuam, por sua vez, como modelos para as outras crianças que ainda não o incorporaram. Tinha, portanto, um claro *efeito multiplicador*.

A título de síntese, gostaria de destacar os seguintes *valores ou objetivos da lentificação*:

a) criação de um clima ou ambiente reflexivo e mais sereno;

b) controle e inibição da impulsividade das crianças e do próprio professor;

c) melhoria dos resultados (ao facilitar a atenção e a assimilação dos processos).

Desenvolvimento da lentificação. Elementos e condutas favorecedoras. Como lentificar?

Para o desenvolvimento da lentificação tive que polir minha atenção, esclarecer minha percepção ao modo de *"antena de radar"* e afinar minha *sensibilidade* para assim poder perceber, identificar e abordar as maneiras distintas de impulsividade e aceleração que afetavam:

- meu modo pessoal de conduzir a dinâmica e a gestão da aula;

- o modo como as crianças se situavam nas distintas tarefas ou momentos da aula.

Destas condutas impulsivas ou aceleradas, algumas são mais claras e evidentes (*"grosseiras"*) e outras muito mais *"sutis"*. Estas últimas, por passarem mais despercebidas, exigiam de mim uma atenção especial. Assim, por exemplo, com relação à impulsividade das crianças, observei como *formas "grosseiras" de impulsividade*:

- impaciência e precipitação (não pedir a palavra antes de intervir, não aguardar sua vez de falar);

- nervosismo, inquietude, hiperatividade;

- irritabilidade, arrebatamentos, visceralidade, veemência, crispação;

- não permanecer sentado quando a atividade o requeria;

- não escutar os demais (baixo nível de atenção e escuta);

- gritar ou usar um tom de voz muito elevado;

- controle inadequado do movimento necessário para a atividade ou em uma dada situação;

- atuações inadequadas e em momentos inoportunos;

- não pensar antes de agir; reações rápidas, inconscientes, reflexas;

- levantar-se ao ouvir um som inesperado fora da sala de aula;

- atitude temerária, transgressão de limites e falta de respeito pelos espaços e tempos alheios;

- ...

O sistema social sempre premia "os primeiros", os mais rápidos e velozes. Mas uma sala de aula não é um espaço para a competição, nem sequer para consigo mesmo.

Apenas em poucos exercícios, como, por exemplo, o *jogo da tabuada* de matemática (que usávamos para a aprendizagem aleatória das tabuadas de multiplicar e para evitar sua memorização seqüencial) ou o *papa-léguas mic-mic* (ao qual jogávamos para evitar a silabação e aumentar a velocidade de leitura) introduziam a velocidade ou a rapidez como traços constitutivos e a ter em conta.

Para não favorecer a precipitação nem o imediatismo, não costumava dar a palavra ao primeiro que levantava a mão. Tampouco concedia a palavra ou o turno de maneira iminente e precipitada em uma dinâmica qualquer. Se, por exemplo, lançava uma pergunta ao grupo e alguém levantava a mão de imediato, fazia-lhe algum sinal ou gesto para que soubesse que eu me havia apercebido disso e convidando-o a que aguardasse uns momentos. As crianças sabiam que não era por serem as primeiras a levantar a mão que lhes era concedida a vez inicial em um debate, atividade ou jogo.

Como *formas "sutis" de impulsividade* identifiquei, entre outras, condutas como:

- movimentos espasmódicos ou descontrolados, tiques;
- respiração acelerada e arrítmica, hipertonia muscular;
- não analisar as questões por não dedicar o tempo preciso;

- não pensar interna e antecipadamente em sua intervenção ou resposta (não dedicar tempo a pensar);
- não refletir sobre as conseqüências de sua ação;
- ter pressa para começar ou acabar uma tarefa;
- iniciar uma tarefa antes do fim das instruções;
- ...

Boa parte das realizações conseguidas neste processo de lentificação foi graças à aplicação do programa Compreender e Transformar (desenvolvimento da inteligência centrado na interação verbal e grupal) a que já fiz referência no capítulo sobre a "presença", mais concretamente na seção *uma presença que atua*. A aplicação do programa em sala de aula e as reflexões partilhadas durante vários anos com outros colegas que também o aplicavam em suas respectivas turmas contribuiu significativamente para a minha maneira de abordar e gerir a aula de um modo mais lento, estruturado e, sobretudo, mais consciente.

Neste momento de minha reflexão, o que gostaria de destacar é que todas as condutas contrárias à impulsividade e favorecedoras de processos mais reflexivos e de ambientes de maior serenidade eram destacadas, sublinhadas, explicitadas, valorizadas e "premiadas". Os "pontos" atribuídos cada vez que se manifestavam algumas dessas condutas favorecedoras tinham um valor muito mais informativo do que material. De fato, não se traduzia depois na consecução de nenhum prêmio material. Quando atribuía uma pontuação mais alta a uma determinada conduta ou opinião e o explicava e justificava, estava oferecendo elementos às crianças para calibrarem o distinto valor ou peso de suas intervenções ou atuações. Assim, por exemplo, o intervir depois de ter aguardado sua vez, sem se adiantar nem precipitar, implicava sempre um ponto a somar no time do qual se estava participando; a pontuação era maior quando se cedia a vez a outro time ou a outro membro do mesmo grupo ou até quando se renunciava a ele porque sua opinião já havia sido expressa.

O decisivo era que os meninos e meninas percebessem que os ritmos lentos e sossegados, assim como a não precipitação, eram algo que eu ressaltava e valorizava de maneira especial e clara. Mas, sobretudo, havia o tremendo desafio de que toda a minha conduta fosse coerente e expressão viva, clara e contínua desse tipo de ritmo. A lentificação constituiu um desafio permanente para o meu modo de estar e funcionar em sala de aula.

Com relação a mim mesmo, foi muito importante que também me apercebesse e tomasse consciência de minhas maneiras impulsivas (tanto grosseiras como sutis) de gerir e conduzir a aula.

Pude comprovar que a impulsividade afetava negativamente o modo como eu geria um determinado conflito.

Minha impulsividade dificultava a escuta, a atenção e a possibilidade de convalidar o que as crianças podiam estar sentindo em uma dada situação e comprometia seriamente minha capacidade para aceder e me encarregar do que outra pessoa pudesse estar sentindo. Mas, sobretudo, notei como *desfocava os problemas e os magnificava* e como *deixava de perceber a situação em sua globalidade*. Não fosse já isto suficiente, *precipitava-me na intervenção* e esta caracterizava-se pela *rapidez e ansiedade*. Para cúmulo, depois não me restava senão uma sensação interna de *culpa e irritação comigo mesmo*.

Quando se apoiava na impulsividade, minha dinâmica de intervenção podia ser descrita assim:

- reagia de maneira automática, inconsciente e precipitada;

- essa reação anulava os distintos momentos, passos ou fases de uma estratégia básica de intervenção e resolução de conflitos, estratégia que ficava reduzida ou limitada a uma atuação pontual e imediata de crítica, punição ou castigo;

- *a posteriori* experimentava certo arrependimento e sentimento de culpa, raiva ou irritação comigo mesmo, frustração e impotência.

Minha impulsividade não ajudava nada na hora de resolver uma situação problemática, e tampouco favorecia o modo de acometer e desenvolver uma situação normal ou pouco conflituosa. No primeiro caso, minha impulsividade não resolvia nem solucionava nada; no segundo, tendia a distorcer e até a piorar as coisas. Em um caso não era solução e no outro convertia-se em problema.

A seguir, quero explicitar os elementos e condutas que fui percebendo e apliquei *de maneira consciente e deliberada*, e que propiciaram uma dinâmica e um clima "lentificados" em sala de aula.

Aspectos expressivos verbais

Dediquei um tempo a escutar-me ao falar às crianças. Inclusive, uma ou outra vez gravei momentos distintos (em vídeo, em cassete) para depois poder, com mais calma e detidamente, fazer um autêntico trabalho de autópsia, análise e cirurgia de minhas maneiras e modos de estar e intervir. Percebi que havia duas palavras que repetia continuamente e que, sutilmente, eram um convite à precipitação e à rapidez. Estas duas palavras eram *"venham"* e *"vamos"*.

Iniciei, assim, um processo consciente de supressão de palavras, frases ou conceitos que pudessem alimentar ou incitar a impulsividade e a pressa (*"Venham"*, *"Vamos"*, *"Depressa"*...) e fui substituindo-os por outros continentes e conteúdos verbais que alentassem ou conduzissem à lentificação:

- "Temos tempo suficiente para…"; "vamos dar um tempo para…"
- "Isto que estamos fazendo é muito importante e interessante para…"

- "Reparem no que S. acaba de dizer; vocês fixaram o que ele acaba de trazer...?"

- "Devagar", "Lentamente", "Com muito cuidado e atenção"...

Observei que, além das palavras e frases que empregava para lentificar a dinâmica da aula, também eram importantíssimos outros aspectos mais sutis e que a lingüística qualifica de *supra-segmentais* (intensidade ou volume, ritmo, entonação...). Vêm a ser como o continente formal dos conteúdos informativos ou conceituais, algo assim como o envoltório com o que apresentamos uma idéia ou conceito. Ao escutar minha voz na aula, o que mais destacava negativamente nela era seu volume altíssimo e seu ritmo acelerado e rápido. Já me havia chamado a atenção o fato de que as aulas de outros colegas, cujo volume de voz era muito mais baixo, costumavam ter um índice menor de agitação e ruído. Mas a grande revelação ou experiência a esse respeito foi quando estive dentro de uma aula, realizando tarefas de apoio a um aluno em particular, enquanto outro colega dava a matéria de sua especialidade ao resto do grupo. Experimentei em mim mesmo e por mim mesmo o efeito que tem em um ouvinte uma voz que não pára de falar a grande velocidade e em alto volume. A voz de meu colega parecia literalmente "malhar" meus ouvidos e pude perceber como incidia na alteração de meu estado anímico interno. Terminada a aula, comentei com ele o que havia sentido e, conjuntamente, embarcamos em uma tentativa consciente de fazer de nossa voz algo mais favorecedor e agradável. Ainda hoje, essa é uma questão à que tenho de estar atento em qualquer de minhas intervenções em público e até nas pequenas e singelas conversas do dia-a-dia.

Falar mais forte não implica que o ouçam melhor. A voz, e o que é transmitido por meio dela, deve estar carregada de força, mas não de violência. Às vezes senti minha voz mais como uma forma de agressão do que de comunicação, mais como uma tentativa de imposição do que de relação e intercâmbio. É preciso assegurar, portanto, que todos possam ouvi-lo bem. Mas nem sempre tudo se reduz a elevar o volume, quase a gritar. Fui percebendo e executando outras possibilidades: estar consciente e utilizar inteligentemente minha posição ou localização na sala de aula, projetar a voz para os mais afastados, evitar um ambiente ruidoso demais e que pudesse me obrigar a elevar a voz, servir-me de gestos corporais ou outros códigos não-verbais.

Falar "baixinho" lentificava globalmente minha maneira de estar e me mover. Baixar a intensidade de minha emissão parecia fazer subir a intensidade na escuta das crianças; mas sempre garantindo, é claro, que todos tivessem acesso com facilidade, sem esforços excessivos, ao que eu pudesse estar comunicando. O baixo volume criava mais proximidade, aproximava-nos, tornava o ambiente da aula mais íntimo e acolhedor.

Além de baixar o volume ou intensidade de minha voz, procurei falar muito mais relaxadamente, com menos precipitação e a uma velocidade mais lenta, mas evitando sempre a monotonia. Para isso usava, alternava, quase brincava, às vezes, com a variação de ritmos.

Baixar o volume exigiu-me uma entonação mais clara e viva; paralelamente ao fato de estar atento ao *tom certo* de minha postura corporal e de meus movimentos, fui exercitando o *tom certo de minhas palavras*. Havia palavras ou frases que, em determinados momentos e situações, precisavam ser *enfatizadas*, ressaltadas, pronunciadas com força, aos quatro ventos, procurando que chegassem a todos com seu frescor. Havia palavras, frases ou situações que precisavam ser repetidas, ditas ou experimentadas de muitas maneiras diferentes, porque eram como vastos continentes aos quais se podia chegar por uma infinidade de costas ou litorais. Havia palavras, frases ou vivências que meramente sobrevoávamos, mas outras às que era preciso descer e penetrar.

Além de palavras e frases, no entanto, havia também silêncios. As pausas foram aparecendo, recuperando presença, valor e significação. Elas criavam outra pauta no desenvolvimento da dinâmica na qual se estava. Algumas vezes eu parava para puro descanso da minha fala ou do meu movimento, para não cair na aceleração; outras, no entanto, fazia-o para deixar algo como que em suspenso, para deixar algo em aberto ou para criar expectativa. A pausa, sabiamente administrada, lentificava ao mesmo tempo em que avivava o interesse. Pausas nas explicações, nas reprimendas, nos elogios, no momento de escrever no quadro-negro, na hora de corrigir um trabalho ou uma conduta, pausas no relato dos contos ou na comunicação de uma vivência muito pessoal, pausas mesmo antes de dar uma resposta aguardada, uma solução ansiada, pausas depois de haver formulado uma pergunta e também uma vez descoberta a resposta. A pausa era o modo privilegiado de anunciar ou apresentar algo importante, assim como uma maneira especial de chamar a atenção para algo que podíamos perceber.

Estes são, resumida e esquematicamente, os aspectos supra-segmentais descritos e que serviram para a lentificação da dinâmica da aula.

Intensidade / Volume	Baixo
Ritmo	Lento, falar relaxadamente. Alternar ritmos diversos.
Entonação / Ênfase / Tom	Tom vivo, enfatizar palavras-chave.
Pausas	Deixar em suspenso... Criar expectativa.

Ao considerar ambos os aspectos simultaneamente, junto com outros mais gestuais aos quais me referirei imediatamente, dei-me conta de que muitas vezes minhas mensagens eram *contraditórias*. Por exemplo, dava instruções para operar com lentidão e atenção, mas fazia-o com uma voz muito forte, rapidamente, quase sem pausas e com movimentos agitados e impacientes do meu corpo.

Comprovei a importância da *coerência* entre todos esses elementos, assim como a relevância que tinham, sobretudo, os aspectos supra-segmentais e os não-verbais ou gestuais. Mais do que *o que dizemos* a um menino ou menina, o que mais lhe chega é *como o dizemos*, mas, sobretudo, *como fazemos o que lhe dizemos.*

Aspectos expressivos gestuais

Eram meus movimentos as palavras que meus alunos mais claramente percebiam, compreendiam e assimilavam. Não poderia lentificar a dinâmica da aula se meus gestos e movimentos fossem espasmódicos, inquietos, acelerados, sem harmonia nem beleza.

A primeira coisa foi desenvolver uma atitude de *atenção permanente a gestos que podiam denotar ou manifestar impaciência ou precipitação*, tais como olhar para o relógio, minha maneira de lidar com os objetos ou o modo de desenvolver uma explicação ou uma sessão de correção de exercícios ou tarefas.

Minha segunda tarefa foi cuidar e cultivar a *lentidão de meus movimentos* no momento de me deslocar de um lugar a outro da sala, na hora de apagar ou anotar algo no quadro-negro e no modo de usar os diversos objetos ou elementos materiais que precisávamos para a realização de qualquer trabalho.

Para ajudar a mim mesmo e ao grupo a nos manter-mos nesta consciência de lentificação, fomos acordando uma série de *gestos e sinais* que utilizávamos para nos avisar de nossa entrada em ritmos acelerados e distorcidos:

- juntávamos e separávamos todas as pontas dos dedos de uma mão, à maneira de uma piscadela ou intermitência, como forma de indicar que estávamos falando ou fazendo qualquer coisa de maneira rápida demais;

- em momentos de excessivo ruído e agitação, para convidar toda a turma a interromper toda a atividade e conversação e entrar em um tempo de total quietude e silêncio, colocava-me no centro da sala e, muito esticado, levantava bem alto uma cartolina muito brilhante.

- Atenção a gestos que denotem impaciência (olhar o relógio, trato das coisas).

- Lentidão nos movimentos globais (deslocamentos, anotar no quadro, uso de objetos).

- Gestos / Sinais para a lentificação (gestos com as mãos, uso de cartazes...).

Aspectos de procedimento

O modo como delineava e estruturava uma situação ou atividade afetava significativamente seu desenvolvimento. Às vezes, a alteração nos alunos e em sua maneira de executar uma proposta via-se favorecida e até propiciada por minhas maneiras inadequadas de apresentá-la e realizá-la. O problema surgia quando não estava consciente dos mecanismos, ritmos, pautas e processos que subjaziam em minhas propostas pedagógicas e no modo de realizá-las. Descobri que às vezes propunha algo que não facilitava nem favorecia minha maneira de expô-lo e conduzi-lo. Tão importante quanto o que eu propunha era o modo efetivo e real de proceder à sua realização.

A seguir, assinalo alguns aspectos de procedimento que me ajudaram, por um lado, a estar mais consciente da maneira como desenvolvia uma tarefa ou proposta e, por outro, a criar ritmos mais lentos, harmônicos e positivos nas diversas dinâmicas da classe.

Estruturar a situação

Correspondia-me a mim, como professor, estruturar uma determinada situação, de maneira que esta fosse o mais compreensível, acessível, agradável e adequada para as crianças. A estruturação não adequada de uma situação qualquer tendia a desestruturar o clima e o ambiente da aula. Para evitá-lo, comecei a estruturar as situações, inclusive as mais simples, do seguinte modo:

- antecipava e descrevia o que se ia fazer ("vamos…");

- recordava, situava novamente no que se estava fazendo e sua relação com o anterior ou posterior;

- oferecia estímulos discriminativos claros (que soubessem o que fazer, quando e como);

- distinguia os momentos ou fases distintos (mudança de tom de voz, de ritmo, de posição em sala de aula);

- evitava quebrar a situação uma vez estruturada (parar o trabalho pessoal ou de equipe para que todos me escutassem quando apenas alguns ou uns poucos necessitavam de esclarecimento ou ajuda).

Demorar as intervenções ou respostas

A pausa, a que anteriormente me referi, podia ser aplicada não apenas ao verbal ou aos movimentos; também começou a fazer parte, conscientemente, como elemento fundamental, nos procedimentos e maneiras de conduzir as diversas situações, atividades ou tarefas.

Observei que *introduzir um intervalo ou demora entre o estímulo e a resposta* favorecia a redução da taxa de impulsividade e aumentava a capacidade de autocontrole. Este intervalo colaborava na configuração de um estilo mais reflexivo com respostas ou atuações menos automáticas (libertação de condutas submetidas aos estímulos). Para evitar que se pusessem imediatamente a fazer a tarefa sem esperar pelo fim das instruções, criávamos um tempo, como espaço necessário, ainda que muito breve, entre a apresentação de uma atividade e sua realização.

Para criar essa demora, por exemplo, na hora de uma conversa ou debate, não dava a palavra imediatamente ao primeiro que a pedia:

— *S. já tem idéias. Alguém mais?*

Tampouco estabelecia jamais *"o primeiro a levantar a mão"*. Começava a dar a palavra quando já havia algumas mãos levantadas.

Usava expressões como: *"Espere um momento…"*, *"Um momento…"*, *"Vamos aguardar mais um tempinho para pensar bem"* etc.

Com o tempo, fui passando da simples demora (como mero intervalo temporal) a uma "demora com conteúdo". Já não se tratava de uma mera pausa, de um espaço em branco, no qual se suspendia a atividade, mas de um tempo de atividade interna. Procurei que aprendessem a utilizar essa demora para:

- compreender e apropriar-se mais adequadamente do problema ou tarefa a realizar;

- traçar e antecipar as possíveis estratégias ou soluções.

Devolver as perguntas ao grupo

Quando alguém apresentava uma dúvida ou interrogação, antes de respondê-la, devolvia a questão ao grupo para que fossem as próprias crianças a abordá-la inicialmente. Com isso lentificava a dinâmica (supõe-se que a via mais rápida é que o professor encerre a questão com sua resposta), além de favorecer deliberadamente a expressão dos alunos.

Repetir! Resumir! Sintetizar respostas e intervenções

Estas estratégias são um modo extraordinário de lentificar, ao mesmo tempo em que se assegura a escuta, a compreensão e a assimilação dos contributos, opiniões ou explicações dadas por qualquer do grupo.

Reiterar e a continuidade do estímulo

Sabia que era preciso reiterar várias vezes, voltar várias vezes ao "exercício", um "exercício" que se reiterava, mas não se repetia. Embora seja verdade que os meninos e meninas têm uma capacidade impressionante de assimilação e aprendizagem, não é menos certa sua propensão ao "esquecimento", não por descuido ou preocupação, mas pela própria dinâmica de seu crescimento. Daí a importância da *permanência*, da *constância* e *continuidade* dos estímulos.

Duvido da eficácia de técnicas e exercícios que podem ser muito motivadores e espectaculares, mas que se aplicam apenas pontual e esporadicamente, fora de um contexto coerente, estável e permanente, um contexto, além disso, globalizador e integrador.

"O silêncio é belo e nos ajuda a estar melhor"

AS AVENTURAS DE PINÓQUIO

Pinóquio e a beleza do silêncio

Naquela noite Pinóquio sentou-se junto a Gepeto no jardim. Os dois estavam calados olhando as estrelas. Gepeto falava a Pinóquio com a linguagem das carícias. Pinóquio respondia-lhe com seu silêncio e com um sorriso nos lábios.

Depois de um longo tempo, Pinóquio começou a falar de suas coisas.

— Não falamos apenas com a boca. Também falamos com o olhar e com o toque, ou seja, quando acariciamos alguém. Eu gosto do silêncio. O silêncio é belo. Só podemos ouvir com o coração quando estamos em silêncio. Além disso, com o silêncio a gente trabalha e aprende muito melhor. As idéias entram muito melhor no cérebro.

Gepeto acariciou o cabelo de Pinóquio. O boneco fechou os olhos para sentir bem os dedos que percorriam sua cabeça. Depois continuou falando:

— Hoje estive passeando pela rua e percebi que as pessoas são muito barulhentas. É como se as crianças de verdade estivessem um pouco surdas porque conversam

329

aos gritos. E não se escutam. Só elas querem falar. Não sabem o que se aprende escutando os outros. E pensam que apenas se ouve com os ouvidos; não sabem que ouvimos com todo o corpo.

Fez uma pequena pausa para ouvir seu próprio silêncio. Depois prosseguiu dizendo:

— Os adultos falam sempre de "barulhos". Eu lhes ensinei que *quando se ouve com o coração, o barulho se transforma em som e o som, em música.* Mas, para compreender isto, é preciso ser uma pessoa silenciosa.

E Pinóquio acabou adormecendo nos braços de Gepeto, contente por ter feito as estrelas felizes com seu silêncio.

"O silêncio é belo e nos ajuda a estar melhor." Esta foi outra das frases que nos acompanharam de maneira permanente em classe. Mas não era apenas uma frase; ela nos remetia a uma forma especial de energia, a uma necessidade, a um recurso, a um "mestre interior" por descobrir, a uma experiência para além das palavras, ao Mistério...

As crianças, como corresponde ao ciclo vital em que se encontram, são energias em expansão e movimento. Em seu contínuo mover-se, as crianças "soam" e produzem "sons". Mas, precisamente por isso, necessitam do silêncio, em sua experiência interna e em seu entorno ambiental, como energia de equilíbrio, como dinâmica harmonizadora de todo o seu movimento vital. A ausência deste silêncio pode converter o movimento natural em agitação, a expressão em convulsão e a emoção em compulsão.

Fui-as ajudando a descobrir que o silêncio não consistia em fechar a boca ou amordaçá-la. Quando alguém se cala, com a boca e os punhos apertados, com o rosto todo em tensão... não está em silêncio. O silêncio é muito mais do que um *não falar*, já em si difícil. O silêncio depende, sobretudo, dos movimentos do coração, e por isso afeta, também, a maneira de caminhar, de escrever, de falar.

Meu primeiro desafio consistiu em ir elaborando meu próprio silêncio. À parte dos tempos pessoais de descanso, relaxamento, meditação e silêncio que eu buscava em casa, fui dispondo também de pequenos períodos e espaços em sala de aula. Às vezes por dois minutos. Arrisquei-me a expressar-lhes com clareza quando necessitava de silêncio, para mim, para alguma outra pessoa da turma, para a dinâmica de trabalho que se estava desenvolvendo.

Não regateei meios, recursos e dedicação para ir construindo, pouco a pouco, dia a dia, uma atmosfera ambiental silenciosa em aula. Para isso, colaborou significativamente a música que, em muitos momentos, nos envolvia enquanto trabalhávamos. Mas uma infinidade de detalhes, de estratégias, de dinâmicas, de experiências... foram bordando, ponto por ponto, um silêncio que ia sendo, ao mesmo tempo, semente e fruto, ponto de partida e de chegada, objetivo e meio, meta e caminho.

Fui-me exercitando, várias vezes, em *não responder quando mais de um se dirigia a mim*. A princípio não foi fácil; tinha de estar alerta a uma impulsividade que me levava a responder a uns e a outros com precipitação e sem sossego. Muitas vezes expliquei às crianças esta forma de proceder: para que eu realmente as escutasse, com toda a minha atenção e entrega, não poderia atender a várias simultaneamente.

Confessava-lhes que a mim, pessoalmente, não me agradava quando alguém falava ou respondia a várias pessoas ao mesmo tempo, porque era uma forma de não atender adequadamente nenhuma delas. *"De um em um"* era a única maneira que eu sabia e podia atendê-las realmente e fazê-lo da melhor maneira possível.

Além disso, também fui assegurando e acabei consolidando como conduta *não responder a ninguém se não tivesse levantado antes a mão solicitando a minha ajuda*. Dei-lhes permissão para que, se percebessem que eu estava distraído ou entretido com qualquer coisa e não fazia caso delas, até levantassem a voz para chamar minha atenção. Mas se vissem que eu estava com outro colega ou ocupado em alguma tarefa da aula, deveriam aguardar até que eu terminasse. Se vissem que eu estava demorando muito, poderiam chamar-me pelo nome, com o volume certo, para que eu pudesse aperceber-me de que necessitavam de mim.

Este gesto de erguer a mão também era um pré-requisito para poder participar em qualquer conversação ou diálogo em grupo. Várias frases, escritas em cartazes colocados em lugares bem visíveis, recordavam-nos disso: *"Para falar, a mão tenho que levantar"; "Uma coisa é participar e outra muito diferente é interromper"*.

Eu era constante e implacável na aplicação deste princípio. Cada vez que alguém fazia uso da palavra e outra criança falava fora de vez, pedia ao que tinha o direito de palavra que aguardasse um momento e me dirigia a quem se havia "intrometido" para "chamar-lhe a atenção" para o que estava fazendo:

— *Agora era a vez de L. E me parece, O., que você não se deu conta de que o interrompeu. Podemos continuar? Obrigado.*

— *C., quando você falou, B. ficou escutando com muita atenção e não o interrompeu. Acho que ela tem todo o direito do mundo a ser escutada da mesma maneira que tem escutado os que falaram até agora.*

— *Não, não podemos continuar porque J. A. se pôs a falar com A. sem ter manifestado seu desejo de intervir.*

— *P., não há nenhum problema em que você participe, pelo contrário; eu, pelo menos, ficarei encantado em escutar depois o que você tem a dizer, mas agora você está interrompendo O.*

— Um momentinho, S., R. não me deixa escutá-lo como eu quero e como você merece. R., por favor, se você quiser intervir, levante sua mão e aguarde sua vez.

Estes pequenos silêncios eram importantíssimos, e minhas paradas contínuas para salvaguardá-los deixavam isso claro. Dei-me conta de que também tinha um papel chave o tom de serenidade e calma com que eu fazia as pausas e as pertinentes advertências e chamadas de atenção. Esses pequenos silêncios, mantidos pelos que estavam à escuta, tinham um grande valor e diziam muito. Diziam muito — e assim se comentava cada vez que se profanava ou quebrava a escuta silenciosa — sobre o nosso respeito para com a pessoa que estava falando e que antes tinha escutado os que haviam participado antes dela, e expressavam nosso interesse por essa pessoa e pelo que estava partilhando ou opinando.

Cada vez que havia uma pequena interrupção, era preciso parar, não para repreender, mas para "chamar a atenção", para que a atenção retornasse ao espaço de escuta do qual se havia ausentado.

Na segunda série colocamos alguns desenhos enormes e lindíssimos de Branca-de-Neve e os sete anões que Maria, a professora de Educação Física, havia feito para nós. Os anõezinhos recordavam-nos cada um dos dias da semana e cada um deles nos remetia a um valor ou atitude que tínhamos especialmente presente em seu dia: *"Na segunda-feira estamos outra vez juntos. Por isso vivemos e partilhamos a alegria"; "Na terça-feira tratamo-nos com muita ternura"; quinta-feira... dia do bom humor"; "Sexta-feira é o dia do nosso amigo Pinóquio"...*

Abordar mais intensa e especificamente um valor, uma atitude, uma conduta... em um tempo dedicado mais expressamente a ele, facilitava depois retomá-lo qualquer outro dia, em qualquer outro momento.

A quarta-feira, dia do "Dunga", era o nosso dia do silêncio. No "pedacinho" que recolhia seus pensamentos podíamos ler: *"Quarta-feira estamos muito melhor desfrutando do silêncio".*

Às quartas-feiras ficávamos na sala de aula para ali, todos juntos e em silêncio, tomarmos o que cada um havia levado para comer durante o recreio. Eu os convidava a mastigar e saborear lentamente cada bocado, sugeria-lhes que penetrassem até à essência do próprio sabor do que comiam e colocava-lhes a possibilidade de nos nutrirmos não apenas dos carboidratos, das proteínas ou vitaminas dos alimentos mas também de sua "energia".

A cada quarta-feira lia para eles ou comentava alguma das idéias que apareciam em meu livro *El pulso del cotidiano* (Sal Terrae, 1993) no capítulo dedicado ao comer.

Valorizava-lhes especialmente os gestos espontâneos de partilhar o que traziam com algum companheiro ou companheira que nesse dia não tinha podido trazer nada.

O silêncio que conseguíamos criar entre todos e manter durante a maior parte do tempo que estávamos juntos em sala de aula não era um silêncio de mudez, de medo ou de aborrecimento. Recordo-o como um silêncio vivo e lindo, reconfortante e até com efeitos balsâmicos e relaxantes.

A paciência como "energia" e como "ciência da paz"

"Senhor, peço-te paciência, mas quero-a já!"

A paciência é, sem dúvida, uma das melhores aliadas, uma das virtudes ou habilidades mais necessárias e úteis para exercer a função educadora.

Graças a Fedora Aberastury, criadora do *Sistema Consciente para a Técnica do Movimento*, pude ir compreendendo e experimentando o que ela mesma assinala em seu livro *Escritos* (pp. 52-53):

A paciência é energia. É uma forma de consciência.

A paciência cria o único ritmo energético que não acelera o coração.

Não ter paciência é, se observamos bem, uma maneira oculta de não poder suportar nossos medos profundos.

A paciência é... uma energia acumulada que nos serve para que a ação possa ser o resultado da vontade desejada. [...] Assim podemos criar o "tempo" fundamental para a feliz realização de nossos desejos.

A paciência é fator imprescindível para a evolução de uma conduta.

A paciência é uma condição que devemos aprender a possuir.

Quando não se possui o dom da paciência, apenas podemos adquiri-la por uma necessidade, por uma convicção, sabendo que a 'impaciência' é a dissipação de nossas energias.

E conclui com estas belas palavras:

Quando se realiza um trabalho com verdadeiro fervor, a paciência é a única companhia que se deve aceitar para caminhar conosco (p. 41).

Basicamente, a paciência é calma interior, sossego, e proporciona uma estabilidade de ânimo imprescindível. A paciência nutre-se de boas doses de compreensão e confiança, é um saber esperar e respeitar os ritmos, tanto próprios como alheios.

Estou em minha classe da primeira série. Encontrome sentado junto a B., a quem estou ajudando na leitura de um conto. Detém-se de vez em quando, duvida, retrocede...

lê incorretamente. Eu começo a corrigi-lo tranqüila e suavemente, mas conforme vai repetindo os erros, conforme vão ficando manifestos novamente equívocos já comentados e corrigidos, meu estado anímico vai-se alterando: começa a escalada do nervosismo, a impaciência aproxima-se a passos agigantados, até que as observações que faço ao meu aluno começam a subir de tom, vão-se crispando. A última correção foi quase um grito. B. faz um sutil gesto de encolhimento e se retrai. Mas, felizmente, dou-me conta. Digo a B.:

— Perdoe-me, mas parece que estou ficando nervoso.

Fecho os olhos e realizo várias respirações profundas; sobretudo reabilito as pausas em uma respiração que se havia alterado e agitado, esperando, assim, recuperar uma calma que me permitisse continuar com a tarefa. No entanto, um impulso a partir de dentro me diz: "Chega por hoje".

Abro os olhos, reparo em B. Está em atitude de espera, mas continua nervoso. Pego-lhe nas mãos e digo-lhe:

— Acho que hoje não podemos dar mais de nós mesmos. Vamos deixar isto e ver o que acontece amanhã.

No dia seguinte voltamos ao mesmo texto. E B. lê praticamente sem nenhum erro.

Achei que ele tivesse trabalhado a leitura em casa, mas ele nega. Felicito-o, dou-lhe um abraço, e volto a me desculpar pelos meus modos do dia anterior. B. levanta-se como se uma felicidade suprema o erguesse nos braços.

Esse episódio, em sua simplicidade, fez-me descobrir muitas coisas. Permitiu que eu me desse conta de que lugares recônditos, a partir de que insuspeitas motivações ocultas podia surgir a impaciência: a partir da consciência da própria impotência, a partir do medo do fracasso profissional, a partir da ansiedade pelos bons e rápidos resultados... Dei-me conta de algo fundamental: eu havia deslocado a motivação de minha atuação para o alcance do objetivo marcado, da meta assinalada, em vez de assentá-la no desenvolvimento da própria ação, independentemente do resultado que tivesse.

Desde então *deixei de amar tanto os resultados e voltei todas as minhas energias para os processos.*

Já não se tratava tanto de que B. lesse bem o texto, mas de como se desenvolvia o processo de sua leitura, a dinâmica do encontro entre mim e ele, quando colocávamos, entre nós dois, um conto que ele tinha de ler. Comecei a sentir e a exercer outro tipo de *impecabilidade em meu trabalho.*

Com relação às crianças, compreendi algo que modificou para sempre minha relação com elas. Que mais queria B. senão ler tudo maravilhosamente e poder receber de seu professor todo tipo de felicitações e parabéns? B. não cometia erros para me tirar do sério e irritar-me. Ele era o primeiro a sofrer pelo seu "não fazer bem as coisas".

Em um momento, vi-me como um médico a quem chega um doente muito ferido e que se irrita com ele por causa da gravidade das suas feridas e o repreende porque isso pressupõe muitas horas na sala de cirurgia. Se algo justificava minha presença pedagógica era precisamente isso: ajudar quem não sabia, colaborar com os que tinham dificuldades. Se todos os meus alunos, já no primeiro dia de aula, lessem perfeitamente ou tivessem comportamentos próprios de adultos bem realizados, que sentido teria minha presença ali com eles e deles comigo?

Não se tratava, portanto, de más intenções, mas de incapacidade ou impossibilidade, *nesse momento*, para realizar otimamente uma tarefa. Às vezes era apenas questão de fazer uma pausa, de deixar aquilo para outro momento, para outro dia, de assumir e respeitar o *momento de amadurecimento* em que cada um estava.

Quando me sentia frustrado ou incomodado por causa de alguma criança ou a propósito de uma situação, recordava-me a mim mesmo que minha reação não era contra essa pessoa ou situação, mas como conseqüência dos sentimentos que se geravam em mim acerca dessa pessoa ou dessa situação. Estes sentimentos começaram a modificar-se a partir do momento em que aprendi a enxergar *a inocência do comportamento de meus alunos e alunas.* Quando algum deles "não fazia algo bem" era porque *não podia fazê-lo melhor.* Com as crianças, comprovei a invalidade dessa famosa afirmação que sustenta que *"querer é poder"*. A maioria das vezes *queriam mas não podiam*, não sabiam. E as vezes nas quais, supostamente, *"podiam mas não queriam"* era porque, no fundo, *"não podiam querer"*. Quando conseguia enxergar esta inocência nas crianças, a paciência marcava presença e qualquer irritação que pudesse ter-se iniciado, finalmente, se dissolvia ou era eliminada.

Outro dos grandes obstáculos que tive que superar no desenvolvimento da paciência, curiosamente, foi a impaciência de esperar resultados de curto prazo, sem me deter a considerar as possibilidades reais de êxito nem o tempo ou as capacidades requeridas para alcançar um objetivo determinado.

A paciência foi-se mostrando como um *valor valiosíssimo* que me permitia compreender e aceitar os contratempos e as adversidades com fortaleza, sem lamentações; levava a moderação às minhas palavras e à minha conduta, favorecendo uma atuação muito mais de acordo com cada situação. Pouco a pouco, fui desativando em mim aquela inicial e *"excessiva pressa para fazer e excessiva impaciência para chegar"*.

Bem sabem os professores e professoras que são os alunos, ao realizarmos tarefas com eles, que nos proporcionam uma fonte inesgotável de paciência diante da sua falta de destreza, conhecimento ou perícia para realizar as coisas. Eu desenvolvi-a com o garoto que não entendia aquilo de somar "subindo"; com a menina a quem tinha que explicar individualmente mais de duas vezes o que já havia explicado pela terceira vez a toda a turma, ou com A., cuja lentidão na hora de abordar os trabalhos ultrapassava qualquer medida.

Quanto mais paciência desenvolvia, mais fácil me era aceitar as coisas e as pessoas "tais como são" e os acontecimentos "tais como vinham e ocorriam". Tornar-me um pouquinho mais paciente a cada dia implicou abrir meu coração a cada momento presente, mesmo que a situação não fosse especialmente gratificante ou agradável.

A paciência é uma energia que precisa ser gerida continuamente na ação educativa e constitui, por si mesma, uma disciplina permanente, sempre pendente, para aqueles a quem temos de exercer essa tarefa. Seu cultivo pode começar por ações muito pequenas. Comecei por dizer-me a mim mesmo: *"Durante os próximos cinco minutos não vou irritar-me nem alterar-me por nada. Serei paciente, manterei minha paz"*.

Este propósito de ser paciente, sabendo que seria por pouco tempo, aumentou minha capacidade de ter paciência. A satisfação da conquista alentava-me a continuar por mais tempo, convidava-me a conceder-me uma prorrogação: *"o êxito alimentava-se de si mesmo"*. E quando a perdia antes de concluir o tempo prefixado, recordava: *"sempre posso recomeçar"*. Então abria um novo prazo, concedia-me outros "cinco minutos".

Os "cinco minutos de paciência", multiplicados em vários momentos ao longo do dia, começaram a surtir efeito e permitiram-me ver e reconhecer que, certamente, eu tinha a capacidade de ser paciente inclusive durante períodos mais longos. Uma paciência que me permitia recordar, no meio de uma situação difícil, que o que tinha diante de mim, *"o desafio do momento"*, não era uma "questão de vida ou morte", mas um simples *"obstáculo por resolver"*, *"um acontecimento por viver"*.

A constância: o desafio de permanecer, permanecer, permanecer...

Uma pequena gota d'água disse à rocha imensa que jazia sob ela:

— Você é muito dura, mas eu tenho muito tempo.

Essa gota sabia que o tempo, em sua permanência e constância, acaba modificando tudo, chegando a perfurar até a pedra mais firme e compacta.

Não bastava a descoberta e a ativação de minha paciência. A seguir, era-me colocado outro desafio ainda mais importante e decisivo: permanecer nela. Mas não apenas na paciência, mas em tudo de "valioso" que ia descobrindo, nas atitudes e valores que iam aparecendo e também reclamando seu espaço, seu tempo e sua oportunidade.

A constância é a paciência que se recria a si mesma, a paciência que permanece.

A constância irrompia, assim, em minha pedagogia como uma qualidade secreta que se escondia no interior das mudanças constantes e aparentes de tudo o que fluía, se movia ou se modificava.

Não havia transformação possível sem a energia da constância porque uma intuição genial podia abrir as portas a uma grande atuação, a uma intervenção eficaz; mas apenas a constância chegaria a culminá-la. O que meu "gênio" ou criatividade iniciava só podia ser ultimado e concluído com as mãos de minha constância. Uma constância que não era, de maneira nenhuma, imobilidade ou rigidez, mas uma forma especial de permanecer no fluir dinâmico de todas as coisas e situações: permanecer em minhas propostas, em minhas atitudes e valores, permanecer nos estímulos e, sobretudo, permanecer em meus "estados internos" mais propícios.

Permanecer... um minuto e o seguinte, um dia e outro, ano após ano.

A constância paciente é uma energia de alta freqüência vibratória e com uma impressionante onda expansiva. Descobri-a como um adubo muito eficaz e fértil para as demais virtudes e qualidades que eu podia e queria desenvolver como educador e como pessoa.

"Só vira constância aquilo que, por sua natureza, força ou energia, é chamado a permanecer. Somente permanecemos e perseveramos naquilo a que nos entregamos por inteiro, e apenas nos entregamos, de fato, àquilo que amamos de coração."

7

O TRABALHO E A DIVERSÃO. A CELEBRAÇÃO E O DESCANSO

A integração harmônica jogo-trabalho. A dimensão lúdica das tarefas

"Juntos trabalhamos e nos divertimos. Juntos brincamos e aprendemos. Juntos somos felizes." Estas frases, escritas em grandes cartazes ou como legendas de fotos que recolhiam diversas situações de trabalho na aula, também as repetíamos todas as sextas-feiras em nossa "roda da amizade", com os olhos fechados, dando-nos as mãos e pensando no "solzinho do amor" que temos no peito.

Se algo me surpreendia era a capacidade e ritmo de trabalho dos meninos e meninas em todos e cada um dos dias do curso. Cada jornada era um *"continuum"* em que o descanso (deitar-se no tapete, contemplar os ninhos de andorinhas ou a mudança temporária para outra atividade) também era incorporado e integrado de modo natural.

Parece-me urgente uma reflexão serena e profunda sobre "o trabalho escolar" e poder retomar e restabelecer as *ocupações* na escola. Diante da deterioração e da distorção do estado anímico e emocional de um bom número de meninos e meninas, mais notório ainda nos adolescentes, a preocupação básica do professor pode acabar reduzindo-se a perceber em que ocupar as crianças para que, estando ocupadas, não gerem outros tipos de conduta mais conflituosos ou problemáticos.

Há apenas algumas horas, precisamente antes de transcrever estas linhas, uma professora dizia-me que seu trabalho com as crianças lhe era cada vez mais difícil e menos gratificante. Desabafava e lamentava-se, ao mesmo tempo, pelo estado lamentável de desestruturação, dispersão, indisciplina e falta de motivação que podia observar em muitos de seus alunos. Concordamos na constatação de um fato do qual extraímos numerosas conclusões e implicações: as crianças já não são as mesmas, o contexto social (sua dinâmica, seus valores, as pautas de conduta que se promovem...) muda vertiginosamente e é muito diferente ao de apenas uma década atrás... *mas na escola, em muitos casos, continua-se fazendo o mesmo e da mesma maneira.* As tarefas escolares necessitam um novo delineamento, uma reconsideração para adaptá-las às características concretas dos meninos e meninas que são chamados a realizá-las. Considero urgente *uma revisão do que se faz e como se faz* na escola com esta nova infância e adolescência que está emergindo.

Acho que aos educadores de hoje não seria nada mal reler, uma vez mais, o episódio que relata o encontro do Pequeno Príncipe com o personagem do faroleiro que encontrou no quinto planeta que visitou.

Quando chegou ao planeta, saudou respeitosamente o faroleiro:

— *Bom dia. Por que você acaba de apagar o farol?*

— *São as instruções — respondeu o faroleiro. — Bom dia.*

— *O que são as instruções?*

— *Apagar o farol. Boa noite.*

E voltou a acendê-lo.

— *Mas por que você acaba de acendê-lo?*

— *São as instruções — respondeu o faroleiro.*

— *Não compreendo — disse o principezinho.*

— *Não há nada que compreender — disse o faroleiro. — Instruções são instruções. Bom dia.*

E apagou o farol.

Depois enxugou a testa com um lenço de quadrados vermelhos.

— *Tenho um ofício terrível. Antes era razoável. Apagava pela manhã e acendia à noite. Tinha o resto do dia para descansar e o resto da noite para dormir...*

— *E depois dessa época, as instruções mudaram?*

— As instruções não mudaram — disse o faroleiro. — Aí está o drama! De ano para ano o planeta gira cada vez mais rápido e as instruções não mudaram.

— Então? — disse o principezinho.

— Então, agora que dá uma volta por minuto não tenho um segundo de descanso. Acendo e apago uma vez por minuto.

— Que estranho! Em seu planeta os dias duram um minuto!

— Não é estranho em absoluto — disse o faroleiro. — Há um mês que estamos conversando.

— Um mês?

— Sim. Trinta minutos. Trinta dias. Boa noite.

E voltou a acender o farol.

O principezinho olhou-o e gostou do faroleiro que era tão fiel às instruções. Quis ajudar seu amigo:

— Sabe?..., conheço uma forma de você descansar quando quiser...

— Quero sempre — disse o faroleiro.

— Pois é possível ser fiel e preguiçoso ao mesmo tempo. Seu planeta é tão pequeno que você pode percorrê-lo em três passadas. Você não tem que fazer mais do que caminhar bastante lentamente para ficar sempre ao sol.

Quando quiser descansar caminhará... e o dia durará o tempo que você quiser.

— *Não adianto grande coisa com isso* — *disse o faroleiro.* — *O que eu gosto na vida é de dormir.*

— *Que falta de sorte* — *disse o principezinho.*

— *Que falta de sorte* — *disse o faroleiro.* — *Bom dia.*

E apagou o farol.

(*O pequeno príncipe*. Antoine de Saint-Exupéry)

Este texto, como todo o livro de que faz parte, em sua aparente simplicidade, diz-nos muito. Não podemos deixar escapar uma única palavra, sequer um ponto ou uma vírgula, deste breve relato que talvez nos ajude a vermo-nos e a compreendermo-nos como "faroleiros da educação".

Chama-me a atenção, por exemplo, que o principezinho não pergunte ao faroleiro quais eram as instruções mas "o que são instruções?". Com isso, o principezinho não se interessa pelo tipo concreto de tarefa, mas quer indagar acerca *do sentido que o trabalho tem* para o faroleiro. Mas este não chega a entendê-lo, não conhece o sentido de seu trabalho, apenas sabe que "instruções são instruções". Talvez por isso seu trabalho não o satisfaça e o viva como uma tragédia, como algo terrível.

Será que o professor conhece o "sentido" do que propõe ou exige como tarefa, ou simplesmente a estabelece porque assim diz o livro?

Vou responder a esta pergunta a partir de minha própria experiência como aluno na E. G. B. Eu faço parte dessa geração de crianças que passaram horas e horas fazendo árvores de análises sintáticas. Na década de 1970 tinha força vigente a chamada Gramática Gerativa ou Transformacional (Noam Chomsky). Existia, na época, a necessidade de introduzi-la como conteúdo e tarefa escolar na educação básica? Quem sentia essa necessidade? Os lingüistas especializados e acadêmicos da língua ou os professores que brigavam com as crianças? Todos estes novos delineamentos "científicos" da língua facilitavam o trabalho do docente e melhoravam o uso da linguagem em seus alunos? De onde e para quem se explicitaram claramente os critérios e as razões que justificavam que passássemos a maior parte das aulas de linguagem martirizando-nos com análises morfossintáticas de frases, em vez de nos divertir escrevendo, conversando ou lendo?

Anos depois, sendo já professor de idioma, descubro, em um extensíssimo volume intitulado *"Teoria lingüística e ensino da língua"*, em um artigo de J. M. Álvarez Méndez, que tivemos que padecer tudo aquilo pelo peso de uma moda e pelo peso acrescido que representava a autoridade de lingüistas eminentes (como, por exemplo, Lázaro Carreter) que, por onde quer que se olhe, eram os que escreviam os livros-texto que nossos professores seguiam ao pé da letra.

Várias décadas depois, a coisa não havia mudado muito; é verdade que as capas dos livros mudaram, mas pouco mudou a "atitude", a dinâmica de trabalho com eles. Acho que continuam fazendo muitas coisas e continuam mantendo modos e maneiras que as novas gerações simplesmente já não suportam nem agüentam. Mas claro, "instruções são instruções" e as instruções mais seguidas continuam sendo "o que determina o livro-texto".

Esta forma de "viver o trabalho" na escola não apenas a *"sofrem"* os alunos mas também "faz sofrer", e cada vez mais, os professores e professoras. Simplesmente pelo fato de que acaba sendo e vivendo-se como absurdo um trabalho educativo que não estimula a iniciativa nem a criatividade dos envolvidos nele e tampouco proporciona a menor gratificação emocional.

Um trabalho estritamente mecânico, desempenhado com uma lógica tão estrita e perfeita quanto fria e desumana, mina a beleza que deve estar presente em toda ação educativa e priva esta de seu mais profundo sentido e alcance.

Os educadores não podem continuar, por mais tempo, desempenhando "fielmente" suas tarefas como "bons funcionários", cuja fidelidade não encobre senão uma série de *automatismos condicionados* dos quais não estão totalmente conscientes.

Observo um destes automatismos condicionados nas instruções que fazem referência à *correção dos exercícios, trabalhos e cadernos* dos alunos. Às vezes vi professores e professoras carregando sacos de cadernos para corrigi-los em casa. Consta-me que, no retorno à aula, distribuíam-nos a seus proprietários, a maioria das vezes com uma ou outra observação sumária de caráter geral. As crianças, no entanto, mal reparavam nas correções efetuadas pelo professor. Parece-me que não faz muito sentido que o professor passe horas e horas corrigindo o caderno de uma criança e que esta, no final, passe os olhos rápida e superficialmente pelas marcas e anotações "em vermelho" que lhe fizeram.

Há uma correção que tem mais *finalidade informativa para o professor* do que corretora para os alunos. Acho importante que se tenha esta diferença clara e que se seja consciente do que se pretende ao corrigir o trabalho de um aluno. Sinceramente, penso que não compensa um trabalho de correção minucioso e custoso pelo professor se depois a criança não fizer um novo trabalho sobre o corrigido e anotado por aquele. Somente assim não estaremos falando de *"correção"* propriamente dita, mas mais de *"um registro de erros"*. E acho que há uma grande diferença entre uma coisa e outra.

Pessoalmente, adotei uma série de considerações e decisões sobre o modo como eu executaria estas instruções de "corrigir os trabalhos das crianças":

- Nem tudo tinha de ser corrigido.

354

- Nem tudo tinha de ser corrigido por mim, nem todas as correções tinham de cair sobre as minhas costas.

- Fazer uso, conforme a importância, peso ou características do que se ia corrigir, de distintas estratégias ou modos de correção: correção coletiva oral, correção escrita no quadro-negro, correção em pares...

- Corrigir a fundo sobretudo o que se relacionasse com os *processos de pensamento e as dinâmicas de expressão* (assim, por exemplo, corrigia conscientemente os textos e redações escritas, depois comentava-os pessoalmente com o menino ou menina que, por sua vez, voltava a trabalhar sobre as observações que eu lhe havia formulado).

Um leve e suave sorriso me acompanha ao escrever tudo isto sobre a tarefa da correção dos trabalhos dos alunos e quero compartilhá-lo com você, querido leitor ou leitora: fique sabendo que uma das razões que me motivaram a ser professor foi que, desde pequeno, eu me divertia corrigindo os trabalhos e até exames de meus colegas. Um ou outro professor "contratava-nos", em troca de um refresco ou uns biscoitos, para realizar trabalhos de correção, enquanto ele estudava para alguns concursos.

Se as crianças mudaram, se as circunstâncias de trabalho se modificaram, muitas das "instruções" devem ser eliminadas, outras modificadas e outras novas incorporadas. Temos o desafio de *adaptar criativamente nossas ocupações e tarefas às novas "condições"* nas quais temos que "cumprir as instruções", desempenhar o nosso trabalho.

Não poder realizar um trabalho que nos preencha e nos realize como pessoas, não poder viver as tarefas como possibilidades de encontro prazeroso com os outros e com o mundo, não ter prazer no que fazemos ("o prazer do dever"), não nos sentirmos felizes em crescer com cada tarefa que realizamos... é realmente, como expressava o principezinho, *"falta de sorte"*.

Porém a sorte não é fruto do acaso, mas *a capacidade de responder de maneira criativa e responsável diante das mudanças circunstanciais nas condições práticas de nosso trabalho.*

Limito-me a assinalar a necessidade de uma *crise revolucionária* no mundo do trabalho na escola.

Uma revolução que nos leve a todos a sentir nosso trabalho como uma tarefa que é muito mais que mera "função" ou cumprimento de uma instrução ou norma ditada por outros; uma tarefa na qual aparecem implicados e comprometidos o desenvolvimento e amadurecimento de toda a nossa pessoa, um trabalho que surge e reforça um determinado sentido e modo de vida.

Uma revolução que nos leve a ser felizes no desempenho de nossas tarefas ou, melhor ainda, que nos leve a fazer aquilo que temos que fazer porque somos felizes.

Uma revolução que devolva ao trabalho escolar sua condição de *"tarefa humana e humanizante"*.

Uma revolução que assegure a dignidade e favoreça a felicidade dos trabalhadores (adultos e crianças).

Uma criança dificilmente sentirá o valor e o prazer de seu trabalho se quem o propuser não participar dessa mesma alegria e ventura. Se não amo a tarefa que proponho, minha proposta não poderá chegar nem ser acolhida como algo "amável".

O amor, sempre o amor, as pulsações do "co-razão", ajudar-nos-ão a passar do trabalho como "obrigação" para o trabalho como "ob-ligação".

A criança vive seu trabalho na escola como *"obrigação"* quando o realiza como algo imposto, como simples exigência externa e que não costuma coincidir nem desenvolver nenhum de seus interesses nem necessidades mais profundas ou imediatas. O trabalho que não diz nada à criança é uma carga que se lhe torna insuportável e chega a converter-se em fonte de ansiedade e sofrimento. Fadiga e cansaço deixam de ser meros componentes ou conseqüências do trabalho para se converterem em seu semblante mais visível, em seu traço mais destacado. É então que *"lhes dá trabalho trabalhar"*, e vivem-no como algo doloroso e desagradável.

O educador só é obrigado a obrigar aquilo em que não há a menor dúvida de responder às necessidades profundas da criança, aquilo que responde ao "espírito", ainda que não se ajuste "à lei".

A educação é a arte de "ob-ligar" uma criança a fazer "o que tem de fazer porque quer fazê-lo e tem prazer fazendo-o".

O trabalho como *"ob-ligação"* já não é executado como resposta a uma imposição, mas a um convite que é acolhimento e aceitação a modo de demanda interna. É aí que o fazer é uma expressão necessária e prazerosa do ser. Comprovei que as crianças costumam ligar-se, vincular-se a um determinado trabalho quando é algo que *responde às suas próprias capacidades, preferências e interesses.* Se, além disso, puder ser desenvolvido em condições adequadas e positivas, o trabalho poderá ser acolhido, vivido e celebrado como um dom, como um presente.

Uma escola realmente humana deveria possibilitar que cada menino, cada menina pudesse realizar aqueles trabalhos aos quais, no mais profundo de si, deseja "obligar-se", tarefas que o ajudem a crescer, a ser, a relacionar-se e a ser feliz. Mas a escola, fiel reflexo do sistema social de que é filha, continua sendo um sistema mais de *"produção"* do que de *"realização"*.

Cansamo-nos ou queixamo-nos do trabalho quando *"não trabalhamos no nosso trabalho"*, ou seja, em algo que nos realize e preencha. Por isso, meu desafio como professor consistia em delinear trabalhos e modos de trabalhar que as crianças pudessem sentir como "seus". Mas também havia o desafio, que eu queria viver como possibilidade, de delinear meu trabalho com eles de maneira que o sentisse como algo "meu", algo que eu desfrutasse e que me realizasse como pessoa e como profissional.

A escola primária tem que resolver, favoravelmente para a criança, mas também para o professor, a dicotomia "jogo-trabalho" ou, se se quiser, "prazer-dever".

Em minha pedagogia, não promovo o *"esforço"*, mas sim a *"força de uma dedicação amorosa no trabalho que se realiza"*. O desafio de minha intervenção educativa não consistiu tanto em velar e valorizar um "esforço" que as crianças realizariam penosamente e que se manteria por motivações externas (seja a consecução de um prêmio ou o evitar um possível castigo) quanto em saber gerar no coração de meus alunos uma "força" ou "vontade" de fazer, com as ganas extraídas do poço das próprias motivações internas.

O esforço, para compreendê-lo corretamente, precisava ser situado como "realidade polar", como um dos pólos ou extremos que podiam estar no fundo de outras muitas dualidades ou polaridades: trabalho-descanso; tensão-relaxamento, atividade-passividade. Era preciso estar muito atento para não cair em uma polarização ou oscilação excessiva para qualquer dos dois extremos ou pólos e ir avançando para uma transmutação, para um transcender que superasse, integrasse e harmonizasse, em cada momento concreto, esses pólos.

Tudo o que é valioso supõe dedicação e entrega. Isto, sim, eu pedia aos meus alunos: entregar seu coração, dedicar-se de corpo e alma a suas tarefas. E sublinho *suas tarefas* porque sempre as nomeava assim e nunca como *deveres*.

A natureza opera com o princípio do "mínimo esforço" ou "economia do esforço". A pedagogia teria que ser, talvez, algo mais natural, e não exaltar nem enaltecer os esforços exagerados, mas alentar a dedicação, a paciência, a perseverança, a vontade, a autodisciplina, o autodomínio e uma entrega sem reservas.

"Meu amigo, para fazer bem uma coisa é preciso amá-la". Amar o trabalho e que o trabalho seja fruto do nosso amor. O trabalho como pulsação de um "co-razão" apaixonado por aquilo que faz e a que se entrega "de corpo e alma". O trabalho na escola pode chegar a sustentar-se não em "esforços" mas em "paixões": a paixão por ler, por escrever, por conhecer as coisas do mundo ou do nosso universo interior. Inclusive na "paixão" pelo outro. Maria repetia-me de vez em quando: *"Em sua aula, as crianças trabalham tanto porque o amam"*. Meu amor para com elas e para com o trabalho que fazia para elas e com elas foi, sem dúvida, o que fez de minha tarefa profissional algo "apaixonante".

Este é o desafio de qualquer pedagogia: facilitar que seus protagonistas "amem aquilo que devem fazer". É por este motivo que, pela inclinação natural da criança para o jogo e pelo efeito sedutor que este exerce sobre ela, tentei cuidar muito do caráter lúdico de tudo o que fazíamos na aula.

A integração jogo-trabalho é toda uma arte: a arte de fazer com que as crianças trabalhem simplesmente pelo prazer que lhes proporciona. Uma criança que sente e vive um trabalho como "jogo" entregar-se-á a ele gratuitamente, apenas pelo prazer que encontra em sua realização.

O que importa no jogo é o processo, ou seja, o que ocorre enquanto se está jogando; o prazer acompanha a atividade. E aí estava meu desejo, minha proposta pedagógica: vê-las aprendendo enquanto brincavam, vê-las brincando enquanto aprendiam.

E assim surgiram os *"joguexercícios"*: exercícios que nos divertiam, jogos que nos ensinavam (jogo-tabuada, o "papa-léguas", "o mercadinho", "o diciojogo", "o memória", "a loteria ortográfica", "os jogos dramáticos e de expressão", "os jogos desportivos", "as canções" etc.

Para que separar o que pode estar unido e, sobretudo, ser vivido e usufruído unitária ou globalmente?

Em muitos momentos trabalhávamos em um ambiente musical favorecedor. Em geral, quando estávamos em tempo de "T. I." (trabalho individual), uma música conscienciosamente selecionada nos evolvia e centrava nas tarefas que estávamos fazendo. Um cartaz brilhante colocado sobre o quadro-negro indicava-nos que era preciso velar pelas condições em que desenvolvíamos nosso trabalho: silêncio (ou falar muito baixinho), lentidão e suavidade nos deslocamentos pela sala de aula quando fossem necessários, levantar a mão se necessitassem da minha ajuda, prestar ajuda a um companheiro (que não significava fazer o trabalho por ele).

De vez em quando, com uma voz muito, muito suave, eu dizia: *"Dá gosto trabalhar assim!"*, ou alguma outra expressão que brotasse espontaneamente de um ambiente de trabalho agradável.

Tentei que cada menino, cada menina pudesse trabalhar em seu ritmo, a partir dos seus próprios limites.

Às vezes, as crianças que terminavam suas tarefas antes punham-se a ajudar outros colegas ou então iam para a zona de jogos, para o espaço da biblioteca de classe ou escutavam algum conto nos *walkman* (cassetes portáteis com fones de ouvido).

Quantas vezes, depois de já terem terminado suas tarefas, iam para o tapete e começavam a brincar com as réguas, os quebra-cabeças, os contos...! No fundo, seu trabalho continuava... apenas em outro espaço, com outros elementos e de outra maneira.

Nas últimas séries as crianças dispunham de "superfichas", material complementar, mais avançado, com propostas criativas de diversas áreas. Elas mesmas as escolhiam, controlavam-nas e até corrigiam.

O trabalho, não obstante, também pode ser *motivo de conflito* e, às vezes, até pode se converter em castigo ou penitência para os que tiverem agido incorretamente.

O trabalho podia ser motivo de conflito por muitas razões diferentes e nas circunstâncias mais variadas: crianças que se negavam a fazer um trabalho, dificuldades que surgiam no desempenho das atividades, tarefas que precisavam ser feitas em grupo e no grupo desencadeava-se alguma rivalidade ou discrepância, tarefas que não haviam sido realizadas, trabalhos feitos depressa e com pressa, falta de entrega a um trabalho concreto, falta de respeito pelo trabalho de outro ou ao outro durante a atividade...

Conforme desenvolverei amplamente no capítulo seguinte, o mais importante era como administrávamos esses conflitos, grandes ou pequenos, que iam surgindo.

A seguir, reproduzo o relato de um desses momentos e que já apareceu em meu livro anterior: *La vida maestra*. Refiro-me ao texto 33, que intitulei *"O trabalho como agradecimento"*.

Há alguns dias, um de meus alunos de nove anos negou-se a fazer suas tarefas, seu trabalho. Aproximei-me dele, sentei-me a seu lado, peguei em uma de suas mãos e disse-lhe:

— Bom, em vez de fazer seu trabalho, proponho o seguinte: veja a roupa que você está usando. Feche os olhos e pense por um momento na quantidade de pessoas que trabalharam para que você agora pudesse usar essa camisa, essas calças, esses sapatos. Pense agora, por um momento, em seu pai que, desde as seis da manhã, trabalha colhendo aspargos, ou no que pode estar fazendo sua mãe agora: preparando a comida, lavando ou passando sua roupa a ferro, arrumando seu quarto para que você o encontre agradável e limpo.

Agora abra seus olhos e repare em mim. Pense nas horas e horas que eu estudei para ser professor e poder ajudá-lo a aprender. Veja, agora mesmo estou aqui trabalhando com você e seus colegas. Olhe, toque-me aqui (aproximo sua mão do meu peito): quando alguém trabalha e ama o que faz, dentro do peito acende-se como se fosse uma chamazinha que lhe enche todo o corpo de um calorzinho suave e de uma grande alegria. Alguns dias, quando volto a Lora, se fiz meu trabalho com amor e entusiasmo e vejo as árvores se mexerem com o vento, as nuvens deslocarem-se no céu, os pássaros revoluteando por cima de meu carro, parece-me que estão agradecendo tudo o que fiz. Sabe o que parecem me dizer? Algo assim como se com meu trabalho eu ajudasse a melhorar e embelezar o mundo, e que para fazer bem uma coisa é preciso amá-la. É verdade que às vezes nos custa trabalhar, mas com o que cada um faz, na realidade, não fazemos senão agradecer por tudo aquilo que recebemos.

Apertei-lhe a mão com ternura e levantei-me para ajudar outro colega que pedia minha presença.

O garoto fez um gesto de agradecimento por tudo o que a vida lhe oferecia: abriu seu caderno e começou a escrever: "Peñaflor, 7 de abril...".

O trabalho, no entanto, a partir das reminiscências bíblicas da expulsão do Paraíso, também pode chegar a ser vivido como um castigo.

Quanto à estratégia de recorrer a algum tipo de trabalho como forma de castigar ou punir uma determinada conduta, jamais quis empregá-la, já que não queria, de maneira nenhuma, que se estabelecesse neles a menor associação do trabalho com o castigo.

Eu considerava o trabalho um bem, algo importante e valioso e, portanto, não fazia sentido nenhum castigar com algo tão "prezado" e bom. Não podia castigar oferecendo uma espécie de recompensa.

A celebração e a festa. O caráter festivo do que vivemos e fazemos

A escola não é apenas um espaço para o trabalho, mas também para a celebração e a festa. A escola pode e deve dotar de caráter festivo o que se vive nela. Celebrar e viver a festa pode ser um acontecimento que nos faça mais pessoas.

A festa é sempre uma oportunidade, um convite, uma ocasião para reunir-se, para abrir-se aos demais, para a participação grupal e comunitária.

Com efeito, o encontro deve ser o elemento mais presente na festa celebrada em um contexto educativo. Por isso, se houver distração ou diversão, mas não encontro, não haverá festa.

As crianças estão crescendo em um ambiente de jovens e adultos, mas de uma forma que acabamos degenerando a festa em mero consumo. Na verdadeira festa não consumimos nem desgastamos, mas nos divertimos em formas superiores de relação e convivência.

Em nossa classe, a festa era sempre *celebração de algum acontecimento*: o aniversário de P., o regresso de D. L. e de O. da colheita da azeitona, o retorno de B. à aula depois de muitos dias doente em casa, a incorporação de um novo membro na turma, a chegada das férias, o regresso às aulas depois das férias...

Às vezes, a festa pode consistir em um pequeno ritual ou cerimonial para exaltar ou destacar algo ou alguém.

O "especial" da festa procedia de sua intensidade e de sua profundidade; ou seja, da quantidade e da qualidade de energia que costumava mobilizar em nós.

Certamente que na escola se necessitava de momentos e lugares "específicos" de festa, mas é certo também que são necessários para poder e saber dotar de caráter festivo todo o resto de nossa existência nela. Viver três dias de festa durante o curso sem tirar nenhum proveito ou aprendizagem para o resto do ano significava empobrecer ou anular o efeito de onda ou multiplicador que toda celebração festiva pode ter. Cada festa pontual não fazia senão recordar-nos que toda a nossa vida era chamada a ser uma festa.

Eram uma festa a apoteose dos pássaros fora da janela, os bailes com que deixávamos que nossas emoções se libertassem por meio do movimento do nosso corpo, cada novo pequeno adorno que colocávamos na sala de aula, cada visita que se apresentava na classe para nos ver ou conhecer, cada encontro com os amigos, cada gesto de solidariedade com que aliviávamos o sofrimento ou aumentávamos a alegria de nossos companheiros; o trabalho também podia ser uma festa quando nele entregávamos o melhor de nós mesmos ou o descanso que renovava nossas forças e energias; eram festa cada pequeno presente que dávamos ou nos davam, cada carícia, cada abraço e cada vez que tomávamos consciência da presença de alguém que nos amava tal como somos.

Porque viver, assim, sem mais, é uma festa.

A escola como espaço para o descanso

A escola é reconhecida como um espaço para o trabalho, inclusive para a festa, mas ainda não se conformou claramente como um espaço também para o descanso.

Na escola não costuma haver "descansos", mas "recreios" ou mudanças de atividade.

A escola deve assumir sua responsabilidade na tarefa de ensinar e promover o descanso. E não se trata de acrescentar uma nova "tarefa", mas precisamente o contrário. A criança tem o direito a ser educada para o trabalho, mas também para o descanso.

Não é questão de "sobrecarregar" ainda mais os programas e os currículos, mas de "descarregar" as pessoas (professores e crianças) de tensões, sufocos e cansaços.

Não estou propondo um novo afazer, mas antes que se permitam espaços e tempos libertados da compulsão por fazer, trabalhar ou aprender.

A escola, como qualquer outro espaço educativo, deve salvaguardar esses momentos fundamentais nos quais "se deixa de fazer" e alguém se entrega à oportunidade de "refazer-se", de "fazer-se a si mesmo".

Em muitas ocasiões expressei que *"Deus não descansou no sétimo dia porque estivesse cansado, mas para criar o descanso"*. O descanso não é, portanto, senão o último gesto criativo de Deus; não é um luxo, mas uma necessidade. Nos tempos que correm, atrever-me-ia a dizer que é mesmo uma responsabilidade.

A escola deve promover e facilitar um descanso que não tenha nada a ver com o "dis-trair-se"; trata-se justamente do contrário: "conduzir-se a si mesmos". O descanso vai construindo na criança uma nova *consistência, coesão e integração interior*.

O descanso, mesmo que por apenas dois minutos, devolve a criança à aula, mas também ao professor, com outra presença, com outra atitude, com outra vibração e energia, com um frescor renovado.

A pessoa, quando está cansada e distraída, carece de atenção e da tensão e voltagem necessárias para afetar sem se sentir afetada por nada do que faz.

Por isso convidava e sugeria algum descanso que lhes permitisse voltar a si mesmos e recuperar-se. Algo a que também eu me convidava, diante das crianças ou quando estavam ausentes.

O descanso na escola não é perda, mas "investimento" de tempo que sempre produzirá uma alta rentabilidade depois, nos momentos de trabalho.

"Descan-ser": descansar para ser

Insisto uma vez mais. "Render-se ao cansaço" não é o mesmo que "entregar-se ao descanso". Distrair-se ou entreter-se não é o mesmo que descansar. Nossa sociedade, e também a escola, está densamente povoada de corpos cansados, corações tristes e mentes oprimidas.

Descansar é condição necessária, mas não suficiente, para "ser".

Chamo *"descanser"* a esse gesto humano, tão tremendamente singelo quanto surpreendente e eficaz, por meio do qual a pessoa recupera seu centro, retorna à sua identidade mais profunda, renova toda a sua matéria-energia e reaviva seu espírito para ser devolvida ao mundo com uma nova qualidade de presença.

Distraímo-nos no bulício, no ruído, nas aglomerações e contaminações de todo tipo (de ruído, de fumo, de informação, de pensamentos, de atividades...). Por isso achamos estranho, difícil e inútil "descanser" na solidão ou na companhia bem escolhida, no silêncio, na simplicidade e singeleza de tudo (afazeres, expectativas, desejos, necessidades materiais...).

O "descanser" tem uma dinâmica interna claramente centrípeta, ou seja, projeta e aproxima a criança do seu próprio centro ou interioridade.

É algo imprescindível na escola e para a escola se quisermos que as ações de crianças e professores não sejam simples espasmos ou impulsos descontrolados; se quisermos um quefazer que seja expressão e projeção centrífuga e envolvente de todo o ser; se desejarmos contribuir para a melhoria do corpo social do mundo contribuindo com um "corpo", o nosso, que sente, percebe e se move "de outra maneira".

Esta forma particular de considerar e viver o descanso a que chamo "descanser" responde a uma necessidade pessoal, a uma demanda social, e considero-a uma autêntica *urgência pedagógica*.

A escola como espaço para o humor

O sentido do humor é uma espécie de "sétimo sentido", uma maneira "espiritual ou divina" de se aproximar, perceber, captar, sentir, interpretar, situar-se e relacionar-se em e com o que acontece e se vive.

O humor, quando presente na escola, inunda-a de inocência, de ingenuidade e de frescor.

O humor permite-nos criar uma distância crítica e saudável diante dos acontecimentos, impedindo assim que nos aflijam e nos asfixiem. Ajuda-nos a sanar os problemas de uma maneira ágil e ligeira, em vez de carregá-los pesadamente, acolhendo-os assim como desafios, como possibilidades de aprendizagem e de aperfeiçoamento.

Ensinar uma criança a ver, tocar e ouvir todas as suas questões vitais a partir do sentido do humor nada mais é que ensiná-la a responder a elas de um modo especialmente inteligente, eficaz e saudável.

O humor pode ser para as crianças, e também para o professor, certamente, um impressionante foco de luz e de consciência transido de ternura que pode projetar sobre aquilo que vivem e também sobre a visão que têm de si mesmas.

O humor, revestido de humildade e carinho, impede-nos de levar excessivamente a sério e desvanece as imagens ilusórias de um ego ansioso por solenidades, prestígios e importância pessoal.

Parece-me que já é hora de levarmos a sério o humor na pedagogia, na educação e, particularmente, na escola. Modificando ligeiramente um pensamento de Oscar Wilde, atrevo-me a afirmar que *"a educação é importante demais para ser levada a sério"*.

O riso está ocupando um justo reconhecimento em campos tão "sérios" quanto a medicina ou a psicoterapia (*risoterapia*). Resta-nos agora avançar para uma *"riso-pedagogia"*. Para isso, será preciso sortear e superar um ou outro obstáculo, uma ou outra reticência e mais de um preconceito.

Na segunda série passamos o curso todo consagrando a quinta-feira (qua, que, quin-ta-feira) ao humor. Era nosso dia de trocar piadas, anedotas engraçadas e divertidas. Sentados ou recostados no tapete verde, nesse dia tecíamos com os fios do humor o tecido de nosso encontro. Demo-nos conta de que se costuma chorar sozinho, mas que o riso precisa do espaço da comunhão. E aprendemos, a partir dos acontecimentos que iam surgindo espontaneamente, que:

- não tínhamos que comparar nosso humor com o de ninguém; cada um podia cultivar e desenvolver o próprio, sempre distinto, como a impressão digital de nossos dedos;

- tínhamos que aprender a manejar o humor com cuidado e tato porque havia companheiros que levavam uma brincadeira a sério ou não chegavam a entendê-la e não despertava neles o sorriso, mas a angústia;

- não era prudente nem conveniente usar brincadeiras com desconhecidos;

- "rir de..." não era o mesmo que "rir com..."

- rir das desgraças alheias não tinha nenhuma graça para os afetados e representava uma falta de respeito e, sobretudo, de consideração para com o sofredor;

- podíamos cultivar um humor branco ou limpo, sem gozar nem ridicularizar ninguém; de quebra aprendemos que havia humores de todas as cores (branco, verde e negro);

- o humor podia ser ponte ou barreira, remédio ou veneno, podia dissolver uma tensão ou criá-la.

Os risos povoavam os rostos e a atmosfera de nossa aula: as crianças riam com suas coisas, com o intercâmbio de suas aventuras e peripécias, riam com os contos ortográficos que inventei expressamente para elas ("O há de Filomena", "O ah! de Dionísio" e "O lá de Serafim"), com alguns dos personagens dos livros que líamos em sala de aula (Nenhum, Mariquinhas Brigona, Joãozinho Perdedia...). Eles riam, eu ria... o riso brotava de nossos corações cheios de prazer.

Tire-me o pão se quiser, tire-me o ar,

mas não me tire seu riso... porque eu morreria.

Não me tire a rosa,

a lança que sangra,

a água que logo explode em sua alegria,

a repentina onda de planta que lhe nasce.

Minha luta é dura e volto com os olhos cansados

às vezes de ter visto a terra que não muda,

mas ao entrar seu riso sobe buscando-me e abre

para mim todas as portas da vida.

Amor meu,

na hora mais obscura desmanche seu riso,

e se de repente vir que meu sangue mancha as pedras
da rua,

ria, porque seu riso será para minhas mãos como
uma espada fresca.

Junto ao mar no outono,

Seu riso deve alçar sua cascata de espuma,

e na primavera, amor,

quero seu riso como a flor que eu esperava,

a flor azul, a roda de minha pátria sonora.

Ria-se da noite, do dia, da lua,

ria-se das ruas torcidas da ilha,

ria-se deste trôpego garoto que a quer,

negue-me o pão, o ar, a luz da primavera,

mas seu riso nunca, porque eu morreria.

Pablo Neruda

8

O CONFLITO COMO ESPAÇO E MOMENTO PARA A APRENDIZAGEM

O conflito: problema, possibilidade e desafio

É claro que durante o tempo em que estivemos juntos houve conflitos, mas nossa turma não foi uma turma conflituosa. O conflito aparece onde há encontro humano: há grupos mais conflituosos que outros; também há educadores e crianças conflituosos e professores e alunos em conflito.

A conflituosidade tem vindo a aumentar em todos os níveis educativos nos últimos anos e acho que é uma questão que não pode esperar mais tempo para ser abordada com seriedade, rigor e em profundidade e para ser detida com determinação e contundência pela ação conjunta de todos os setores da comunidade educativa.

Hoje temos o problema dos conflitos, mas o conflito, em si mesmo, não é um problema.

Os conflitos são parte inerente da convivência entre pessoas, ainda que no geral sejam considerados negativos, e as pessoas que os geram e desenvolvem, como conflituosas.

Na experiência pedagógica que compartilho nestas páginas deram-se fatos conflituosos de especial gravidade. Isto favoreceu, sem dúvida, que eu pudesse recebê-los, acolhê-los e geri-los, mais como possibilidade e desafio do que como fatalidade ou problema.

Os conflitos vividos eram expressão e fruto de um *"des-encontro"*, mas pudemos canalizá-los e reorientá-los, a maioria das vezes, como *possibilidades para um "re-encontro"*, a partir de outro lugar, com outra atitude, de outra ordem e natureza. Os conflitos que foram bem abordados constituíram uma oportunidade de crescimento para todos, e não apenas para os implicados mais diretamente neles.

Os conflitos deterioravam a convivência no grupo; embora, na realidade, não fossem senão expressão de que algo nessa convivência já se havia deteriorado. Mas se conseguíamos a sua adequada condução e resolução, a convivência tornava-se mais sólida e os vínculos saíam fortalecidos depois de cada conflito.

Um conflito representava uma espécie de queda ou desmoronamento no *corpo de relações* que era a nossa aula, mas se conseguíamos levantar-nos e reconstruir a trama afetiva e relacional, esta ganhava em solidez e fortaleza.

O conflito representava uma espécie de *situação de emergência*, porque nele emergiam as turbulências e o próprio caos interno dos sujeitos envolvidos nele. No conflito ficavam em relevo incompatibilidades ou choques de opiniões, de condutas ou de afetos.

Os conflitos, no geral, não são agradáveis, e a todo professor satisfaz e agrada uma turma sem conflitos. Cedo me apercebi de que *uma aula sem conflitos era mais um ponto de chegada do que de partida* e que determinados conflitos traziam consigo tremendas oportunidades educativas. De fato, fui sofrendo uma evolução lenta que me fez ir passando de uma atitude baseada no desejo de "evitar" todo tipo de conflitos para o papel de administrador ou gestor deles. Passei de ser apenas uma "solução" dos conflitos que se geravam entre os meus alunos a "suscitá-los" e até "provocá-los" eu mesmo, sobretudo os conflitos de ordem cognitiva, tal como veremos no final do presente capítulo.

Dinâmicas e pautas seguidas na gestão dos conflitos

Agora apresento, com certa organização, os elementos, pautas e estratégias que fui aplicando nas diversas situações conflituosas que se foram dando. Em seu conjunto, podem representar um modo *construtivo-formativo* de condução ou gestão dos conflitos. Com o tempo compreendi que o fundamental não era a *resolução* de um conflito, mas sua gestão adequada e que seu desenvolvimento fosse, em si mesmo, uma experiência pedagógica e educativa para os sujeitos implicados nele.

Minha intervenção, quando conseguia ser construtivo-formativa, caracterizava-se por *enfrentar as tensões "atendendo-as e distendendo-as"*.

Na medida em que me foi possível, tentei não exercer atuações mais próprias de modelos *evasivos* (desentender-se do conflito, evitá-lo, negá-lo, desatendê-lo ou desvalorizá-lo) ou de modelos mais *impositivos* (baseados na confrontação, no enfrentamento, na reprovação, na condenação e no castigo).

Alguns conflitos foram-se mostrando como espaços privilegiados para um encontro e para o diálogo integrador coração-cabeça.

Se as *receitas* pedagógicas não são possíveis, nem viáveis, nem sequer convenientes, muito menos no caso da gestão de conflitos. Cada conflito é único e singular, irrepetível... ainda que possa reiterar-se.

Ainda que possa ter-se em conta uma série de padrões ou considerações gerais, algumas das quais podem, inclusive, chegar a ser muito úteis diante de aplicações concretas, *cada conflito deve ser abordado de maneira diferente e de maneira singular.*

1. O reconhecimento do outro como "legítimo outro" na convivência

A atitude amorosa permitia ver o outro; não apenas vê-lo, mas chegar a reconhecê-lo como legítimo outro (H. Maturana). Quando alguém atuava a partir de si mesmo e de maneira responsável, o outro podia ser acolhido e não negado nem rejeitado.

Éramos responsáveis quando tínhamos em conta as possíveis conseqüências de nossos atos. De fato, ao atuar ou não de uma determinada maneira estávamos indicando a aceitação ou não das conseqüências que essa atuação acarretava.

Mais de um conflito se gerava quando a relação com os demais se baseava nas expectativas que tínhamos deles ou nas aparências: queríamos que o outro fosse como gostaríamos que fosse, e pudesse, assim, satisfazer nossos desejos e exigências. Mas deste modo não permitíamos ao outro ser "tal como era" e exigíamos dele, continuamente, a autonegação ou a atuação forçada para satisfazer nossas aspirações.

O *reconhecimento e respeito para com o que cada um era, fazia ou tinha* foi um dos fundamentos da dinâmica social e de relações na aula. Simplesmente marcava uma linha que não podia ser ultrapassada de modo algum e sob nenhum conceito: todos e cada um dos meninos e meninas tinham todo o direito a serem felizes no espaço comum da sala de aula e ninguém podia atentar contra esse direito irrenunciável.

Assim, se uma garota vinha-se queixando porque um garoto a havia tocado, a contundência de minha intervenção não era produzida pelo componente "sexual" do conflito, mas pela violação desse princípio básico: ninguém tinha o direito de tocar no outro, de maneira ofensiva, sem seu consentimento.

O outro era sempre um sujeito, uma presença, e nunca um mero objeto para ser usado ou de que abusar.

Violar, de qualquer forma ou modo, este princípio básico e essencial era atentar contra o próprio "espírito" que sustentava o "Nós".

O cuidado do afeto grupal, dos vínculos afetivos de uns para com os outros, era crucial para construir entre todos um universo de encontros significativos, prazerosos e criativos.

Este reconhecimento implicava consideração, respeito e lealdade para com o outro e seu mundo (de opiniões, de objetos, de afazeres...).

Implicava também ter claras, mas muito claras mesmo, as condutas que, por atentarem contra esse reconhecimento do outro como legítimo outro, de modo algum eram admitidas nem toleradas:

1. insultar os membros da turma;

2. gestos de desprezo ou falta de consideração e respeito para com as pessoas, suas coisas ou opiniões;

3. não respeitar os espaços e coisas dos demais: pegá-las sem pedir permissão, estragá-las...

4. agressão física a outro (como gesto de ataque, não de autodefesa);

5. não cumprimento dos acordos e pactos assumidos por todos;

6. ações que podiam supor um alto risco para a própria segurança ou a de outros;

7. interferir ou impossibilitar o trabalho ou o descanso dos demais;

8. mentir, espalhar boatos e enganos referindo-se a terceiros;

9. ....

Do mesmo modo, com ímpeto similar e decisão, sempre que havia a mais pequena ocasião e oportunidade, destacava as condutas e comportamentos que eram congruentes e até reafirmavam o reconhecimento dos outros:

1. respeitar os companheiros, suas coisas e espaços; cuidar dos espaços e coisas comuns;

2. expressar suas emoções por meio de condutas adequadas;

3. expressar com segurança e sinceridade o que se pensa e sente;

4. escutar; dialogar para resolver os problemas ou conflitos;

5. dizer a verdade; sinceridade.

6. fazer as tarefas por vontade e iniciativa própria e assumir suas responsabilidades;

7. uso responsável das margens de liberdade de que dispunham;

8. cuidado com a higiene pessoal e com sua imagem sem cair no culto ou idolatria da mera aparência; respeito pela imagem ou aspecto dos outros;

9. ....

O primeiro e último fundamento deste primeiro princípio não era outro senão experimentar em si mesmo, e perceber nos outros, que *esse reconhecimento era bom e trazia uma grande felicidade.*

Tentei transmitir-lhes, sem trégua nem descanso, que *"darmo-nos bem e amarmo-nos era nossa obra de arte pessoal".*

2. O tecido permanente e contínuo da "trama afetiva grupal"

O modo privilegiado de gerir os conflitos negativos é, sem dúvida, realizando um *trabalho preventivo consciente e persistente.* Acho que aqui pode estar um dos motivos principais da escassa conflituosidade de alto grau que se gerou no grupo durante cinco longos anos: desde o primeiro dia de aula, e em todos e cada um dos dias de cada ano escolar, sem concedermos a menor trégua a respeito, mantivemo-nos constantes no traçado de uma malha de afetos que envolvesse a tudo e a todos.

O conhecimento profundo do outro nos impede de agir contra ele. Por esta razão, um seqüestrador evita a mínima conversa com sua vítima: a menor das conversas ou o menor encontro humano com ela geraria sentimentos nele que lhe tornariam mais difícil manter-se na crueldade de seu ato. Para agredir ou prejudicar o outro, para ter um conflito violento com outra pessoa é preciso ter diante dela a percepção e o emocionar de senti-la uma *"estranha"*, uma pessoa afastada. É sempre mais difícil prejudicar aquele de quem nos sentimos próximos, aquele que vivemos como "próximo".

Por isso dedicamos horas e horas a falar e falar. Mas falar de nós, de nossas experiências passadas e presentes, de nossas famílias e amigos, de nossas opiniões, de nossos sonhos…

Sempre estive consciente de que, quando estávamos sentados ou recostados no tapete, em nossos "telejornais", nas conversas espontâneas, na leitura dos textos que escrevíamos… em todos esses momentos não só estávamos trabalhando a expressão oral ou a linguagem, enquanto código lingüístico de comunicação. Também procedíamos à paciente tecelagem do tecido afetivo grupal, a malha do "amarmo-nos".

"Só se ama o que se conhece. Só se conhece o que se ama." Em qualquer caso, o carinho para com os demais

membros da turma afiançava-se quanto mais se conheciam, quanto mais se sabia deles.

Cada conversa e experiência de encontro pessoal, cada atividade que conduzia à comunicação, em qualquer de seus múltiplos códigos ou linguagens, era uma pedra a mais no traçado das mil e uma pontes que podiam aproximar-nos e fazer-nos penetrar na margem do outro, favorecendo, assim, seu *reconhecimento incondicional*.

Quanto menos "grupo", mais "conflito". O sujeito que se sente parte importante, que tem seu lugar, que é reconhecido, aceito e querido em um grupo ou coletivo não sentirá a necessidade de gerar enfrentamentos nem conflitos. Não terá necessidade de receber "pela força" o que já recebe generosamente sem motivo nem medida.

A existência e a consciência de um "Nós" forte e coeso, em que todos e cada um dos "eus" podem alcançar sua máxima expressão e realização, neutralizam os conflitos que surgem de um "eu" que procura sua afirmação na luta com outro "eu".

Neste trabalho preventivo dos conflitos também desempenhou papel significativo o *evitar todo tipo de desconfiança, não semear dúvidas nem incertezas* e estarmos alertas à menor predisposição para o descrédito. Os comentários infundados, a divulgação de rumores sobre algo ou alguém, as intrigas... estive com o radar sempre conectado e em funcionamento para poder detectar a tempo estes funcionamentos e mecanismos que, com uma simples brecha inicial, podiam acabar esfiapando por completo o tecido de nossos doces encontros.

A coesão grupal também pôde manter-se por uma ação contínua e consciente para a *não competitividade*. Submetia cada dinâmica grupal e lúdica que ia utilizar em sala de aula a um autêntico trabalho de análise e cirurgia para estar consciente de seus segredos internos. Muitas vezes, quando caímos na mera aplicação de recursos "apenas por aplicar", seduzidos por seu atrativo ou capacidade motivadora, podemos deixar passar o que realmente se ativa e se move com sua aplicação. Sob um aparente caráter inofensivo podia estar agindo, sub-repticiamente, de maneira oculta e às escondidas, um dinamismo tendente ao enfrentamento e à competição, mais do que à confrontação e à colaboração.

Promover a amizade entre as crianças à base de gerar espaços de diálogo, dinâmicas de intercâmbio e múltiplas e variadas experiências de encontro foi, sem qualquer dúvida, uma das vacinas mais eficazes que pude aplicar para não sermos infectados pelo vírus do conflito. Favorecer as relações cordiais, ou seja, as relações a partir do coração, era criar as melhores condições prévias para as relações sociais fluidas e pacíficas.

Quando há um *vínculo de amizade* forte torna-se muito mais difícil causar dano ou gerar sofrimento.

Estou fazendo referência à "relação entre iguais", à relação de umas crianças com outras, já que quanto à minha relação com elas (relação professor-alunos) não era tanto uma relação de amizade, mas de "amor" (relação cordial, gesto do coração). Minha relação com as crianças, de maneira similar ao que pode ser uma relação pais-filhos, não era nem podia ser, e mais, não convinha que fosse, uma relação "entre iguais", uma relação de "amizade". Simplesmente porque eu não era um "amigo" das crianças, mas seu professor, o que não significava, em absoluto, que minha relação com elas não fosse tremendamente amistosa, afável e carinhosa.

Na integração grupal houve um aspecto, quase imperceptível, mas que suspeito desempenhou seu papel na coesão como coletivo. Refiro-me ao que se podia chamar de *"emergência dos anônimos"*. Com isso quero indicar a importância de tirar do anonimato, tornar presentes, consciente e deliberadamente, esses meninos e meninas cuja presença, por não se destacarem por um aspecto ou outro, por não colocarem problemas especiais nem tampouco sobressaírem por nenhuma qualidade ou traço de sua personalidade, mal é notada, ou melhor, deixa de ser notada. É como se ao torná-los presentes, ao assinalá-los e destacá-los, sem necessidade de qualquer motivo especial, os "extremos destacados" da turma tendessem a centrar-se, a nivelar-se, a equilibrar-se. Suspeito que de fundo podia estar o fato de não alimentar excessivamente os "picos" ou extremos, prestando-lhes demasiada atenção e energia e outorgar sua correspondente cota de presença, de espaço, tempo e energia, àqueles que habitualmente tendiam a "passar despercebidos".

É inevitável que em um grupo humano numeroso haja "diferenças" e até "desigualdades". No meramente acadêmico, estas tendem a gerar "desníveis" entre as crianças e, no relacional, podem ser um excelente caldo de cultivo para os conflitos, as desavenças, as rivalidades, as rixas e as disputas. O desafio, para mim, era que essas diferenças ou desníveis não levassem à *"desintegração"* do grupo.

Cada conflito, cada situação nova convocava-nos a uma permanente tarefa de reconstrução e de reintegração.

No primeiro dia de aula, ao iniciar a quarta série, as crianças iriam encontrar-se com um novo colega que repetia o ano. Era algo que não havia sucedido até então; desde o primeiro ano, o grupo havia se mantido sempre o mesmo e eu sabia que a incorporação de "mais um" implicava muitíssimo mais do que um simples aumento numérico. A mais leve modificação de um sistema afeta todo o sistema, e mais uma "presença" não era uma questão leve ou banal. Eu estava consciente disso e preparei com muito cuidado a chegada do novo membro à nossa turma. Pedi ao professor da turma da qual procedia este garoto, M., que o mantivesse consigo até que eu fosse buscá-lo pessoalmente. Amavelmente, ele concordou com isso.

Iniciei esse primeiro dia, anunciando com bumbo e pratos, uma notícia muito boa: teríamos um novo colega e amigo na turma.

Conversamos por quase duas horas sobre este fato da "integração" de uma pessoa em um grupo ou coletivo. Ajudei-os a tomar consciência da importância de lhe dar o tempo, e, sobretudo, a oportunidade, para adaptar-se a nós e nós a ele. Já estávamos juntos havia quatro anos, conhecíamo-nos bastante bem e sabíamos perfeitamente como funcionava nossa classe. Mas ele não.

E começou a chuva de idéias sobre como ajudar para que M. fosse bem recebido e se sentisse plenamente acolhido por todos nós desde o primeiro momento.

Confeccionamos cartazes de boas-vindas; o próprio Pinóquio, que já o sabia, tinha junto a si uma frase de boas-vindas para M.

Recordo perfeitamente a expressão de M. quando lhe abri a porta de nossa sala de aula e o convidei a entrar. Ficou completamente paralisado e perplexo: todos os meninos e meninas se levantaram movendo seus cartazes de boas-vindas, gritando seu nome, dando-lhe boas-vindas apoteóticas que nem eu mesmo tinha imaginado tão efusiva e sincera.

M., um garoto difícil, segundo a avaliação que recebi de seu professor anterior, passou a fazer parte do "Nós" desde o primeiro segundo, e plenamente. Sentamo-lo junto ao garoto que se ofereceu pessoalmente para tê-lo a seu lado e ajudá-lo. Toda a turma se dedicou a ele de corpo e alma. Havíamos crescido, enriquecíamo-nos com uma nova "presença". E vivemos não apenas sua chegada, mas toda a sua estada entre nós como um verdadeiro "acontecimento".

3. Criação de "margens ou espaços de liberdade e responsabilidade pessoal"

Sabemos que a ausência ou privação da liberdade é sempre uma fonte de conflitos. A autonomia pessoal, ao contrário, sempre facilita sua gestão.

Não se pode conceber uma educação integral e plena sem margens adequadas de liberdade, mas para que esta seja, em si mesma, um elemento educativo precisa ser orientada e sustentada por um coração inteligente e responsável.

Um garoto que é "asfixiado" diante de um delineamento educativo excessivamente rígido e estreito criará conflitos nos quais possa dar rédea solta à sua tensão e angústia. Ou entrará em conflito consigo mesmo ao padecer passivamente de uma pedagogia que, em vez de desenvolvê-lo, irá castrá-lo ou limitá-lo.

Um modo de não convocar os conflitos consistiu em adiantar-me a eles. Para isso fui criando e permitindo espaços e tempos de livre disposição, deixava-os e até animava-os a tomar decisões em opções simples e sem muito risco, na consciência de que quando lhes permitia assumir e exercitar *pequenas decisões e responsabilidades* estava educando-os para outras maiores e mais transcendentes.

O "semáforo" para ir ao banheiro ou sair da sala de aula

Precisamente na entrada da sala de aula tínhamos um semáforo muito simples, mas que foi muito útil e proveitoso. Tratava-se de uma cartolina vermelha de um lado e verde do outro que pendia de um fio suficientemente longo para permitir rodá-la de uma cor para a outra.

Quando um menino ou menina tinha necessidade de ir ao banheiro, não precisava me pedir permissão. Se estivesse "verde" significava que não havia ninguém fora nesse momento e que, portanto, podia ir sem qualquer problema. Levantava-se de seu lugar, rodava a cartolina, deixando visível seu lado "vermelho", e saía da sala de aula. Ao voltar, recolocava-a de maneira que se pudesse ver o verde de novo.

Este sistema simples e rudimentar permitiu regular as saídas da sala.

Desta maneira eu não tinha que interromper meu trabalho com algum outro menino ou menina e não me via obrigado a entrar na problemática de se o deixava sair ou não.

Além disso, o sistema garantia que saíssem de um em um. Se em um momento de extrema necessidade, coisa fácil de notar se era verdade ou não, alguém tivesse de sair e estivesse em vermelho, podia pedir minha autorização pessoalmente.

Eu sabia que de vez em quando não saíam impelidos por uma necessidade fisiológica urgente. Reconhecia que às vezes alguém podia simplesmente ter a necessidade ou a vontade de "dar uma volta", de esticar as pernas ou de sair da sala. E convalidei-lhes estas "segundas intenções ocultas" para que ficassem às claras e legitimadas. Eles sabiam que "eu sabia", e, portanto, era algo que não tinham que fazer às escondidas.

Preveni-os com clareza e de maneira categórica que se em sua saída perturbassem outra turma, armassem briga ou fizessem algo inadequado ou prejudicial, perderia minha confiança neles e, por conseguinte, não poderiam fazer uso do semáforo durante um tempo e teriam que pedir a mim, pessoalmente, para deixá-los sair.

Tive que aplicar esta medida bem poucas vezes. Pude assegurar que as crianças não abusaram desta margem de liberdade, pelo contrário. Quando comentei com uma das mães este sistema de gestão das saídas da sala, surpreendeu-me sua resposta: *É que se sentem tão bem dentro que não querem sair*".

A liberdade de levantar e estar de pé

O povo oprimido recupera sua dignidade no gesto sublime de "pôr-se de pé". Nunca cheguei a entender muito bem por que a escola só considera digna a postura de estar sentado e apenas permite às crianças estar de pé, e muito menos caminhar ou deitar-se em uma aula.

Em nossa aula tínhamos essa margem de movimento. O problema não era que uma criança se levantasse, mas *para que* se levantava e *como* estava de pé ou caminhava. Levantar-se para apanhar ou entregar algo, para ajudar ou ser ajudado, levantar-se para ir à janela e estar ali um momento descansando e observando o que acontecia fora da sala... todas elas podiam ser formas de *"elevar nosso coração"*.

A auto-regulação dos próprios descansos e pausas no trabalho

Conflito e tensão caminham de mãos dadas. Uma criança relaxada estará menos propensa aos conflitos; um ambiente relaxado em sala de aula temperará e suavizará as crispações emergentes. Por isso não apenas admitia e outorgava, mas até estimulava a autoconcessão de momentos de pausa e tempos de descanso.

Eu mesmo, quando observava que uma criança começava a ficar tensa, convidava-a a ir até o pátio e dar um passeio. Às vezes avisava as crianças que eu mesmo me concederia uns minutos de repouso para dissolver o cansaço ou a crispação.

Não esperava que a criança acabasse rendida pelo cansaço e pelas tensões que se podiam gerar. Não era preciso estar já "rendido" de cansaço para poder "entregar-se" a um tempo de descanso. Insistia com eles, vez por outra, sobre a importância de estarem descansados e sem tensões.

Tampouco abusaram desta prerrogativa ou direito; talvez porque eu cuidasse dos ritmos de trabalho e da atmosfera em que este se desenvolvia. De vez em quando aparecia um menino de pé, olhando pela janela, ou uma menina que se deitava no tapete por alguns minutos e depois voltava com afinco para sua mesa de trabalho. Os outros nem se alteravam; cada qual continuava com o que estava fazendo.

4. A expressão dos sentimentos e das emoções

É freqüente procurar de imediato o responsável ou responsáveis ou geradores de um conflito; sobretudo quando se busca uma resolução por via rápida que, normalmente, acaba com o castigo dos "culpados". No entanto, em muitos conflitos não é fácil saber quem o gerou e, na verdade, tampouco se consegue grande coisa simplesmente sabendo "quem foi". Em mais de uma ocasião pude comprovar que o gerador de um determinado conflito não era uma criança em concreto, mas uma espécie de soma ou associação de circunstâncias que confluíram em um dado momento e ao mesmo tempo. Se apenas eu dirigisse minha atenção apenas ao presumível culpado e rapidamente procedesse à aplicação da medida punitiva ou castigo, o "miolo" do conflito permaneceria em uma espécie de "caixa negra" que muito em breve voltaria a se destapar.

Como, para mim, a finalidade básica continuava sendo a "gestão" do conflito, mais do que sua "rápida resolução", tentava buscar e fazer emergir os *motivos de fundo"*, mais que os "culpados".

Este trazer à tona, este fazer sair à superfície a motivação profunda dos conflitos, este iluminar segundas e até terceiras intenções não era possível sem a expressão e canalização dos sentimentos e emoções dos implicados. Para não insistir mais nisso, remeto para o já escrito no capítulo 5 (A educação emocional), onde desenvolvo mais amplamente esta questão.

5. A empatia

A empatia, enquanto capacidade de penetrar no mundo subjetivo dos demais e poder participar e compartilhar suas experiências e sentimentos, permite evitar um semfim de conflitos motivados, muitos deles, pelas distorções perceptivas, pelos mal-entendidos, pela incapacidade de "descentramento" e de colocar-se no lugar do outro. A empatia também já foi abordada mais extensamente no mesmo capítulo 5 anteriormente citado.

Agora gostaria apenas de insistir em um matiz algo diferente: quando uma criança faz ou diz algo a outra que chega a afetá-la até gerar certo conflito, é a própria sensibilidade desta última, sua maneira de entender e acolher isso que permite que a afete. Um caminho viável para que deixe de ser afetada negativa e conflituosamente é poder chegar a compreender o que o outro faz, graças à sua capacidade de empatia.

A criança que chega a aceder e compreender a partir de onde e por que outra a ofendeu não sofrerá tanto nem lhe será despertada tanta raiva; não terá, por conseguinte, necessidade de reagir contra a outra.

6. Revelar as "tramas ocultas" ou inconscientes

Muitas crianças são as primeiras vítimas de seus mecanismos inconscientes de agressividade, inadaptação, protagonismo etc. Esses mecanismos facilmente geram ou desatam uma infinidade de conflitos.

Acho que é de grande ajuda para elas que lhes "mostremos", que lhes *"revelemos" esses "jogos" que jogam sem saber.*

Uma criança pode provocar um conflito pensando ser o que seus companheiros esperam dela. Ou então pode acabar interiorizando como seu um determinado papel: o "palhaço" ou engraçado da turma, o "provocador", o "valentão" do colégio...

Quando uma criança acaba acreditando em um determinado "papel" ou personagem, inconscientemente vai provocar situações que a confirmem nesse papel.

Para uma criança que leva anos carregando uma imagem distorcida de si, apenas lhe restam duas saídas: atuar coerentemente com relação ao que acaba crendo de si mesma ou comportar-se contrariando a imagem ou autoconceito que tem de si (em uma espécie de esquizofrenia leve ou menor e de caráter não patológico). O mais freqüente é optar pela primeira, de modo que fará todo o possível, na maioria das vezes sem estar consciente disso, para que se cumpram as profecias sobre ela.

Para uma criança é uma libertação ganhar consciência de que não tem de fazer isto ou aquilo para que os demais saibam que ela está aí e a amem. É um presente eximi-la dessa carga e, ainda que em uma primeira reação se mostre ferida ou atacada, finalmente agradecerá por terem-na libertado de semelhante peso.

Muitas vezes eu trouxe à luz alguns desses mecanismos freqüentes nas crianças:

— *Acho que A. está fazendo isto para chamar nossa atenção e para que nos fixemos nele. Já sabemos que você está aí, e mais, é uma alegria contar com você entre nós, mas com esse comportamento está dificultando o que estamos fazendo...*

— *Parece-me que D. precisa urgentemente que reparemos nele e de converter-se no centro de atenção da turma. Se for assim, podemos parar por um minuto para que todos olhemos para você e depois continuaremos com o que estamos...*

— *F., desconfio que você pensa que ao fazer-se de engraçado neste momento inoportuno os outros vão achar que você é muito bom "papo" e simpático. Mas receio que com seu comentário B. possa ter-se sentido ofendida e magoada.*

Neste tipo de situação era bom não perder de vista o panorama global do que estava acontecendo. Eu procurava observar não apenas o "ator" mas as reações que provocava ou suscitava no resto. Era interessante fazer uma série de registros que devolviam uma importante informação escondida que eu procurava destapar: ver quem ria primeiro ou ria mais diante de uma infração cometida, quem o fazia, quem dirigia seu olhar para o transgressor, que caráter tinha esse olhar (busca de aprovação ou aplauso, inquisidor, ameaçador...).

As crianças ficavam surpreendidas por eu me dar conta de detalhes que habitualmente costumavam passar despercebidos. A capacidade de ver o que nem sequer elas tinham consciência de estar ocorrendo aumentava notavelmente o peso de minha autoridade diante delas.

Como não queria fazer dessa capacidade um elemento de poder escondido, mas uma ferramenta de autoconhecimento e de compreensão das dinâmicas grupais, às vezes lançava-lhes perguntas para que também elas se abrissem e incorporassem esse conhecimento ou destreza:

— *Quem se deu conta da pessoa que riu primeiro com o que F. fez?*

— *Alguém está fazendo algo para chamar a nossa atenção, mas, além disso, outra pessoa o está provocando para que o faça. Vocês sabem do quê e de quem estou falando?*

Cada infração, cada transgressão às normas que havíamos consentido tinha uma significação, obedecia a uma finalidade ou sentido. Até a própria infração podia ter significados diferentes conforme a pessoa, o momento ou a situação em que era cometida. A mera repressão de minha parte sem destapar e chegar à compreensão dos sentidos subjacentes ou ocultos ajudava bem pouco. Mais do que reprimir ou condenar uma determinada atuação, procurava interpretá-la, decifrá-la e lançar luz sobre ela.

Realizei tudo isto com especial cuidado e tato, sobretudo com relação às medidas e proporções da atenção e energia que implicava da minha parte e para o conjunto da turma. Muitas crianças geram conflitos para se nutrirem energeticamente deles, para captar a atenção dos outros e, sobretudo, da figura adulta presente.

O suposto "transgressor" ou protagonista de um ato conflituoso ocupava e recebia a atenção justa e mínima necessária, da minha parte e de todo o grupo, na gestão da situação problemática, mas "nem um grama mais". Quis desativar neles esse mecanismo inconsciente de ocupar um determinado posto ou de ser atendido e considerado em excesso, precisamente à base de condutas e comportamentos problemáticos ou negativos.

7. Não rotular ninguém: questionar as atuações e os atos concretos, mas não as pessoas

Insisti muitíssimo na diferença entre sancionar uma conduta e condenar alguém. Interessava-me sobremaneira deixar claro às crianças que quando eu censurava um ato ou atuação, não estava reprovando nem condenando a pessoa que o havia realizado. Os rótulos globais costumam ser imprecisos e injustos e favorecem bem pouco a predisposição para a melhoria e a mudança: se alguém "é" desordenado dificilmente poderá mudar o que se supõe ser um "modo de ser", mas ao ser chamado a atenção sobre como deixou uma mesa ou um armário desordenados, pode corrigir-se e emendar-se muito mais facilmente.

Era preciso evitar por todos os meios os rótulos pessoais descartando expressões definitivas e definidoras tais como *"você sempre..."*, ou *"é porque você nunca..."*.

Desde o início foi necessário *derrubar os rótulos e preconceitos* com que já vinham.

— *"É que D. é muito mau", "até lhe puseram orelhas de burro na creche"...*

Tive que abordar de raiz e de imediato o ato das desqualificações globais e dos rótulos condenadores. Cada vez que D. cometia algum ato incorreto, abordava-o de imediato, mas sublinhava e deixava bem claro que certamente fazia coisas que não eram certas, como todos, mas isso não significava que fosse uma "pessoa má", mas um menino a quem custava mais do que aos outros estar tranqüilo e que fazia coisas que ainda não podia controlar e que não estava, ainda, plenamente consciente do alcance de muitas de suas atuações. Não obstante, cada vez que D. realizava gestos de ternura ou consideração para com outros, eu os trazia à luz para que também percebessem os gestos de bondade de quem, supostamente, "era mau".

Sem dúvida, era uma questão chave o modo como o resto da turma captasse minha relação com D. Se tivessem percebido a menor aversão de minha parte para com ele, se eu houvesse compartilhado e agido a partir desse preconceito, este não teria sido desfeito. As crianças captavam que eu sentia um profundo e real carinho pelo "mau" da fita e que, minutos depois de ter-lhe colocado algum limite ou tê-lo questionado com dureza sobre determinada atuação sua, podia estar acariciando-o ou abraçando-o.

8. As censuras e os castigos

Tão improcedente ou inadequado quanto o censurar muito era não censurar nada. Na hora de formular algum tipo de admoestação, tinha que me assegurar primeiro de que não havia sido eu o responsável pela má execução de uma pauta ou ordem. Tinha de ser muito cuidadoso, portanto, com a maneira de colocar as coisas: devia formular a censura com frases muito curtas e que não dessem margem a confusão ou a duplas interpretações e fazê-lo em um tom contundente e, ao mesmo tempo, sereno e conciliatório.

Sempre que possível, censurava ou admoestava pessoalmente e não na presença de outros. Quando o fazia publicamente era porque tinha clara utilidade para o conjunto da turma, cuidando, sim, para que isso não levasse alguém a "cair no ridículo" diante dos demais.

Antes de formular uma observação de caráter crítico, pensava detidamente se era merecida e vigiava os termos em que ia efetuá-la. Por exemplo, às vezes era muito mais conveniente e eficaz formular a admoestação em forma de pergunta. Sempre que possível, examinava conjuntamente com a pessoa censurada seus motivos, e terminava expressando minha confiança na pessoa e em suas possibilidades.

Os castigos, em geral, têm pouco valor educativo. Acredito na sua aplicação apenas em casos muito extremos e quando se considere que são imprescindíveis ou, pelo menos, a melhor alternativa de que se dispõe em um dado momento.

O educador não pode perder de vista a natureza do castigo que inflige para que este não seja uma forma velada de vingança ou uma mera reação automática, fruto da própria crispação.

Por seu caráter de excepcionalidade, o educador deve estar *plenamente consciente* da dinâmica interna que sustenta um determinado castigo.

Digo isto porque sempre me pareceu uma barbaridade dar castigos do tipo *"escrever 100 vezes..."* ou *"copiar um capítulo inteiro do livro...*", castigos que, ao tentarem corrigir uma conduta inadequada, podiam ter como efeito secundário o despertar ou avivar a aversão do castigado para com a escrita.

Nunca castiguei com um trabalho... porque não queria, sob nenhuma hipótese, estabelecer a menor associação do trabalho com o castigo. O trabalho era um bem, um valor e, por conseguinte, não fazia qualquer sentido castigar com algo tão "valioso" e bom. Não podia castigar oferecendo "um caramelo".

Em um primeiro momento "castigava" com o "aborrecimento", com o ficarem sentados, calados e sem fazer nada. Mas conforme eu mesmo fui renunciando ao ativismo, colocando o "fazer" em seu lugar justo e valorizando a quietude e o silêncio, dei-me conta de que castigar com o aborrecimento era, até certo ponto e de certo modo, uma maneira sibilina e oculta de condenar a não ação e o descanso.

Se eu lhes propunha momentos de estarem simplesmente sentados e em silêncio, sem fazer nada, simplesmente "descansando", momentos que lhes oferecia a título de "bênção", não fazia sentido estabelecer-lhes a mesma situação como "forma de castigo".

O "castigo" que mais os atingia era a *"exclusão temporária"* daquilo em que o resto da turma estava participando. Essa exclusão era uma forma de "deixar de trabalhar, participar ou estar envolvido..." e gerava um "aborrecimento", conseqüência *não tanto de "não fazer" mas de "não estar com os outros"*. Este matiz parece-me sutil, mas muito importante.

Se estivermos sentados em círculo no tapete em alguma dinâmica de diálogo e F. interromper algumas vezes, ou se se puser a falar com o colega ao seu lado, sem ter pedido para intervir e, depois de vários avisos e advertências, continuar mantendo essa conduta inadequada, pedirei que "saia do círculo, vá para a sua carteira e fique ali sentado, refletindo sobre o ocorrido". Quando F. achar que pode voltar a integrar-se na atividade que estamos desenvolvendo, para favorecê-la e não para lhe colocar obstáculos, precisará apenas erguer a mão e pedir expressamente para "voltar a estar conosco e participar do que estamos fazendo".

Este *"sentir-se fora do grupo"* exercia sobre eles suficiente "pressão" interna, de forma a motivá-los a uma mudança de conduta.

Às vezes perguntava ao afetado que sanção ou castigo considerava mais justo e conveniente para ajudá-lo a reorientar seu comportamento e ser eficaz na hora de corrigir o problema suscitado. A criança tinha que sentir com total clareza que minha atuação não era motivada pelo rancor ou vingança, mas por um ardente desejo de restaurar o bom funcionamento e a harmonia em classe e devolvê-la a um estado de maior satisfação consigo mesma.

9. A reconciliação como via

Sempre advoguei uma gestão do conflito com base no perdão e na reconciliação. Dirigia as energias não para alimentar excessivamente a descrição e a análise do conflito, porém mais para o restabelecimento do vínculo amistoso e das relações. O simples pacto ou acordo não implicava necessariamente a compreensão e a consideração dos sentimentos; a reconciliação, sim.

A "elaboração" do conflito pela via da reconciliação supunha reconhecer que "o sucedido já havia ficado para trás", "já havia passado" (e o passado já não tinha remédio). A partir desta aceitação básica inicial começava o trabalho de ir desfazendo pouco a pouco, pacientemente e com muito tato, o peso do agravo e do ressentimento que podia manter os implicados apegados ao já sucedido. Para isso era necessário um justo e adequado reconhecimento dos fatos ocorridos como algo que alterou o equilíbrio e prazer pessoal e a harmonia do grupo e que, portanto, não devia ser repetido.

Para que a reconciliação fosse efetiva e real era necessário esfumar a imagem que fazia o outro se sentir mais como "inimigo" ou adversário do que como amigo e colega.

No entanto, a reconciliação não implicava dar carta branca à impunidade; de fato, deixar impune o reconhecido responsável por um conflito, ou seja, livre de toda sanção e eximido de assumir alguma conseqüência, podia ser um obstáculo para a verdadeira reconciliação, sobretudo nos casos evidentes em que havia cometido uma agressão gratuita e infundada ou qualquer tipo de injustiça, ou nos casos em que não restava qualquer dúvida sobre a repartição de papéis entre agressor e vítima.

A reconciliação, para que fosse efetiva, não podia gerar confusão nem criar ambigüidade e, de modo algum, podia ser um modo refinado de negação do ocorrido.

Na reconciliação necessitava-se de gestos públicos e críveis que ajudassem a restabelecer a "dignidade" da vítima e expressassem abertamente a concessão do perdão por sua parte, ao mesmo tempo em que eram imprescindíveis os sinais de arrependimento por parte do atacante ou provocador.

Na condução dos processos de reconciliação, considerava basicamente os seguintes aspectos:

- antes de começar o processo, estabelecia um breve momento de silêncio e relaxamento para aquietar os ânimos antes da conversa;

- esperava e observava quem tomava a iniciativa, quem dava o primeiro passo ou fazia o primeiro gesto de reconciliação; algo que valorizava e devolvia aos implicados;

- insistia no cuidado com os gestos e os detalhes, algo especialmente importante quando havia uma grande tensão; não era permitido gritar nem insultar nem faltar ao respeito; convidava a que falassem no tom de voz mais suave possível;

- realizava a reconciliação com eles sentados, e não de pé; alguns especialistas em gestos humanos assinalam que o estar de pé pode aumentar a agressividade;

- favorecia a proximidade física; na medida que a situação o permitia, tendia a aproximá-los fisicamente;

- finalizava sempre com um gesto corporal visível que expressasse abertamente e com clareza que se havia produzido o reencontro e se havia restabelecido o vínculo de amizade (darem-se as mãos, um abraço, um beijo...).

10. O diálogo como arma de pacificação

Não poucos conflitos entre as crianças surgem pelas dificuldades e limitações na expressão e na comunicação entre elas: distorções, mal-entendidos, subentendidos, confusões e diferenças de opiniões etc. Paradoxalmente, a mesma comunicação pode ser, ao mesmo tempo, fonte de conflito e sua melhor via de solução. Enfrentar um conflito levava-me, quase sempre, a propiciar um encontro dialógico entre as partes implicadas ou em confronto. Um diálogo não apenas e nem exclusivamente oral. Experimentamos com formas menos freqüentes e que se revelaram muito efetivas: diálogos à base de desenhos esquemáticos, diálogos de olhares, diálogos com as mãos, diálogos entre marionetes (que representavam os implicados), diálogos gestuais, diálogos posturais…

Foi na aplicação e exercício do diálogo que os meninos e meninas puderam ir-se adestrando em seu uso.

O papel de "moderador" e "mediador" que o professor pode desempenhar é básico e fundamental.

Graças ao diálogo, ia-se obtendo informação sobre o acontecido, podia-se expressar e fazer chegar ao outro as necessidades, interesses, intencionalidades e sentimentos próprios e até se estabelecer possíveis saídas para o conflito suscitado.

O diálogo com o outro (intersubjetivo) podia favorecer o desenvolvimento simultâneo desse outro diálogo consigo mesmo (intra-subjetivo). Foi assim que pudemos ir descobrindo que o conflito das partes (uma criança com outra) costumava partir de um conflito entre "partes" no próprio interior de alguma delas. O diálogo, então, propiciava não apenas uma reconciliação com o outro, mas também consigo mesmo.

Na condução dos diálogos eu costumava ir fazendo perguntas, não tanto inquisitoriais e a modo de interrogatório, mas para ajudá-las a tomar consciência do sucedido. Eram, portanto, perguntas exploratórias. Era necessário explorar:

- os fatos concretos que haviam ocorrido e detonado o conflito: *o que se passou?*

- a vivência emocional e psicológica do ocorrido: *como o afetou?, como você se sente?*

- as percepções das pessoas envolvidas sobre o que havia acontecido: *como você vê isso?*

- as necessidades, interesses e motivações de fundo: *o que o preocupa?, do que você precisa?*

Nós, educadores, deveríamos ser suficientemente treinados para nos tornarmos autênticos *artistas da palavra e mestres na condução do diálogo.*

11. Não aplicar nem insistir no que "não funciona". Manter o que se mostra eficaz

Não deixa de me chamar a atenção que no âmbito pedagógico se possa continuar aplicando um remédio ou um recurso que se mostra completamente ineficaz. Ainda recordo como alguns de meus professores eram especialistas em aplicar a "dupla ração se uma não tivesse bastado". Diante de uma conduta inadequada estabeleciam um castigo e, se a conduta não melhorasse ou se reincidisse nela, aumentava-se e até multiplicava-se a mesma sanção: escrever 100 vezes "na aula não se fala", depois 200, mais tarde 500...; ou ficar um dia sem sair para o recreio, depois dois, uma semana...

Esta forma de proceder é impensável em outros campos, como, por exemplo, na medicina: a nenhum médico ocorre aumentar ou receitar doses duplas ou triplas de uma prescrição que não surtiu efeito no paciente.

Quando comprovava que uma medida não funcionava, abria-me a outras possibilidades, em vez de insistir no que já havia mostrado sua inadequação ou ineficácia. Se aquilo não funcionava, tinha de procurar e empregar outras possibilidades.

Paralelamente, se algo se mostrasse eficaz em minhas intervenções na gestão dos conflitos, mantinha-o várias vezes, enquanto continuasse dando provas de sua eficácia.

12. As grandes realizações começam e se constroem com pequenos êxitos

Algo óbvio, mas que pode ser esquecido com facilidade. A cada conflito basta seu próprio afã.

Às vezes é apenas a magnitude de um conflito que pode nos levar a abordá-lo. Dei-me conta de que era necessário e muito eficaz trabalhar à base de pequenas ações e abordar um conflito quando ainda era de baixa intensidade. Não esperar para que a situação entre duas crianças explodisse, mas abordá-la e detê-la logo que houvesse o menor indício de que a coisa começava a complicar-se.

Um dia, ao escutar o que estava dizendo a um dos implicados em um conflito, dei-me conta de que não estava senão recriminando-o como era (e não tanto como havia atuado) e pedindo-lhe, nem mais nem menos, que fosse outro! Apercebi-me, naquele momento, que estava lhe pedindo demais, talvez algo que ultrapassava suas possibilidades de compreensão e ação.

Incorporei para as crianças a mesma dinâmica que aplicava comigo mesmo: em vez de dizer-me *"tenho que ser paciente"* eu declarava para mim mesmo: *"não vou me alterar por nada nos próximos cinco minutos"*. Em vez de dizer a uma criança: *"você tem que ser muito menos charlatão"* ou *"quero que você não me interrompa mais durante a aula"*, comecei a colocar-lhe: *"peço que você fique em silêncio durante os cinco minutos que vou levar para explicar isto a toda a turma"* ou *"estabeleça três períodos, de cinco minutos cada um, antes de sair para o recreio, nos quais procurará manter-se em silêncio"* (entrego-lhe um cronômetro para que ele mesmo o controle e me avise cada vez que tiver conseguido).

Comprovei que se entregavam muito mais dispostos e resolutos quando o que tinham por diante como proposta ou desafio era algo que sentiam que podiam conseguir.

Para alguns alunos, particularmente para aqueles que mais se repetiam nas "mesas de diálogo" ou nas "reuniões de reconciliação", idealizei a *"agenda do detetive"*. Era um "minilivro", confeccionado à base de dobrar quatro vezes uma folha, recortar os pedaços e grampeá-los. Nelas, os "detetives de si mesmos" iam anotando os atos ou ações, tanto positivos como negativos, que se haviam dado e em que haviam tido um papel protagonista. A cada semana eles o reportavam e dialogávamos a partir do que havia sido registrado por escrito. De sua leitura e comentário acordávamos pequenos objetivos que fossem factíveis e em que houvesse boa probabilidade de êxito.

A autoridade

Nós, educadores, pais e professores, estamos perdendo (ou não estamos exercendo suficiente e adequadamente) a nossa autoridade sobre as crianças.

A autoridade é o elemento da relação adulto-criança que torna possível a fixação de limites e sua aceitação. Gostaria de destacar, especialmente, que não é tanto um *"elemento de poder"*, mas um *"vínculo emocional poderoso"*. O respeito e afeto mútuos são o motor básico e primário para fixar limites e o que permite que estes sejam reconhecidos, aceitos e respeitados. É algo que só se dá na confiança e no respeito, não no medo, na intimidação ou na humilhação, porque *"o humilhado ou espancado tenderá mais a vingar-se que a agradar"*.

A experiência vivida com as crianças permitiu-me compreender que a *forte conexão emocional com o adulto tem valor disciplinador em si mesma.*

O reconhecimento de minha autoridade implicava assumir uma hierarquia, uma *diferenciação que não levava à desigualdade.* Eu não era "mais um" em sala de aula, mas meu papel diferenciado e específico não se traduzia em "mais dignidade" e, sim, em "maior responsabilidade".

A relação adulto-criança não é uma democracia: é o adulto quem determina que conduta é aceitável. O professor teria que invalidar uma decisão tomada por maioria absoluta em classe na qual se tivesse aprovado uma agressão, uma destruição do material comum, um atentado à dignidade de alguém...

Ao mesmo tempo, porém, as relações sociais do grupo-turma devem ser profundamente democráticas e respeitosas para com os direitos básicos de toda pessoa. É a autoridade do professor que vela por isso e assegura sua realização.

O exercício da minha autoridade foi uma das formas privilegiadas de "servir" e ajudar as crianças em seu caminho para a autodisciplina e a responsabilidade. Uma autoridade *"com boca e ouvidos"*, porque a autoridade que não escuta acaba como "autoritarismo" e a que não fala degenera em "autismo".

Às vezes a autoridade é confundida com o poder. Para mim não é o mesmo. O "poder" é algo como *"a capacidade legal de mandar"* enquanto a "autoridade" é *"a capacidade moral de ser obedecido"*. A sociedade *outorgava-me* certo poder "sobre" as crianças, mas a autoridade era algo que eu *tinha que conquistar* "diante" delas.

Sem autoridade qualquer grupo humano pode se sentir desamparado e sem rumo. A falta de autoridade parece ser muito mais perigosa e prejudicial que o excesso dela. Procurei a maneira de exercê-la diante de meus alunos unindo a firmeza com a delicadeza, a contundência com a ternura, fazendo uso dela sem hesitações, mas tampouco com arrogância.

Um aspecto que considero muito mais importante do que possa parecer ao primeiro olhar é o fato de *delegar a autoridade*. Suspeito que o professor ou professora que continuamente ameace as crianças de mandá-las para o diretor ou coordenador e que até chega a abusar deste recurso e cai em um contínuo levar e trazer crianças aos gabinetes não está consciente do que isso pressupõe na diminuição da sua autoridade. Nos assuntos da "minha turma" era eu a "autoridade máxima" e não deixava que nenhum conflito ou problema colocasse isso em dúvida. Inclusive, se partia das crianças a iniciativa de levar um assunto à direção, apressava-me a deixar claro que era eu quem tinha que dirimir a questão. Expliquei-lhes, mais de uma vez, as funções do diretor e do coordenador, que eram responsabilidades gerais do centro, mas era a mim a quem deveriam se dirigir em tudo o que pudesse afetá-las.

Nunca deleguei a autoridade "para cima", mas tampouco "para baixo". Em nenhum momento "deleguei" a autoridade a uma criança para que esta a exercesse diante de seus colegas. Esse deixar alguém com o encargo de "apontar" os colegas que não se portam bem na ausência provisória do professor sempre me pareceu uma boa maneira de minar os vínculos saudáveis entre as crianças.

Ninguém tinha que vigiar ninguém porque *cada um tinha que se vigiar a si mesmo.*

Se durante a ausência se haviam gerado problemas ou se tivessem manifestado condutas inapropriadas, estes eram abordados como em qualquer outro conflito. Que O. se expressasse dizendo que M. havia se levantado para maltratá-lo (algo que quebrava um dos nossos acordos básicos) não era o mesmo que denunciar o mesmo fato como conseqüência de estar exercendo uma função de "vigilante" do resto dos seus colegas.

Ordens e mandatos. A "obediência" e a "desobediência adequada e responsável"

O exercício de minha autoridade obrigava-me, vez por outra, a indicar sugestões, assinalar pautas e até ditar ordens e mandatos. O desempenho desta tarefa requeria de mim *estar disposto a exigir a realização da ordem dada.* Quando percebia que não seria assim, que não poderia assegurar seu cumprimento, preferia não dá-la e buscava uma alternativa.

Pensava, media e calculava muito bem uma ordem antes de dá-la e esforçava-me em formulá-la de maneira clara e com a maior concisão possível.

Preferia colocar sugestões, indicações ou propostas, de maneira que se reduzisse ao mínimo o número de "ordens" ou mandatos que as crianças pudessem entender como tais. Quando não havia outro remédio senão estabelecer algo de modo imperativo, tomava o cuidado de que a ordem dada fosse adequada, justa, convincente e razoável.

Quando as ordens eram mais complexas, dispunhame a esclarecer cada detalhe e assegurava-me de que havia sido adequadamente compreendido.

Quando uma ordem verbal era dirigida a uma criança em particular, ditava-a diretamente a quem a tinha que executar, assegurando-me de que a ordem era dirigida ao mais importante.

Comprovei que era preferível dar a ordem de uma só vez, e não por etapas, evitando qualquer manifestação de impaciência ou irritação.

Ditar uma ordem indicando "o que precisava ser feito" não era o mesmo que ditá-la assinalando "como deveria ser feito". Este último resultava muito melhor.

Acrescentei a meu repertório de atuações duas sugestões que extraí de um artigo da revista *Diálogos*:

- a autoridade é maior quanto menor é a exteriorização: "melhor com duas palavras do que com dez, melhor com gestos do que com palavras, melhor com o olhar do que com gestos";

- melhores resultados são conseguidos quando se ordena a partir do que funciona bem, para que funcione melhor, do que se dedicando toda a atenção ao que funciona mal para que funcione bem.

A autoridade e, dentro dela, o ditame de pautas, normas, ordens e mandatos, tem sua necessária correlação na *obediência*.

Não há nada mais inumano do que a obediência cega, porque o humano é consciência, é dar-se conta e poder dar conta daquilo que se faz e porque se faz.

Por este motivo quis que a obediência no âmbito de minha intervenção educativa fosse, antes, uma espécie de *"obeciência"*, ou seja, um saber, um reconhecer, um decidir e um fazer não como obrigação externa, como mandato alheio, mas como "con-sentimento" do coração, "ob-ligação" interna, como vinculação consciente e livre a algo ou a alguém que o coração sente e reconhece como bem superior.

Não buscava nem exigia uma obediência a mim, representando "um" superior, mas representando "o" superior e que não era outra coisa senão o "bem comum", o "prazer compartilhado" que havíamos combinado previamente.

Convocava continuamente as crianças a responder "obedientemente" a partir da liberdade e não a partir do medo; a partir da compreensão e não por mero dever; a partir da espontaneidade e criatividade e não a partir dos "hábitos". Fiz tudo o que esteve a meu alcance para que pudessem viver a obediência como um gesto de afirmação, de realização e de crescimento.

Eu mesmo os admoestava dizendo-lhes que *"tudo aquilo que negasse sua dignidade, sua verdade interior, essa que só cada um pode discernir na honestidade de seu próprio coração, tudo aquilo que fosse um impedimento para seu crescimento e a realização como pessoas não era digno de ser obedecido"*.

Cheguei a comentar com elas, em algumas ocasiões, já na última série que, às vezes, *"desobedecer pode ser um impressionante gesto sagrado, um ato cheio de amor e profundamente revolucionário"*.

Era a emoção com que uma criança me obedecia que acabava configurando seu gesto de obediência como submissão ou como entrega, como debilidade ou como virtude.

Educar na obediência sã e formadora era, também, um modo de educar para uma *"desobediência adequada e responsável"*.

Uma anedota certamente simpática expressa muito bem tudo isso.

Um dia tive que me ausentar da classe para acompanhar meu pai em uma operação cirúrgica. Substituiu-me um colega que pediu às crianças para escreverem uma redação sobre o que haviam feito durante o fim de semana.

Uma delas aproximou-se do professor e perguntou-lhe por que não punha outro tema para a redação, e acrescentou:

— O que fiz durante o fim de semana permanece na minha vida privada, na minha intimidade, e não tenho por que contá-lo a ninguém se não quiser.

Para mim, uma resposta assim já vale por toda uma redação. Não o entendeu assim o meu colega, que acabou por se irritar com o aluno, obrigando-o a fazer o que lhes havia dito.

Eu entendi a atuação da criança como um ato de afirmação pessoal e como um gesto de valentia. É necessária uma boa dose de confiança e segurança dentro de nós para realizar um gesto de desobediência responsável; é preciso coragem para "questionar" uma determinada atuação da "autoridade", mas, sobretudo, por trás dela deve haver uma conduta irrepreensível e uma coerência pessoal a toda a prova.

A importância dos limites. Apontamentos para destronar os "pequenos tiranos"

Psicólogos e pedagogos concordam que um dos padrões de atuação dos adultos que mais têm influído negativamente na distorção de condução das crianças e jovens é o "deixar fazer", permitir-lhes tudo e não estabelecer qualquer limite às ações inapropriadas ou inaceitáveis.

O que é e em que consiste este "estabelecer limites" às crianças?

- fixar umas normas que indiquem até onde se pode chegar;
- dar liberdade de ação sem cair no desmando, libertinagem, abuso ou tirania;
- frear, pôr fim a determinadas condutas impróprias;
- é dizer: "Você pode chegar até aqui";
- delimitar os espaços do outro e os próprios.
- demarcar a margem de manobra de uma pessoa, de maneira que não haja invasões;
- delimitar o espaço ou tempo a partir do qual se deve atuar de outra forma;
- estabelecer claramente uma linha de demarcação entre condutas lícitas ou permitidas e aquelas que não o são;
- estabelecer critérios que evitem a falta de respeito a si mesmo e aos demais...

E por que são tão necessários e importantes os limites na educação das crianças?

- para que possam gerir suas emoções sem causar dano a si mesmas ou aos outros;
- para ajudá-las a aceitar a realidade (o que não se pode mudar, o que não é possível em um momento

ou condições determinadas) e a frustração que isso comporta;

- para não favorecer a criação e vivência de "falsos personagens" ou "egos";
- para tornar possível e favorecer a convivência;
- não estamos sós, somos seres sociais e também os demais têm seus direitos, seu espaço; a convivência é uma aprendizagem que requer a delimitação de zonas que não ponham em perigo a integridade dos outros;
- porque os limites delimitam um espaço de "segurança" necessário e vital;
- marcam uma espécie de molde em cujo interior a pessoa vai modelando a figura do que é, a partir de uma adequada gestão e mobilização de suas energias por meio de condutas e ações que não lesionam sua integridade nem a de outros.

Já deixei registrado no capítulo sobre a educação emocional que reconhecer, aceitar e convalidar emoções, o que uma criança pode sentir em um determinado momento (raiva, decepção, tristeza, irritação, inveja…) não significa nem implica reconhecer, aceitar ou convalidar qualquer forma de expressão e gestão dessas emoções.

O problema não são os sentimentos, mas uma conduta inadequada. Repito mais uma vez: é tão importante como necessário *fixar limites claros a condutas inapropriadas.*

Isto é algo que as crianças *"querem"* e *"necessitam"*, ainda que possam expressar o contrário.

Em minhas intervenções em classe eu me colocava questionamentos como: Quais limites punha para a fixação de limites? Que tipos de condutas limitar?

Dei-me conta que se tratava de perguntas sem respostas rápidas nem fáceis. Pouco a pouco, fui concluindo e tendo em conta que:

1. *Meu estado pessoal era a resposta*; não se tratava tanto do "que fazia" mas "como me fazia a mim mesmo" para que pudessem surgir em mim respostas adequadas e convenientes.

   Muitas vezes experimentei que, quando estava sereno e plenamente consciente, a fixação de limites surgia de maneira genuína e espontânea. Dei-me conta de que estabelecia as normas a partir da base de meus próprios valores e atitudes assumidos e incorporados.

2. Tinha que *diferenciar dois tipos de permissividade*:

   a) a *permissividade ajustada ou adequada* que consistia em deixar fazer coisas próprias da idade, atitude esta que infundia confiança e alegria em meus alunos;

   b) a *permissividade excessiva ou inadequada* que consistia em aceitar e permitir condutas indesejáveis, ações desrespeitosas, prejudiciais ou destrutivas. Este tipo de permissividade infundia angústia e exigência crescente nas crianças.

3. Era importante *como se fixavam os limites*. A esse respeito, queria assegurar que não fosse prejudicada nem a dignidade nem a auto-estima da criança. Estabelecia com clareza as *conseqüências das ações*, tanto quando respeitavam quanto, ao contrário, transgrediam e violavam os limites previamente marcados.

No primeiro caso (o da conduta respeitosa) a criança costumava receber minha atenção positiva, algum tempo de recompensa, elogios etc. No segundo caso (falta de respeito pelos limites) podia dar-se da minha parte a negação da atenção, a perda de privilégios, a ausência de recompensas, o isolamento temporário de interações positivas com os demais...

A fixação de limites e minha maneira de agir quando estes eram respeitados ou transgredidos não podia ser, de nenhum modo, arbitrária ou caprichosa. Eu era obrigado a raciocinar, a justificar minhas opiniões, decisões e atuações.

Se meus alunos não pudessem compreender por que eu sustentava determinada opinião e o que me levava a tomar uma decisão ou a adotar uma maneira concreta de atuar, muito provavelmente não dessem muito valor ao que lhes dizia ou fazia.

Se eu mesmo não compreendesse por que sustentava uma opinião ou uma ação, muito possivelmente acabasse me sentindo inseguro com relação às minhas próprias opiniões, decisões ou atuações, ainda que as expressasse com firmeza diante deles.

Não bastava dar "qualquer razão" para apoiar o que dizia ou fazia. Eu queria que minhas "razões":

1. Estivessem *baseadas nos fatos reais*. Podia precisamente recorrer à sua base real como apoio a minhas argumentações. Uma afirmação sustentada no que havia realmente sucedido era inquestionável.

2. Estivessem estreitamente *relacionadas com aquilo a que faziam referência*. As razões que a criança não podia vincular claramente com o sucedido perdiam força e valor perante ela.

3. Fossem *fáceis de compreender* e, portanto, facilitassem a compreensão das questões ou dos acontecimentos a que se referiam.

4. Fossem *conhecidas de sobra* (e até "reconhecidas") pelas crianças. As razões mais conhecidas atuavam mais eficazmente.

A culpa e o arrependimento

Os conflitos, e os erros cometidos que podiam servir-lhes de base, traziam experiências que iam ajudando as crianças a ser mais conscientes e responsáveis. Mas para isso deviam dar passagem à humildade e permitir que seus corações se partissem e comovessem.

É claro que não se tratava de remoer longamente o passado e sentirem-se tão aflitas e desalentadas que não pudessem agir de modo construtivo. Mas tampouco podíamos deixar todas essas oportunidades em vão.

Nunca consideramos trivial o menor dos conflitos acontecidos. Por trás, ou no próprio centro de cada "travessura", escondia-se algo muito grave: a perda da confiança, a deterioração da convivência ou a ruptura de um vínculo.

Todos os processos de gestão dos conflitos que desenvolvi nesses anos não procuravam senão ajudar os meninos e meninas a reconvertê-los em experiência enriquecedora para eles, em oportunidades para robustecer seu caráter e em ocasiões de fomentar valores como a sinceridade, a confiança e o respeito.

Na gestão dos conflitos apareciam, ou não, dois elementos aos quais quero dedicar um breve espaço em minha reflexão ou relato. Refiro-me à culpa e ao arrependimento. Servir-me-ei, como ponto de partida, das observações que Carlos Díaz (*Diez virtudes para vivir con humanidad*) faz sobre estas "virtudes".

Creio ser necessário distinguir entre um *sentimento positivo e reconstrutivo de culpa*, por um lado, e uma atividade de *culpabilidade inútil e paralisante*, por outro.

A culpa é um sentimento importante que pode funcionar de maneira *construtiva ou destrutiva*.

A *culpa saudável* é um sinal que adverte de uma possível ameaça, de algo perigoso que está acontecendo com a pessoa, ou de que já sucedeu algo que necessita ser corrigido ou reparado.

Esta *culpa "construtiva"* a que me refiro aqui não é sinônimo nem vem carregada de *"culpabilidade"*, mas estamos, antes, diante de *"um sentimento íntimo de pesar, de tristeza, de vergonha* diante de uma conduta que a própria pessoa chega a reconhecer como inadequada, incorreta ou até negativa".

Este *"sabermos sentir vergonha de nós mesmos"*, diz E. R. Sosa, *"também é uma pauta psicológica revolucionária em uma sociedade de seres humanos para quem as próprias faltas, voluntárias e involuntárias, não produzem nenhum tipo de assombro. Por isso se engana, se burla, se prejudica, se rouba, se agride, se mata, sem experimentar vergonha"*.

Esta culpa, enquanto sentimento penoso, pode evitar que a pessoa viole seus próprios valores e pode servir como indicador de que *"alguém transgrediu um valor e necessita fazer algo para que o sistema recupere seu funcionamento adequado"*.

Este tipo de culpa é "saudável", normal e apropriada e pode cumprir uma função muito útil.

Quando a culpa está relacionada com uma conduta imprópria, pode ser construtiva e reabilitadora. Da culpa, bem entendida e vivida adequadamente, podem brotar uma força e uma energia capazes de reorientar o sujeito para um "bem".

Comprovei muitas vezes, na transparência que as crianças mostram em suas condutas, que quando alguém se sente "culpado", reconhece-o, expressa-o e assume as conseqüências, essa culpa transforma-se em uma "força interior" muito positiva. Os sentimentos de culpa debilitam, mas a culpa reconhecida dá força.

Quando a culpa surge sem uma causa justificada, ou quando persiste depois de haver realizado as retificações adequadas, então é muito *destrutiva*. A criança pode instalar-se, incorretamente, em um sentimento inútil e injusto de "culpabilidade". Esta culpabilidade pode corroer seriamente o sentimento de valia, tão essencial à adequada auto-estima da criança.

O arrependimento, por sua vez, exigia não apenas o reconhecimento de que se havia agido corretamente e um sincero pesar pelo erro cometido, mas também uma ação tendente a assegurar que não voltaria a repetir-se algo similar. É precisamente isso que o verdadeiro arrependimento requer, tal como sustenta Carlos Díaz: *"um exame completo do próprio caráter a fim de descobrir o que permitiu que se cometesse a transgressão, para depois efetuar as mudanças necessárias com o objetivo de evitar a repetição do delito cometido".*

Obviamente, não podia haver arrependimento sem que se reconhecesse que se havia agido inadequadamente. O reconhecimento imediato do erro era muito importante.

Um enfoque "afirmativo"

Semeie uma ação e colherá um hábito.

Semeie um hábito e colherá um caráter.

Semeie um caráter e recolherá um destino.

Fazíamos continuamente referência não ao que se devia evitar, ao que não se devia fazer, mas a tudo o que podíamos mobilizar para sermos felizes e fazer os outros felizes.

Meu interesse estava não tanto em negar, oprimir ou reprimir o "negativo", mas em *afirmar o positivo*.

Procurava que a linguagem utilizada fosse *uma linguagem "afirmativa"* (prefiro esta palavra à positiva): em vez de dizer *"não fale"* expressava *"escute isto tão interessante que diz..."* ou *"seu silêncio nos ajuda a todos"*; em vez de indicar *"não pegue em C."* podia recordar que *"se você toca em C. com ternura será um presente para ela e se sentirá muito melhor"*.

São muitos os acontecimentos vividos que confirmam a validade deste enfoque que permitiu a *"adequação de condutas"* (prefiro esta expressão a "modificação de condutas") e que foram tornando possível em muitas crianças uma reconstrução muito mais positiva da visão que tinham de si mesmas.

Tudo o que foi desenvolvido até aqui faz referência ao que podíamos denominar "conflito socioafetivo ou relacional". Em geral, não era preciso promover este tipo de conflito. Antes, tratei de aproveitar os múltiplos e diversos conflitos que se davam cotidianamente.

Pude aproveitá-los para que a criança fizesse uma pausa ("contar até três") e tomasse consciência do que ia fazer ou já havia feito (*"penso por que vou fazer isto que vou fazer"*, *"tomo consciência dos efeitos ou conseqüências do que já fiz*).

Os conflitos não são uma fatalidade, não têm por que crispar-nos ou alterar-nos. Simplesmente acontecem e justificam nosso papel e necessidade como educadores.

Podem ser, em todo caso, uma possibilidade para "incorporar" outro modo de estar e comportar-se.

O conflito sociocognitivo

Sempre que pudesse e a ocasião fosse propícia, estimulava e promovia este tipo de desacordo ou conflito. Normalmente, o que costuma acontecer nas aulas é a *"soma ou justaposição* de expressões, de idéias". Por isso raramente surge o conflito. Tentava que se manifestassem pontos de vista diversos e até discrepantes e que as crianças tomassem consciência dessa heterogeneidade ou discrepância.

Os conflitos cognitivos podiam ser diversos e envolver ou dar-se entre o professor e os alunos, nos alunos entre si e também entre grupos. Encaminhava-os para o *"desacordo construtivo"*. Queria ajudá-los a descobrir que os problemas podiam ter mais do que um enfoque e soluções diversas.

Uma vez exposto, o que mais me interessava não era a resolução do conflito em si, mas a atividade, o processo seguido para resolvê-lo. Tentava, portanto, ativar uma série de processos nos quais as crianças tivessem que "explicar", "argumentar", "procurar alternativas", "mudar de perspectiva ou ponto de vista" (descentração), conflitar e defrontar certas respostas com outras etc.

Discutíamos sistematicamente todas as contribuições, não as assumindo como boas até compará-las ou contrastá-las com outras; mostrava-lhes a necessidade de explicar e analisar cada contribuição. Pedia, vez por outra, que raciocinassem sobre o que estavam falando e explicassem o que estavam dizendo. Não aceitava as respostas "simplesmente porque sim" e fazia-as penetrar no pensamento causal (por quê?).

Outras vezes colocava-lhes contra-sugestões: "...e se..." para não dar nada por estabelecido e seguro por princípio. Estimulava-os a buscar e contrastar pensamentos alternativos e opiniões divergentes. Não nos conformávamos com a primeira resposta: "e se dermos a volta", "e se consideramos certo o contrário".

Não se tratava de *encontrar "a" resposta*, mas de contribuir com *"mais respostas"*.

Obviamente, dava prioridade, em meu uso, às *perguntas de caráter aberto* sobre as fechadas.

No conflito cognitivo, meu papel era "complicar" a coisa. *"Pô, Josemí, não nos atrapalhe tanto"*, soltavam de vez em quando, com tanta graça que me provocava o riso.

Às vezes deixávamos algumas questões "abertas" e eles levavam o "pensar" (ou a questão que se estava debatendo) para casa; ali alcançavam outros enfoques, contributos novos de seus pais, irmãos ou vizinhos.

Quero terminar com a transcrição de parte do desenvolvimento de um destes "conflitos" cognitivos. Corresponde a um dos fragmentos do vídeo que gravei na terceira série. Embora a sessão não esteja integralmente aqui, creio que será esclarecedora e servirá como exemplo do que disse anteriormente.

O debate intergrupal girava em torno de elucidar quais eram as partes ou elementos insubstituíveis de uma mesa, de maneira que, se tirássemos alguns deles, deixasse já de ser uma mesa.

J. Mª.: *Em todas as equipes vocês puseram que uma parte da mesa são as gavetas. O. ficou com sua intervenção pendente no último debate, de modo que corresponde a ele começar hoje. O., segundo você, as gavetas são parte da mesa: sim, não e por quê?*

O.: *Sim, porque meu pai me contou que quando foi a Logroño trabalhar havia uma mesa com uma gaveta debaixo para guardar os talheres.*

J. Mª.: *Muito bem O. E você, D., você acha que as gavetas são um elemento da mesa e por quê?*

D.: *Sim, porque minha tia tem uma igual para também guardar os talheres.*

J. Mª.: *Mais algum menino ou menina pensa como O. e D., que as gavetas são uma parte da mesa?*

S.: *Sim, porque eu também tenho uma mesa que tem gavetas. E a mesa que meu pai tem para pôr a televisão também tem três gavetas.*

J. Mª.: *Por favor, aqueles que estão de acordo com as intervenções que surgiram até agora baixem as mãos um momentinho e peço que aqueles que acham que as gavetas não são uma parte essencial da mesa ergam suas mãos. (…) Sim, J.*

J.: *Esta mesa que temos aqui* (aponta para a sua carteira) *não tem gavetas e continua sendo uma mesa.*

J. M. B.: *Mas estas mesas têm gavetas, sim.*

J. Mª.: *Agora temos um novo problema, porque para J. as mesas da sala de aula não têm gavetas e para J. M. B., sim. Portanto, parece-me que vamos ter que nos pôr de acordo quanto ao que entendemos por gaveta. J., o que é uma gaveta para você?*

J.: *Uma gaveta é algo que você pode puxar em uma mesa para guardar coisas.*

J. Mª.: *E para você, J. M., que é uma gaveta?*

J. M. B.: *É isso mesmo.*

J. Mª.: *E você, J. M., que diferença você vê entre uma coisa e outra? Mas aguarde apenas um momento para podermos escutar de novo os contributos de J. e de J. M.B.*

J.: *Para que tivesse gaveta teria que poder puxá-la e colocar coisas* (apontando para a prateleira de sua carteira).

J. Mª.: *E você, J. M.?*

J. M. B.: *Isto é uma gaveta, sim, porque podemos enfiar coisas.*

J. Mª.: *Agora, sim, J. M., que diferenças você observa entre as duas opiniões?*

J. M. G.: *Uma gaveta está tapada para que as coisas não caiam, mas se você enfiar uma bola aqui* (apontando para a sua prateleira), *ela cai.*

J. Mª.: *E você, S., que acha do que estamos dizendo?*

S.: *Que um está falando de uma gaveta e o outro, de uma prateleira.*

J. Mª.: *Poderia nos explicar, então, a diferença entre uma gaveta e uma prateleira?*

S.: *Uma gaveta não se abre e tem uma tábua debaixo para que as coisas não caiam.*

J. Mª.: *J. M., você escutou a última indicação de S.? Vejo você muito atarefado com seu carrinho e antes, quando você estava falando, S. não estava ocupada com nenhuma de suas coisas e o escutou com muita atenção, sem fazer mais nada. (...)*

J.: *Dizia que o que caracteriza a gaveta é que é preciso puxá-la e deve ter pelo menos três partes para que as coisas não caiam para fora dela.*

J. M. G.: *Algumas mesas têm gavetas, mas outras não. Portanto, as gavetas não são uma parte essencial da mesa.*

J. Mª.: *Então, que será o mais importante ou fundamental em uma mesa para que possamos dizer que é uma mesa?*

J. M. G.: *Que tenha algo para poder sustentar as coisas.*

J. Mª.: *E você, B., que diria?*

B.: *Que há muitos tipos de mesas, umas com gavetas, outras com prateleira e outras que não têm nada disso mas que servem de mesa.*

O.: *Sim, é que a mesa não é para guardar coisas.*

9

EPÍLOGO:
FOMOS FELIZES APRENDENDO

Em minha despedida como professor da turma dei-lhes um presente: uma fita de vídeo com um resumo das imagens que tínhamos gravado ao longo de cinco anos. Intitulei-a: "Fomos felizes aprendendo". Acho que o principal foi o prazer compartilhado... e tudo o mais veio por acréscimo. Consta-me que continuam vendo-a com freqüência e ainda hoje se emocionam. Eu também.

Não é fácil pôr palavras nas batidas do coração. Em qualquer caso, devo reconhecer que escrever este livro foi um viver plenamente "o prazer no dever". Sentia que tinha que compartilhar uma experiência cuja leitura, talvez — esse é meu profundo desejo —, possa supor uma brisa de ar fresco para tantas e tantos educadores, professores e professoras, que continuam dando o melhor de si mesmos diante de seus alunos.

Estou consciente das dificuldades enfrentadas por aqueles que continuam ao pé do quadro-negro, brigando com novas gerações de meninos e meninas e de adolescentes, cada vez mais difíceis de educar. Estas páginas não desejam outra coisa senão agitar-se com força e gerar um movimento de renovação do entusiasmo daqueles que as lerem. Tive que renunciar a deixar registro de muitas outras questões, anedotas, recursos e reflexões. É possível que em outra ocasião, mais adiante, amplie e complete o que está escrito aqui a partir de outra perspectiva, atendendo mais à presença, figura e papel do educador. Resta ainda muito a dizer em torno dos "educadores com co-razão".

Já observei inicialmente que não queria fazer deste livro um livro de recursos nem de receitas. Não acho que o desafio da educação hoje seja pela via dos recursos, quando a informática e internet nos podem proporcionar, pelo toque do *mouse*, um sem-fim de recursos para qualquer coisa que necessitemos. Não tratei de construir e compartilhar *um modo de proceder*, mas *um modo de ser*, a que corresponde, obviamente, um modo peculiar de fazer.

A maior e melhor palavra que pude oferecer a meus alunos nestes anos fui eu mesmo: uma oferta ou doação total feita a partir da debilidade, da simplicidade, da abertura e da recriação permanente e a partir da gratuidade. Um dos traços básicos de tudo o que foi delineado até aqui não é outro senão a entrega que alguém faz de si mesmo; não apenas do que sabe, mas fundamentalmente de "quem é".

Quero terminar compartilhando com você dois textos pelos quais tenho um carinho muito especial. O primeiro deles, extraído de meu livro *La hondura de lo simple es infinita*, recolhe o próprio horizonte para que esta pedagogia do co-razão aponta: a sabedoria do "não saber".

O segundo reproduz a carta que entreguei às crianças, a título de despedida, na quinta série. Receba-a você também como um gesto de despedida de minha parte, uma despedida na qual venho expressar-lhe meu mais profundo agradecimento por compartilhar, com sua leitura, os momentos mais significativos de minha vida como professor; uma despedida que, oxalá, abra a possibilidade, alguma vez, do reencontro. Até sempre!

José María Toro.

Lora del Rio, 2005

jmtoroales@hotmail.com

A SABEDORIA DO "NÃO SABER"

Saber é muito mais que conhecer,

"saber" é "amar muito".

Quando alguém compartilha o que sabe,

ou seja, o que ama,

não o debilita nem o faz diminuir.

O saber que brota é fonte de amor,

expande-se tanto mais

quanto mais se compartilha,

afiança-se quanto mais se estende.

É o amor o saber mais autêntico,

a mais divina das sabedorias.

A Sabedoria torna tudo mágico.

A "magia" verdadeira não é um truque de ilusionismo

mas um estado de consciência,

um modo de ver, aproximar-se, tocar e transformar tudo

como para fazer palpitar as pupilas de uma criança.

As crianças sabem muito poucas coisas
mas sua alma está recoberta com os véus da Sabedoria.
O sábio sabe, na realidade, muito pouco:
sabe ver quando olha e ouvir quando escuta.
Por isso está aberto e disponível para aprender tudo,
de novo.

O sábio não necessita falar
para compartilhar o que sabe:
todo ele é uma revelação permanente
de um saber "de outra maneira".
O sábio não acrescenta mais palavras ou idéias,
mas silêncio entre as palavras e as idéias
para que assim o "conhecer"
se transforme em "amar".

O sábio é a forma material e limitada
em que se encarna uma Sabedoria ilimitada.

Todos os corações "sábios" tendem a unir-se
formando um único território
em que as pulsações se multiplicam,
como uma só,
para que também possam ouvi-la as estrelas.

CARTA DE "PINÓQUIO" AOS MENINOS
E MENINAS DA TURMA

Queridos Amigos e Amigas!

Desde as terras maravilhosas do Reino da Fantasia, desde o mais fundo do meu coração de madeira que vocês converteram em coração de carne, escrevo-lhes estas palavras. Talvez seja a última vez que possa dirigir-me a vocês. Por isso lhes peço que leiam estas linhas com muita atenção e carinho, que é o mesmo que brota dos meus dedos ao escrevê-las. Mas, sobretudo, guardem-nas no mais profundo de suas almas, de seus corações. É aí, e apenas aí, e não na cabeça, na mente, onde realmente se compreendem as coisas, pelo menos aquelas coisas que nos fazem ser felizes e receber a vida como um presente.

A primeira coisa que lhes quero pedir é que NÃO SE ESQUEÇAM NUNCA de tudo o que viveram juntos. Não deixem que o pó do esquecimento cubra tudo o que viram, ouviram, tocaram, tudo o que escutaram e leram.

Não esqueçam que cada dia, antes de vocês chegarem à sala de aula, ali estava eu na parede, aquecendo com meus raiozinhos do peito cada uma de suas carteiras e assim vocês não se encontravam com o frio da manhã.

Não se esqueçam de que no coração de José María era eu quem descia as escadas para ir recebê-los e saudá-los na alegria de um novo dia em que voltávamos a estar juntos.

Não se esqueçam das muitas horas que passamos no tapete verde, falando, escutando, aprendendo, dando-nos as mãos e transmitindo uns aos outros o calorzinho de nossa amizade e carinho.

Não esqueçam jamais de que todas as coisas que vocês ouviram são como sementes que agora têm de ir crescendo em seus corações. Têm de mostrar ao mundo que realmente foram semeados pela ternura, pela amizade, pela responsabilidade, pela sinceridade e pela alegria.

Eu lhes mostrei a satisfação do trabalho feito com amor e dedicação. Somente sendo responsáveis, somente amando de verdade tudo aquilo que fazem, somente se sentirem, de fato, em seus corações que com cada folha que estudam, com cada conto que escrevem, com cada desenho que pintam, colaboram para fazer um mundo mais belo e melhor... somente assim terão visto, escutado e compreendido tudo o que compartilhei com vocês este tempo todo.

Durante todos estes anos em que estive com vocês, participando de suas tarefas, de seus descansos, de suas festas e até de suas viagens e excursões, senti seu carinho. Sei que Pinóquio é para vocês muito mais que um simples boneco de madeira. É alguém mágico que tocou seus corações e os inundou de alegria.

Mas quero lhes dizer que também vocês tocaram o meu e o encheram de prazer e ternura. Vocês fizeram do meu um coração de carne do qual, muitas vezes, ao me lembrar de vocês, brotaram lágrimas quentes. Lembrem-se: "às vezes a alegria é tanta que o coração transborda e doces lágrimas escorrem pelos olhos".

Talvez vocês já não me vejam ao fundo da sala. Não importa. Eu não partirei se continuarem me levando dentro de vocês. Talvez tenha chegado a hora de olhar para dentro do coração para poder ler de novo aquelas frases mágicas:

"Sempre posso recomeçar", "Sou responsável pelas minhas coisas e trabalhos", "Para fazer bem uma coisa, meu amigo, é preciso amá-la", "Com meu trabalho ajudo a melhorar o mundo", "Defenda sua opinião até que outros lhe tragam outra melhor", "A ternura é a suavidade com que sai a luz que temos em nosso interior", "O silêncio é belo e nos ajuda a estar melhor", "Minha alegria não depende de nada nem de ninguém, apenas de mim"...

A vocês, meus queridos meninos e meninas, cabe agora passar todos esses pensamentos e sentimentos para as suas vidas, para tudo o que fizerem em casa, na escola ou na rua. Eu vou acompanhá-los sempre. Se alguma vez a tristeza inundá-los por dentro, pensem em seus soizinhos do peito e lembrem-se de mim e da impressionante corrente de amor que circula entre nossos corações.

Eu sei que há muitas coisas na escola que não lhes agradam. Pensem sempre o que vocês podem fazer para melhorá-las. Não podem dizer a ninguém que seu trabalho faz mal se vocês forem os primeiros a fazer suas tarefas, com a rapidez com que fazem as coisas desagradáveis.

E o mais importante de tudo: eu quis lhes transmitir que a Vida é algo maravilhoso que precisa ser cuidado e defendido. De nada servirá que vocês aprendam muito se depois seus corações não forem generosos e ternos, se fizerem os outros infelizes e não colaborarem para melhorar tudo aquilo que sentirem não ser correto ou ser defeituoso.

Minha maior alegria seria comprovar que onde quer que vocês estejam são focos de Luz, de Amor e de Entusiasmo. Que podem mostrar às outras crianças, aos mais velhos, que a Vida não se detém, mas que vai para diante. Que com seus exemplos podem proclamar que podemos ser e viver de outra maneira. E saibam que quando viverem assim, a partir da luz de seus corações, o resplendor de tudo aquilo que fizerem ou disserem chegará até a mais longínqua das estrelas. E dela Deus sorrirá, se alegrará e derramará sobre vocês toda a sua infinita ternura.

Não me despeço porque não sinto que estou indo. Eu já os levo dentro, bem dentro. E vocês me acompanharão até em meus passeios pelos jardins do Paraíso. Ali semearei um canteiro de rosas e a cada uma darei o nome de um de vocês. E ao sentir seu perfume voltarão à minha memória as recordações de tudo o que vivemos juntos. E quando me virar para ver a silhueta de Deus entre as nuvens douradas do entardecer, darei mil e uma graças porque fez de vocês meu melhor presente. Eu os amo!

Pinóquio